저는 주식투자가 처음인데요 기본편 2022년 개정판

초판   1쇄 발행 2010년 10월 20일
초판   64쇄 발행 2015년 01월 20일
개정판 1쇄 발행 2015년 07월 17일
개정판 27쇄 발행 2019년 05월 06일
개정2판 1쇄 발행 2020년 01월 06일
개정2판 6쇄 발행 2020년 11월 16일
개정3판 1쇄 발행 2020년 12월 16일
개정4판 1쇄 발행 2022년 1월 10일

지은이 강병욱
펴낸이 조기흠

기획이사 이홍 / **책임편집** 유소영, 전세정 / **기획편집** 정선영, 임지선, 박단비 / **독자기획단** 김윤우, 김현석, 남윤민, 유형진, 홍유리
마케팅 정재훈, 박태규, 김선영, 홍태형, 배태욱, 임은희 / **제작** 박성우, 김정우
교정 이경민 / **디자인** 표지 김종민 본문 박정현 / **일러스트** 김영진

펴낸곳 한빛비즈(주) / **주소** 서울시 서대문구 연희로2길 62 한빛비즈(주) 4층
전화 02-325-5508 / **팩스** 02-326-1566
등록 2008년 1월 14일 / 제25100-2017-000062호

ISBN 979-11-5784-549-1 13320

이 책에 대한 의견이나 오탈자 및 잘못된 내용에 대한 수정 정보는 한빛비즈의 홈페이지나
이메일(hanbitbiz@hanbit.co.kr)로 알려주십시오. 잘못된 책은 구입하신 서점에서 교환해드립니다.
책값은 뒤표지에 표시되어 있습니다.

⌂ hanbitbiz.com 𝐟 facebook.com/hanbitbiz 🅝 post.naver.com/hanbit_biz
▶ youtube.com/한빛비즈 🅞 instagram.com/hanbitbiz

지금 하지 않으면 할 수 없는 일이 있습니다.
책으로 펴내고 싶은 아이디어나 원고를 메일(hanbitbiz@hanbit.co.kr)로 보내주세요.
한빛비즈(주)는 여러분의 소중한 경험과 지식을 기다리고 있습니다.

완전 생초보의 주식투자 입문기

저는 주식 투자가 처음인데요

기본편

SELLING
KOSPI
NDAQ BUYING
STOCK
MARKET

강병욱 지음

한빛비즈
Hanbit Biz, Inc.

개정판에 붙여

어려울 때일수록 적은 돈을 잘 굴려야 합니다

코로나19가 많은 것을, 아니 모든 것을 바꿔놓았습니다. 비대면 시대가 열렸고 재택근무가 일상화되었습니다. 사회적인 변화뿐만 아니라 경제적인 변화도 컸는데요. 교역부진과 소비활동이 위축되면서 경기불황이 지속되었습니다. 그러다 보니 급작스러운 변화에 잘 대처한 기업도 있었고 그렇지 못한 기업들도 있었습니다. 분기별로 실적이 발표될 때마다 실적이 저조한 기업들은 생존 방안을 찾아 골몰하는 모습을 보이기도 했습니다.

2008년에 촉발된 세계 금융위기의 상처가 채 아물지도 않은 상황에서 맞닥뜨린 코로나19는 미·중 무역 갈등과 저성장, 저금리 시대에 힘겨워하던 우리 경제에 직격탄을 날리며 모두를 그로기 상태로 몰아넣었습니다. 제로금리 시대의 일상화, 소득의 양극화, 소비부진, 교역부진이 심화되었고 개인은 스스로 대안 마련을 위해 재테크를 통한 자산 불리기에 나서며, 주식투자 입문자들이 대폭 증가하는 '동학개미운동' 현상이 나타나기도 했습니다. 주식투자에 입문한 초보 투자자들은 조금이라도 기대수익률을 높이기 위해서 선택과 집중을 통한 고수익 종목 찾기에 몰두하고 있습니다.

냉철하게 살펴보자면, 미국의 주식시장은 미·중 무역 갈등이 심화하는 시점부터 코로나19 사태를 겪는 동안 사상 최고점을 돌파하며 호황을 누렸습니다. 우리를 비롯한 다른 여러 나라가 경제적으로 장기부진의 늪에 빠진 것과는 대조적인 모습입니다.

앞으로 코로나19 국면이 완전히 해소되기까지 얼마의 시간이 더 필요할지를 가늠하기 어려운 상황입니다. 여러 국가와 많은 기업이 코로나19가 지속되는 경우에도 대처할 수 있도록 비대면 근무 환경을 정착시키면서 사회경제적으로 구조적인 변화를 꾀하고 있습니다.

시장이 바뀔 때, 투자자들은 어떤 자세를 가져야 할까요? 만고불변의 진리는 바로 기본에 충실하는 겁니다. 그리고 '주가는 기업가치에 장기적으로 수렴한다'는 사실을 기억해야 합니다. 경제와 산업 그리고 기업내용을 바르게 파악하고, 그 속에서 기업가치가 우수한 주식을 골라 장기적으로 투자하는 것이 주식투자의 기본입니다. 그 기본을 충실히 다지기 위한 동반자가 바로 《저는 주식투자가 처음인데요 기본편》입니다.

《저는 주식투자가 처음인데요 기본편》은 2010년에 출간된 이후 분에 넘치는 사랑을 받으며 개정에 개정을 거듭하고 있습니다. 그러는 동안 주식시장의 제도는 물론이고 시장을 둘러싼 환경도 거듭해서 바뀌었으며, 이에 부응하기 위해 시장의 변화를 반영하고 새로운 내용을 추가하여 개정판을 출간하게 되었습니다. 이번 개정판은 코로나19로 인한 시장변화를 반영하고 대세가 된 모바일 투자법을 상세히 담았습니다.

개정판 역시 초판을 출간할 때 지녔던, 시작할 때 그 마음으로 준비했습니다. 이번에 개정된 《저는 주식투자가 처음인데요 기본편》이 주식시장에 처음 발을 내딛는 투자자는 물론이고, 기초를 충실히 다지고자 절치부심하는 기존 투자자들에게 주식투자의 길잡이를 해주는 좋은 친구 역할을 할 것으로 믿어 의심치 않습니다. 독자 여러분의 지속적인 관심과 사랑을 기대합니다.

경영학 박사 강병욱

머리말

사람들은 왜 주식투자를 할까요?

수많은 사람이 주식시장에서 돈을 벌기 위해 무진 애를 써왔지만, 실제로 성공한 사람은 많지 않습니다. 그런데도 왜 사람들은 주식투자를 할까요? 주식투자를 하는 것이 왜 좋을까요?

우선 저축만 해서는 오히려 마이너스 수익이 될 수 있기 때문입니다. 은행의 이자율이 물가상승률과 비슷하거나 낮은 상황에서 저축만으로 수익을 올리기는 거의 불가능합니다. 장독 묻어놓듯 은행에 돈을 넣어두면 만족스럽게 불어나던 시대와 달리, 이제 손해만 안 보면 다행이라고 하지요. 사람들은 점점 저축 외의 다른 수익 모델에 시선을 돌리게 되었습니다.

둘째, 평생직장의 개념이 사라지면서 미래에 대한 불안감이 높아졌습니다. 이 때문에 사람들은 효율적인 자산관리를 통한 부가적인 소득이 절실함을 피부로 느끼고 있습니다. 목돈이 필요한 부동산투자와는 달리 적은 돈으로도 시작할 수 있는 주식투자는 누구에게나 열린 시장이 되어줍니다. 게다가 주식시장은 합리적인 시장이기 때문에 노력한 만큼 성공을 기대할 수도 있습니다.

경제가 흔들리는 시대, 어떻게 투자해야 할까요?

세계경제를 위기로 몰아넣은 금융위기는 금융환경이 변화하는 계기를 만들었습니다. 첫 번째는 극단적인 저금리 상태가 유지되고 있습니다. 만약 경기가 살아나지 않는다면 매우 오랫동안 저금리정책이 유지될 것으로 예상됩니다. 두 번째로, 금융기관 영업에 규제가 가해지고 있습니다. 무분별하게 영업을 확장하던 금융기관들의 부실이 경제를 악화하고 그 비용이 사회화되는 것을 막기 위해 미국을 비롯한 국가들이 금융규제법을 만들어 시행하고 있는 것입니다. 이 밖에도 1980년대 이후 부의 효과 Wealth Effect 를 누리는 과정에서 감당하기 어려울 정도로 불어난 가계부채의 문제 등 해결해야 하는 과제가 산적한 것이 지금의 현실입니다.

이렇게 경제가 흔들린다고 해서 투자가 불가능한 것이 아닙니다. 주식시장은 오히려 위기 속에서 기회를 주기도 합니다. 다만 위기의 발생과 해결 과정에서 투자자들은 그 어느 때보다 올바른 인식을 가져야 합니다. 투자는 위험을 부담해야 수익을 얻을 수 있다는 잘못된 생각부터 버리세요. 자신의 위험수용 정도를 바르게 인식하고 기본에 충실한 상태에서 투자를 시작하세요. 수많은 사람이 투자에 실패한 이유는 바로 기본도 공부하지 않은 채 시장이 파놓은 심리적 함정에 빠져버리기 때문입니다.

주식시장은 펄떡이는 생물입니다

주식시장은 매분 매초 변해갑니다. 왜냐하면 세상이 변하기 때문입니다. 경제, 정치, 사회, 문화 등 우리 삶의 모든 것이 녹아 있는 결정체인 주식시장이 세상과 함께 변하는 것은 당연한 일입니다. 이처럼 생물과도 같은 주식시장은 매일 살피지 않으면 언제 괴물이 되어 내 뒤를 덮칠지 모릅니다. 열심히 공부해야 수시로 바뀌는 시장에 적응할 수 있습니다.

전 세계 주식시장이 서로 연계되어 움직이는 지금 이 시대에 투자자들이 수집하고 이해해야 하는 정보의 양은 엄청나지요. 성공적인 주식투자는 이러한 정보들을 제대로 아는 것, 즉 우리가 살고 있는 현실을 바르게 이해하는 것부터 시작됩니다. 주가는 우리 생활과 동떨어진 것이 아니라 생생한 현실 속에서 형성된다는 것을 인지하고, 시장을 이해하고 늘 주시하면서 밑바닥부터 차근차근 시작해야 합니다.

지금 시장은 초보 투자자들에게 사려 깊은 나침반이 되어줄 길잡이를 절실하게 요구하고 있습니다. 이 책은 주식투자를 시작하는 이들이 반드시 알고 가야 하는 내용으로 투자의 정도正道를 걷게 해줄 것입니다. 이 책을 감히 주식투자의 나침반이라고 생각하고 이제 막 주식에 대해 알려고 하는 당신에게 마음을 담아 권하고 싶습니다.

안내자가 아니라 손잡고 함께 걷는 동행인이 되어드리겠습니다

주식투자 책은 대체로 너무 기초적인 내용만을 다루거나 너무 심화된 내용까지 쏟아부으려고 하여 마땅한 교재를 찾지 못하고 포기하는 사람들이 많습니다. 이 책은 기초적인 내용은 정확히 짚고 전문적인 내용은 필요한 것만 쉽게 이해할 수 있도록 쓰려고 애썼습니다.

우선 초보 투자자들에게 필수 프로그램인 홈트레이딩시스템을 제대로 활용할 수 있게 도와줍니다. 나이가 들수록 컴퓨터를 배우는 것을 어려워하지요. 그런데 실은 컴퓨터 활용이 어려운 게 아니라 키보드를 능숙하게 다루지 못해서 어려운 이유가 더 크다고 합니다. 즉, 기본적인 기술이 갖추어져 있지 못하기 때문에 더 이상 진도를 나가지 못하는 것입니다. 그만큼 도구의 활용은 기술에서 매우 중요한 요소입니다.

또한 경제를 이해하고 시장을 판단하는 법, 이를 통해 시대의 흐름에 맞는 산업을 찾아내고 그 산업 내에서 주도적인 기업을 찾아 가치를 분석하는 방법을 자세히 다루었습니다. 대부분의 입문서에서 짧게 언급하고 넘어가지만 실은 가장 중요한 부분을 이 책에서는 제대로 짚고 넘어갑니다.

무엇보다 투자자들이 가장 많이 접하면서도 가장 어려워하는 그래프 분석방법을 쉽게 설명하였습니다. 일반투자자들은 다가가기 힘든 파생상품인 선물과 옵션에 대해서도 기본개념과 실제 매매방법을 꼼꼼하게 가르쳐 투자자 스스로 위험관리가 가능하도록 하였습니다.

이 책은 투자를 해서 돈을 벌 수 있는 방법이라며 무작정 지름길을 안내하기보다, 곧고 긴 길을 택하고 초보의 마음으로 굽이굽이 함께 오르막길을 오르는 책입니다.

한 걸음씩, 조급해하지 말고 투자의 길을 걸으세요

매일 적게는 5조 원, 많게는 10조 원 이상의 엄청난 돈이 거래되는 주식시장은 돈이 흘러가는 아주 큰 강이라고 할 수 있습니다. 강에서 누구든 자신이 필요한 만큼의 물을 길어 갈 수 있듯, 주식시장에서도 자신의 능력에 맞게 수익을 얻어 갈 수 있지요. 하지만 공부를 하지 않고 투자에 나서는 것은 맨몸으로 강물에 뛰어드는 것이나 마찬가지입니다.

기본에 충실하고 현실에 대한 정확한 판단능력이 있으면 언제든지 성공투자의 열매를 얻을 수 있습니다. 복잡하고 어려운 길일수록 기본에 충실해야 합니다. 이 책을 통해 많은 투자자가 기본을 탄탄히 익혀 성공투자의 기쁨을 맛보길 바랍니다.

이 책이 나오기까지 많은 사람들의 도움이 있었습니다. 이 책이 세상의 빛을 보게 해주신 한빛비즈 임직원분들께 감사를 드립니다. 그리고 바쁘게 돌아다니면서 가장의 역할에 충실하지 못했음에도 곁을 지켜주고 격려해준 가족들에게도 깊은 감사의 마음을 전합니다.

2010년 10월

경영학 박사 강병욱

주식투자, 어떻게 입문할까?

그야말로 생초보,
주식이 무엇인지부터
속 시원히 알고 싶다면,
1장 기초부터
따박따박 시작하세요!

이쯤 되면
고수가 될 준비가 되었다,
중고급 단계로 가기 위한
막판 스퍼트!
6장 고수 따라잡기로
투자자 레벨업!

나름대로 기초 지식도 있고
계좌도 만들었으니
매매하는 법을 배우고 싶다면,
2장을 읽고 HTS를
다운받으세요!

기술적 분석에
접근하고 싶지만
차트 보는 법도 아직 모른다면,
5장 차트에 대한 기본부터
탄탄히 하세요!

준비는 되었는데
경제를 잘 몰라서
시장 파악에 깜깜하다면,
3장 주식시장 보는 법은
꼭 알고 가세요!

경제야 평소 닦아둔 상식으로
알고 있지만 재무제표는
어떻게 보는지 막막하다면,
4장 기업분석하는 법을
필수로 짚고 가세요!

1. 주식 초보자들을 위한 가장 밑바닥 스타트! 주식입문의 입문

주식투자를 위해 무작정 활용법만 따라 하는 것이 과연 초보 투자자들에게 좋을까요? 그렇다고 주식 투자의 모든 것을 가르쳐준다고 해서 좋은 걸까요? 이 책은 주식에 대해 아무것도 모르는 사람들에게 기초 지식부터 따박따박 가르칩니다. 그리고 꼭 필요한 것만 친절하게 설명합니다.

2. 동병상련 생초보 주인공의 공감백배 입문기

주식을 처음 시작하는 사람들은 두렵습니다. 피 같은 돈이 걸려 있기 때문입니다. 주식에 대해서 가르치려면 이런 초보자들의 마음을 헤아리는 것부터 시작해야 합니다. 이 책은 주식이 뭔지도 모르는 생초보 일광 씨를 따라가면서 함께 질문하고 배우며 진정한 투자자로 성장하도록 돕는 책입니다.

3. HTS를 강력한 무기로 삼는 법

다른 책들과 달리 HTS로 매매하는 법, 차트 보는 법 등을 가르치는 데만 치우치지 않습니다. HTS는 초보 투자자들에게 훌륭한 선생님이자 정보창고입니다. 초보자일수록 HTS를 120% 활용해야 합니다. 이 책은 HTS 활용법을 제대로 알려줌으로써 든든한 투자 무기로 삼을 수 있게 합니다.

4. 숲을 이해하는 망원경과 나무를 분석하는 돋보기를 쥐여주는 책

투자법을 빨리 배운다고, 또는 당장 얼마를 번다고 해서 주식에 성공적으로 입문하는 것이 아닙니다. 시장을 파악하고 기업을 분석하는 능력을 길러야 장기적으로 안전한 투자를 이어가는 성공 투자자가 될 수 있습니다. 당신에게 단지 기술을 가르치는 것이 아니라 안목을 길러주는 책이 될 것입니다.

5. 초보자에게 딱 적절한 설명과 예시, 그리고 재미있는 이야기와 퀴즈

초보자들에게는 주식 용어뿐만 아니라 그것을 설명하는 말들도 쉽지가 않습니다. 이 책은 최대한 쉬운 말과 예시로 이해를 돕고자 하였습니다. 또한 각 장의 시작에서는 주인공의 리얼한 성장 스토리를, 각 장의 끝에서는 재미있는 퀴즈를 통한 레벨업 체크를 실어 주식을 흥미롭게 배워가며 스스로를 업그레이드할 수 있도록 했습니다.

제1장 기초 이해하기

제2장 매입 준비하기

제3장 시장 파악하기

제4장 종목 선정하기

제5장 차트 분석하기

제6장 고수 따라잡기

01

기초이해하기

주식시장의 큰 그림을 이해하고
주식투자에 안전하게
한 걸음 내디딜 수 있도록 안내합니다.

"

돈을 버는 법부터 배우는 게 중요할까요?

돈을 잃지 않는 법부터 배우는 게 중요할까요?

주식투자를 하기 전에 반드시

여러분의 지갑을 지켜주는 지식을 먼저 공부하세요.

이 지식들이 위험으로부터 당신을 보호해주는

단단한 뿌리입니다.

"

들어갑시다, 주식입문의 입문

2020년 3월 코로나19로 인해 급락했던 주식시장이 일제히 상승하기 시작했습니다. 주식시장의 메이저라고 불리는 외국인과 기관투자자들은 연일 매도를 하고 있는데, 개인투자자들이 그 매물을 받아내면서 주식시장이 급등하는 모습을 보였습니다. 바로 '동학개미운동'이 발발한 겁니다. 개인투자자들이 너도나도 주식시장에 들어오면서 40조 원에 이르는 개인투자자들의 자금이 주식시장으로 밀려들었습니다. 그러는 동안 2,200포인트에서 1,440포인트로 40% 가까이 급락했던 주가가 다시 상승하기 시작하면서 코로나 이전의 주가를 회복하고 상승세를 이어가는 모습이 나타났습니다. 모두가 주식시장에 발을 들이는 상황이었습니다. 그러나 이제 막 직장인이 된 일광 씨는 혼란스러웠습니다. 젊은 사람들이 대출을 받아서 부동산에 투자하고 주식에 투자한다는 말을 들었지만 남의 일처럼 생각했었는데. 이제 주위 사람들이 모두 주식투자에 나서니 '주알못(주식투자를 알지 못하는 사람)'인 일광 씨는 주식투자를 지금이라도 해야 하는지 마음이 조급해지기 시작했던 겁니다.

사실 일광 씨는 경제에 문외한입니다. 공부하고 취업을 하는 과정에서 실물경제를 모르고도 그럭저럭 잘 지내왔습니다. 그러나 치솟는 부동산 가격, 동학개미운동 등의 현상을 보면서 투자에 대해 나만 모른다는 소외감에 스트레스가 몰려옵니다. 도대체 어디서부터 공부해야 하는 걸까요?

선배들의 제일 큰 관심사는 재테크나 자산관리입니다. 일광 씨 역시 월급을 받기 시작하면서 투자에 대한 고민이 시작되었습니다. 동학개미운동에 편승하고 싶지만 아무것도 모르는 채로 시작하기는 뭔가 불안합니다. 금융기관을 방문해

상담을 받아볼수록 초보자인 일광 씨는 아리송하기만 합니다.

일광 씨: 경기가 좋아진다는데 어떻게 투자를 해야 하나요?

증권사 직원: 경기가 좋아지면 소비활동이 활발해지고 그러면 당연히 기업들은 물건을 많이 팔 수 있게 되어 기업실적이 좋아집니다. 이런 현상은 경제 전반으로 확산되어 주식을 투자하기에 적합하다고 볼 수 있습니다.

일광 씨: 그럼 경기가 나빠지면 어떻게 해야 하나요?

증권사 직원: 경기가 나빠지는 경우에도 오히려 기업의 실적이 좋아지는 경기 방어적인 기업이 있습니다. 경기가 나빠지면 경기방어주에 투자를 하는 것이 좋습니다.

증권사 직원은 계속해서 투자를 권하기만 하는군요. 이번에는 은행을 찾아갔습니다.

일광 씨: 경기가 좋아진다는데 어떻게 투자를 해야 되는 거죠?

은행 직원: 경기가 좋아지면 일반적으로 금리가 상승하게 됩니다. 이럴 때는 금리가 올라갈 때 따라서 올라갈 수 있는 변동금리상품에 투자하시면 됩니다.

일광 씨: 그럼 경기가 나빠지면 어떻게 해야 하나요?

은행 직원: 경기가 나빠지면 금리가 내려갈 가능성이 있기 때문에 고정금리로 장기간 투자를 하는 것이 바람직합니다.

은행 역시 다르지 않네요. 금융기관 직원들은 자산관리에서는 전문가로 꼽히는 사람들이지만, 당연히 자신들이 주로 취급하는 상품을 중심으로 자산관리를 해주려고 합니다. 결국 초보자들은 자신의 자금을 투자할 기본적인 지식이 없으면 이리저리 끌려다닐 수밖에 없습니다.

　어쩔 수 없이 일광 씨는 혼자 공부를 하며 주식투자에 입문하기로 했습니다. 하지만 대부분 어려운 투자기법만 가르칠 뿐 기초 지식부터 따박따박 배우기는 힘들었습니다. 왜 무조건 투자법만을 가르치려고 할까? 주식투자에 대해 가르쳐주겠다는 사람들의 대부분은 일광 씨의 손을 잡고 어두운 터널 속을 무작정 따

라오라고 하는 것 같았습니다. 손에 의지해 안전하게 갔지만 더듬더듬 걸으며 뭔가 불안한 마음이 들었습니다. 일광 씨에게 필요한 것은 스스로 뚫고 나갈 수 있도록 손전등 하나와 지도 한 장을 쥐여주는 일이었습니다.

　고민하던 일광 씨가 문득 고개를 들자 눈앞에 2개의 길이 나뉘어 있었습니다. 곧장 달릴 수 있도록 뻗어 있는 화살표와 한 발 한 발 내디뎌야 하는 징검다리입니다. 그때 저쪽에서 직장 동료가 화살표를 따라 달려나가는 것이 보였습니다.

　"나 먼저 가 있을게, 나중에 보자구!"

　일광 씨는 조심조심 징검다리 위를 건너기 시작했습니다. 이윽고 커다란 문이 나타났습니다. 문을 열자 슈퍼개미가 앉아 있었습니다. 한 손에는 돋보기를, 다른 한 손에는 망원경을 들고 있었습니다. 책상에는 계산기 대신 수북한 메모지가 놓여 있었습니다. 일광 씨는 다짜고짜 주식투자에 대해 배우고 싶다며 투자를 시작해도 괜찮을지 물었습니다.

슈퍼개미: 지금 당신의 위험도는 50%입니다.

일광 씨: 네? 저는 주식이 뭔지도 잘 모르는 그야말로 생초보인데, 그럼 위험도가 99.9%는 되는 거 아닌가요?

슈퍼개미: 주식투자를 시작하면 위험한 시장에 뛰어드는 것이며 시작하지 않으면 위험할 이유가 없지요. 그러니 확률은 반반입니다. 어떻게 하시겠습니까? 문은 누구에게나 열려 있습니다. 단, 스스로 얼마나 배우며 투자의 길을 걷느냐에 따라 다른 수많은 문을 맞닥뜨릴 것입니다. 슈퍼개미가 웃으며 말했습니다. "나도 당신과 같았지요." 일광 씨는 기본부터 제대로 짚어가는 개미투자자가 되겠다고 결심하고 문안으로 성큼 들어섰습니다.

돈 버는 지식을 알기 전의 지식

주식에 대해
얼마나 알고 있나요?

증권과 주식이 다른 건가요?

혹시 당신은 증권과 주식을 구분할 수 있나요? 많은 사람이 쉽게 혼동하는 것이 증권과 주식입니다. 주식으로 돈을 벌기 위해서는 무작정 실전만 따라 할 게 아니라 우선 기초적인 개념을 확실하게 잡고 가야 합니다.

그렇다면 자본주의의 꽃이라고 하는 증권시장부터 출발해볼까요? 기업인들은 늘 돈이 필요합니다. 반면 개인들은 재산을 굴려서 수익을 내고 싶어 합니다. 그런데 기업과 개인은 서로 다른 생각을 가지고 있습니다. 기업은 낮은 이자에 대규모의 돈을 장기간 빌리길 원하지만, 개인은 높은 이자에 소규모의 돈을 단기간 투자하길 원하는 것이죠. 이렇게 서로 다른 생각을 절충해주는 것이 증권제도이고 대표적인 것이 바로 주식입니다.

구분	기업이 바라는 점	개인이 바라는 점
이자율	아주 싼 이자로 돈을 쓰고 싶어 함	아주 비싼 이자로 돈을 투자하고자 함
기간	가급적 장기로 돈을 쓰고자 함	가급적 단기로 돈을 운용하고자 함
규모	대규모의 자금을 필요로 함	소규모의 자금 여유만 있음

증권이란 돈을 빌리거나 투자한 것에 대해 증거가 되는 문서이지요. 이 증권이 어떤 원리로 기업과 개인의 문제를 해결해준다는 걸까요?

첫째, 기업은 증권을 발행하면서 거기에 여러 가지 권리를 넣어둡니다. 일반인들은 당장은 별 소득이 없어 보여도 이 권리들을 행사하여 이익을 얻을 수 있다는 기대를 안고 증권에 투자를 하게 됩니다.

둘째, 증권은 소액으로 살 수 있습니다. 기업이 액면가를 500원이나 5,000원처럼 소액으로 정하면 개인도 부담 없이 투자할 수 있기 때문에 소액의 자금이 모여 거액의 자본화가 가능해집니다.

셋째, 시장에서 누구나 주식을 사고팔 수 있습니다. 따라서 개인은 돈이 필요하면 주식을 팔아 자금을 회수하면서 단기간 운용할 수 있습니다. 기업은 돈이 필요하면 주식을 발행하여 자금을 조달하면서 장기간 돈을 사용할 수 있습니다.

솔직히, 주식이 뭔가요?

재테크가 일반화되면서 주식이라는 말은 적금만큼이나 흔하게 쓰입니다. 하지만 솔직히 주식이 무엇인지 정확하게 설명하지 못하는 사람이 의외로 많습니다. 주식이 뭘까요? 주식에 대해 제대로 이해하려면 주식을 발행하는 회사, 즉 주식회사에 대해 먼저 알아야 합니다.

회사를 차리기 위해서는 2가지를 먼저 생각합니다. 돈을 어떻게 조달할 것인가? 누가 경영을 할 것인가? 이러한 생각들이 오랜 시간 진행되면서 여러 종류의 회사가 생겼습니다. 그중에서 주식회사는 많은 사람으로부터 돈을 모아 거대한 자본이 형성될 수 있도록 한 회사입니다. 이들은 동업자가 되어 자신이 낸 돈만큼 권리와 책임을 나누어 가집니다.

주식이란 주식회사가 돈을 댄 대가로 발행해주는 증서입니다. 주식을 가진 사람을 주주라고 합니다.

주식회사를 설립하려면 자본금 규모와 액면가를 신고해야 합니다. 개인이 주식을 몇 주 갖느냐에 따라 주주의 규모도 결정되지요. 예를 들어 회사를 만들면서 자본금 10억 원에 주식 1주의 가격은 1만 원으로 정했다고 합시다. 그러면 주식은 1만 분의 10억 원으로 총 10만 주를 발행해야 합니다. 한 사람이 1주씩 사면 주주는 10만 명이 되고, 한 사람이 100주씩 사면 주주는 1,000명이 되는 것입니다.

회사의 종류에 대해 쉽고 간단하게 살펴봅시다.

개인회사 ● 자기가 돈을 내고 스스로 경영을 하는 것입니다. 경영을 해서 수익을 내든 손해를 보든 자기가 책임을 집니다. 회사가 망하면 살림살이라도 팔아 빚을 끝까지 갚아야 하는 것이지요. 이렇듯 책임을 무한대로 지는 사람을 '무한책임사원'이라고 합니다.

합명회사 ● 혼자 사업자금을 대는 것이 어려워 돈을 댈 동업자를 끌어들인 회사입니다. 경영도 같이 합니다. 수익을 내면 각자 투자한 비율에 따라서 수익을 나누고 손해를 보면 역시 투자한 비율에 따라 손실을 나누어 부담하는 것입니다. 회사가 망해도 끝까지 연대책임을 지게 됩니다.

합자회사 ● 한 사람이 돈을 내고 회사를 경영하면서 다른 사람에게 돈만 받고 경영에는 참여시키지 않는 회사입니다. 경영에 참여하지 않는 대신 수익이 나면 나누어주며, 회사가 망하더라도 무한대로 책임지지 않고 자신이 돈을 출자한 부분까지만 책임을 지는 '유한책임사원'이 됩니다.

유한회사 ● 아예 유한책임사원들끼리 회사를 차려서 경영을 하는 것입니다. 회사가 망하더라도 누구 혼자 떠안지 않고 서로 자신이 출자한 부분만큼 책임을 지게 됩니다. 유한회사는 영어로 Limited Company입니다. 회사명 끝에 LTD라는 말이 오면 유한회사라고 생각하면 됩니다.

주식회사 ● 주식회사는 현대 경제에서 가장 일반적인 형태의 기업입니다. 주식에 투자한 금액 안에서 책임을 지는 '유한책임'을 갖는 주주들이 주식을 보유함으로써 출자를 하지만, 경영에는 적극적으로 참여하지 않습니다. 즉, 소유와 경영이 분리된 형태의 회사로, 이때 경영은 전문경영인들이 맡아서 합니다.

어떤 회사의 주식이든 거래할 수 있나요?

일광 씨의 선배도 사표를 내고 회사를 차렸습니다. 회사 이름 앞에 어엿한 주식회사가 붙었습니다. 그렇다면 일광 씨는 이 회사의 주식을 살 수 있을까요? 아닙니다. 투자자들이 거래할 수 있는 주식은 **상장회사의 주식**입니다.

그럼 과연 상장회사란 무엇일까요? 상장이란 간단히 말하면 **거래소에서 거래가 되도록 하는 것**입니다. 상장의 영문명 목록에서 알 수 있듯이, 투자자들이 거래할 수 있게 기업을 거래소 목록에 올린다는 뜻이지요. 한국거래소 본관 2층인 증권시장에 가면 벽면에 온통 회사명이 붙어 있는데, 그 회사들이 바로 상장회사입니다.

이렇게 목록에 올라 있는 주식을 **상장주식**이라고 부릅니다. 반대로 목록에 오르지 못해 거래가 되지 못하는 주식은 **비상장주식**이라고 합니다.

그렇다면 자금 조달을 위해 주식거래가 필요한 기업은 상장하려고 하겠죠. 기업들은 상장을 하기 위해 기업공개를 합니다. **기업공개**란 투자자에게 기업의 정보를 공개하고 주식을 분산시킴으로써 주식회사에 더 많은 사람을 참여시키는 것입니다.

주식분산은 어떻게 이루어질까요? 첫 번째 방법은 기존 주주들이 가지고 있던 주식을 팔아서 분산시키는 **구주**舊株매출 방법입니다. 두 번째 방법은 기존 주주들의 주식은 그대로 두고 새롭게 주식을 발행해서 분산시키는 **신주**新株모집 방법입니다. 기업은 이러한 방법들을 통해 시장에 자신을 공개합니다.

기업공개를 함으로써 기업 측면에서는 자금 조달 문제가 해결됩니다. 은행과 같은 간접금융만으로는 자금 조달에 한계가 있는데 기업공개를 통해 주식이 자유롭게 거래됨으로써 원활하게 자금을 조달할 수 있습니다. 개인 측면에서는 기업

경영에 투자자로서 참여할 수 있는 기회를 얻게 되고, 이로 인해 많은 사람이 기업의 이익을 누림으로써 결과적으로 국민경제의 발전에 기여하게 됩니다. 또한 기업공개를 하면 주주들의 감시가 이루어지므로 경영의 투명성이 높아지지요. 주식시장에서 공개적으로 주식이 거래되므로 공정한 가격이 형성될 수도 있습니다.

기업공개가 되면 무조건 주식을 거래할 수 있는 건가요?

주식을 거래하려면 상장이 되어야 하는데, 기업을 공개한다고 해서 모두 상장되는 것은 아닙니다. 상장을 시킨다는 것은 공인된 회사의 주식으로 인정하고 국민들이 투자를 할 수 있도록 하는 것입니다. 그런데 내용이 나쁜 회사를 상장시키면 국민들의 재산을 온전히 보호하기 어렵지요. 따라서 한국거래소에서는 상장조건을 엄격하게 정해놓고 우량기업들만 상장시키고 있습니다.

유상증자와 무상증자가 무엇인가요?

신주를 발행하여 회사의 자본금을 늘리는 것을 **증자**增資라고 합니다. 이때 돈을 받고 새로운 주식을 나눠주면 유상증자, 돈을 받지 않고 나눠주면 무상증자라고 하지요.

▎ **유상증자** ▎ 기업이 주식을 추가 발행함으로써 자금을 조달하는 것입니다. 투자자 입장에서는 주식을 받는 대가로 현금 등을 회사에 입금합니다.

유상증자는 주의 깊게 살펴봐야 합니다. 시장에는 개인투자자에 비해 정보를 훨씬 많이 가진 부류가 있는데, 그중 가장 정보를 많이 가진 부류가 상장회사의 대주주 또는 경영자들입니다. 그들은 자신들의 정보를 독점해서 재무적인 목표를 달성하려고 합니다. 대표적인 예가 바로 주가가 상당 부분 오른 상태에서 유상증자를 하는 경우입니다. 개인투자자들은 아무것도 모르고 시중가격보다 싸게 나온 유상증자 주식에 투자했다가, 주식이 자신의 계좌에 입고될 즈음에 주가가 떨어지는 낭패를 당하는 일이 다반사입니다.

▌ **무상증자** ▌ 기업이 돈을 받지 않고 주식을 추가로 발행하는 것입니다. 주식 수가 늘어남에도 불구하고 자금이 들어오지 않는 것이지요. 회사의 총자산에는 변동이 없이 새로운 주식만 발행되는 형식적 증자라고 할 수 있습니다. 따라서 무상증자는 자금 조달의 목적이 아니라 자본구성을 바꾸거나 다른 여러 가지 목적을 위해 실시됩니다.

무상증자에서도 주의할 점이 있습니다. 무상증자를 하면 주식수가 늘어나는 만큼 기업의 주가가 낮아진다는 것입니다. 무상증자는 기업에 돈이 들어오지 않으므로 기업가치에는 변화가 없기 때문입니다. 예를 들어볼까요?

주가 1만 원, 발행주식수 100주

시가총액(시장가격으로 표시된 자본금) = 1만 원 × 100주 = 100만 원

이 기업이 무상증자를 100%를 하게 되면?

발행주식수가 200주로 늘어나더라도 기업의 시가총액은 100만 원이 되어야 합니다.

따라서 100만 원 = 200주 × ○원이 되지요.

이를 계산해보면 주가가 5,000원으로 떨어지는 것을 알 수 있습니다.

이렇듯 무상증자를 해도 기업가치에는 사실상 변화가 없으니 주가가 오를 이유가 없지요. 그런데 실제로는 무상증자를 해서 주가가 오르는 경우가 나타나기도 합니다. 왜 그럴까요? 1차적으로는 주가가 상대적으로 저렴해 보이는 현상 때문이고 2차적으로는 주식수가 늘어남으로써 일시적으로 거래가 활발하게 일어나는 등의 효과 때문입니다. 따라서 기업이 증자를 하면 무상증자인지 꼭 확인하고 시장의 움직임도 주시해야 합니다.

주식회사는 언제부터 시작된 것일까요?

근대 주식회사는 1602년에 설립된 네덜란드의 동인도회사에서 시작되었습니다. 동인도회사는 왜 주식회사 형태를 갖춰야 했을까요? 이는 동서양 간 교역을 위한 해상직항로의 개설에서부터 비롯됩니다.

해상직항로가 발견되기 전에 유럽 국가들은 인도나 중국과 교역하기 위해 육로를 이용했습니다. 그러나 육로를 이용할 경우 영지와 영지, 또는 나라와 나라를 넘어서기 위해서 통행세를 납부해야만 했습니다. 그러다 보니 교역을 통해서 얻어지는 이익의 많은 부분이 통행세로 나가고 실제로 손에 쥐는 돈은 별로 없었습니다. 서양 상인들은 큰돈을 벌려고 통행세를 내지 않아도 되는 바닷길 개척에 혈안이 되었습니다. 어떤 이는 아프리카의 희망봉을 돌아가는 항로를 개척하고 또 어떤 이는 아메리카 대륙을 돌아서 동양으로 가는 항로를 개척했지요. 이때부터 수많은 바다 모험 이야기가 등장하기 시작했습니다.

그러나 바닷길을 통해 교역을 하는 것은 생각보다 쉬운 일이 아니었습니다. 왜냐하면 바다에 나간다는 것은 많은 위험을 감수해야 하는 일이었기 때문입니다. 상상해보세요, 1600년대 배의 모습을! 당시의 배는 나무로 만들고 돛을 올린 범선이었습니다. 그 배에 교역을 위한 각종 물건을 싣고 사람도 태우려면 엄청나게 많은 돈이 들어갔습니다. 게다가 어렵게 바닷길을 나선 배가 풍랑이나 해적이라도 만나면, 모든 것을 잃고 일을 추진하던 사람들도 하루아침에 알거지가 되고 말았지요. 무엇보다도 가장 큰 위험은 선장에게 있었습니다. 선장은 일반적으로 고용된 사람이었는데, 이들이 교역으로 번 돈을 가지고 도망가는 일이 비일비재했던 것입니다.

이러한 위험을 분담하기 위한 방법이 필요했습니다. 그래서 동업의 개념으로 자금을 모으고 그 자금을 통해 대규모의 사업을 진행하기 시작했습니다. 이때 자금을 댄 사람들에게는 그들이 출자한 것을 증명해주는 증서를 발행해줬는데, 그것이 곧 주식입니다. 주주는 자신이 출자한 한도 내에서만 책임을 지는 유한책임을 졌습니다.

그렇다면 주주들은 어떻게 수익을 거둘 수 있었을까요?
주주들이 투자한 배가 성공적으로 교역을 마치고 무사히 돌아오면 수익금에서 자신들이 출자한 금액에 비례해 배당을 받았습니다. 그런데 투자한 배가 한 번의 교역에 그치지 않고 장기적으로 계속해서 교역에 성공하면, 기존 주주들도 출자한 자본으로 계속해서 배당을 받을 수 있었습니다.

주식회사의 유래를 통해 주식에 투자할 때 살펴야 하는 중요한 점을 배울 수 있습니다. 첫째, 장기적 그리고 지속적으로 수익을 올리는 회사의 주식에 투자해야 배당을 많이 받을 수 있습니다. 그런 회사는 주가도 점점 올라갈 수 있지요. 만약 배가 돌아오지 않으면 회사는 파산하고 그 회사의 주식은 휴짓조각이 됩니다. 또한 교역이 일시적으로만 이뤄져도 수익을 많이 올릴 수 없습니다.

둘째, 회사를 운영하는 경영자가 도덕적이어야 합니다. 동인도회사에서 선장은 전문경영자와 같다고 할 수 있습니다. 선장이 자신의 본분을 다해 회사의 이익을 지킨다면 그 회사는 계속 사업을 이어갈 수 있습니다. 그러나 선장이 자신의 욕심만을 생각한다면 그 회사는 망할 수밖에 없는 것입니다. 따라서 주식을 고를 때는 그 회사가 오랫동안 안정적으로 수익을 낼 수 있는지, 그리고 회사의 경영자가 도덕적으로 일하고 있는지를 따져보는 것이 중요합니다.

02

주식의 종류

주식은
어떻게 구분하나요?

주식의 종류는 얼마나 다양한가요?

주식의 종류가 다양하다고 해서 미리 겁먹을 필요는 없습니다. 이름만 들어도 대략 어떠한 특성을 가진 주식인지 짐작할 수 있기 때문입니다. 가장 빈번하게 거래되는 주식의 종류를 알아봅시다.

│ 보통주와 우선주 │ 주주는 자신이 보유한 주식수만큼 기업의 주요 사안을 결정할 수 있는 의결권을 가집니다. 의결권이 있는 주식을 보통주, 의결권이 없는 주식을 우선주라고 합니다.

> 보통주와 우선주에 대해서는 36쪽에서 상세히 배우겠습니다.

│ 우량주 │ 우량주는 블루칩Blue Chip이라고도 합니다. 말 그대로 다른 기업에 비해 시가총액이 상대적으로 크고, 수익성과 성장성이 높은 기업 중에서 실적이나 재무적인 안정성을 확보한 회사를 지칭합니다.

공모주와 국민주 ┃ 주식회사가 자금을 조달하기 위해 주주를 공개모집하는 것을 공모주라고 합니다. 기업의 규모가 커질수록 자금이 더욱 많이 필요해져 공모주를 모집하는 경우가 많습니다.

한편, 일반적으로 정부가 운영하는 공기업을 주식시장에 상장하면서 국민들에게 주식을 분산하는 것을 국민주라고 합니다. 반드시 공기업만이 국민주를 발행하는 것은 아니지만, 기업규모가 크고 국민경제에 미치는 영향이 크며 배당이 안정적인 우량기업의 주식을 보급하기 때문에 대체로 공기업이 선정됩니다. 국민주는 국민의 소득을 향상시키고 국민경제 발전에 기여하기 위한 것으로, 중하위 소득계층에게 우선적으로 보급됩니다.

가치주와 성장주 ┃ 가치주는 실적 등에 비해 기업가치가 상대적으로 저평가됨으로써 낮은 가격에 거래되는 주식입니다. 성장이 더뎌서 단기적으로는 비교적 수익이 낮은 편이지만 주가 변동폭도 크지 않아서 장기적으로 안정적입니다. 이 때문에 방어적인 투자자들이 선호합니다. 저금리 시대가 되면서 장기적인 자산운용 수단으로 가치주가 부상하기도 했지만, 장기투자를 해야 하는 만큼 투자기업의 수익이 지속적으로 감소할 수 있다는 불안요소도 짊어져야 합니다.

성장주는 가치주와 반대의 개념으로, 현재가치는 낮지만 앞으로 크게 성장하여 미래의 수익이 클 것으로 기대되기 때문에 높은 가격에 거래되는 주식입니다.

시장 상황에 따라 가치주와 성장주의 개념은 조금씩 바뀝니다. 대체로 꾸준한 매출을 유지하는 전기, 가스 등 유틸리티 관련주와 음식료 관련주들이 가치주라면, IT나 반도체, 헬스케어와 같은 신기술 관련주는 성장주에 속합니다.

경기방어주와 경기민감주 ┃ 경기방어주는 경기둔감주라고 할 정도로 경기변동에 둔한 주식입니다. 경기가 나빠지더라도 변함없이 사용하거나 소비해야 하는 것들과 관련되어 있습니다. 전력, 가스, 철도 등의 공공재와 의약품, 식료품 등의 생필품이 이에 해당됩니다. 반면 경기민감주는 경기변동에 따라 주가의 등락이 큽니다. 자동차, 철강, 항공, 운수, 석유화학, 건설, IT 등이 이에 해당됩니다. 호황일 때는 선호도가 높아지지만 불황일 때는 시들해지는 성향이 있습니다.

▎ **세력주와 작전주** ▎ 세력주는 개인, 기관, 외국인 등의 세력이 한 종목에 집중되면서 주식가격과 시장가격 간에 괴리가 생기는 주식을 말합니다. 작전주는 주가를 조작하여 사기를 치려는 의도로 작전세력끼리 주식을 사고팔아 주가가 올라가는 주식입니다. 개인투자자들은 이런 주식에 휩쓸리지 않도록 주의해야 합니다.

▎ **테마주** ▎ 개념주 또는 발광주라고도 하는 테마주는 이슈가 되면서 주목받는 주식을 말합니다. 순간적으로 관심을 받기 때문에 거품이 한 번에 꺼집니다. 그러다 시장에서 관심을 받지 못하는 잡주로 변하기도 합니다. 한때 전 세계적으로 주목받았던 녹색성장주 등 환경 관련 테마주가 이에 속합니다.

주주가 되면 회사 경영에 참여할 수 있나요?

드라마에서 자주 나오는 장면 중 하나가 주주총회입니다. 기업이 중대한 문제에 놓였거나 위기에 처했을 때 주주들이 모여 회의를 하면서 극적인 순간이 연출되곤 하지요. 주식을 가지면 드라마에서처럼 경영에 참여할 수 있는 걸까요? 보통주와 우선주에 대해 배우면 이 궁금증을 해결할 수 있습니다.

▎ **보통주** ▎ 기업이 발행한 주식 중 기준이 되는 주식을 말합니다. 기업 입장에서 보통주는 안정적인 자기자본 조달의 수단이 되어줍니다. 투자자 입장에서 보통주는 의결권, 주주총회소집청구권 등 기업경영에 참여할 수 있는 권리와 이익배당청구권, 잔여재산분배청구권 등 경제적 이익을 얻을 수 있는 권리를

얻게 해줍니다.

　이 중에서 의결권이 주주총회에서 자신의 의사를 표명할 수 있는 권리입니다. 즉, 보통주를 가지면 의결권을 가짐으로써 기업경영에 참여할 수 있는 권리를 갖게 됩니다. 그러나 1인 1표제가 아닌 1주 1표제이므로 주식을 많이 가진 사람이 경영에 더 많은 영향을 미칠 수 있습니다. 동업을 하는 경우 더 많은 자본을 댄 사람의 입김이 센 것과 마찬가지입니다. 이런 점에서 본다면 회사를 완전히 장악하기 위한 지분율은 50%+1주 이상이어야 합니다. 주주총회를 주름잡는 역할을 하려면 그만큼 주식이 많아야 하는 것이죠.

┃ 우선주 ┃ 보통주가 가진 권리보다 우선하는 권리를 갖게 되는 것을 우선주라고 합니다. 우선하는 권리란 무엇일까요? 첫째, 배당을 먼저 받을 권리입니다. 회사는 이익이 있는 경우에 한해서만 배당을 합니다. 이때 보통주를 가진 주주에 비해 배당을 먼저 받는 권리를 갖는 경우, 이를 배당우선주라고 합니다. 둘째, 잔여재산을 우선적으로 분배받을 권리입니다. 회사가 청산할 경우 채권자에게 먼저 빚을 갚고 잔여재산은 주식수에 비례해서 나누는데, 우선주는 먼저 분배받는 것이지요.

그렇다면 우선주는 무조건 좋은 걸까요?

우선주에 대한 배당의 예를 들어봅시다. 우선주의 발행 조건에 7%의 우선배당을 받기로 되어 있다고 합시다. 회사가 결산을 한 후 배당가능이익이 있으면 먼저 우선주에게 7%의 배당을 주고 남은 이익으로 보통주에게 배당을 줍니다. 그러면 사람들은 '아하, 우선주가 배당에 유리하구나'라고 생각할 수 있겠지요. 하지만 회사에 이익이 많이 난 경우 우선주가 7%의 배당을 받고 보통주들은 20%의 배당을 받아 갈 수도 있는 것입니다. 또한 우선주는 일반적으로 고정적인 배당률을 확정해놓지만, 회사에 배당가능이익이 없는 경우 무배당이 되는 경우도 있습니다.

> 보통 회사의 사업보고서에 나와 있어요.

03

주식시장, 종합주가지수, 주식거래의 구조

주식은 어디서
어떻게 거래하나요?

주식시장이 어디에 있는 거죠?

주식투자를 하려면 주식이 거래되는 시장을 알아야겠지요. 그런데 어떤 주식이 거래되느냐에 따라 주식시장은 몇 가지로 나뉩니다. 그중에서 투자자들이 일반적으로 주식을 거래하는 시장은 유가증권시장과 코스닥시장입니다. 각 시장의 특징을 살펴볼까요?

▎ **유가증권시장** ▎ 현재의 한국거래소www.krx.co.kr는 2005년 1월에 증권거래소와 코스닥시장, 선물거래소가 통합된 시장입니다. 당시 증권거래소는 지금의 유가증권시장이 되었습니다. 유가증권시장은 자기자본이 300억 원 이상이 되어야 상장할 수 있습니다. 그만큼 우수한 기업들의 주식이 거래되는 시장입니다.

▎ **코스닥시장** ▎ 코스닥시장은 증권업협회가 미국의 나스닥시장을 벤치마킹하여 개설해 운영하다가 2005년 1월 한국거래소로 통합되었습니다. 코스닥시장에 상장하기 위해서는 자기자본이 일반 기업의 경우 30억 원 이상, 벤처기업인 경

우 15억 원 이상, 기술성장기업인 경우 10억 원 이상이 되어야 합니다. 즉, 아직 규모는 상대적으로 작지만 성장성과 기술력이 있는 중소·벤처기업을 위한 시장입니다.

유가증권시장에 상장되는 기업들의 규모가 크고 경영 성과도 더 좋은데 코스닥시장에 투자하는 이유는 뭘까요? 코스닥시장은 다음과 같은 특징이 있기 때문입니다.

첫째, 유가증권시장에 상장하기 어려운 벤처기업, 유망한 중소기업 등이 발행한 주식을 매매할 수 있게 함으로써 이 기업들이 주식시장을 통해 자금을 조달할 수 있는 기회를 부여합니다.

기타 주식시장에는 무엇이 있을까요?

코넥스시장 ● 코넥스(KONEX)시장은 코스닥시장 상장요건을 충족시키지 못하는 벤처기업과 중소기업 등 일정요건을 갖춘 비상장기업에 문호를 개방하기 위해 한국거래소가 개설한 제3의 주식시장을 말합니다. 코넥스시장은 우수한 기술력을 보유하고 있음에도 불구하고 짧은 경력 등을 이유로 자금 조달에 어려움을 겪는 초기 중소기업과 벤처기업이 자금을 원활하게 조달할 수 있도록 설립된 자본시장으로, 2013년 7월 1일 개장되었습니다.

K-OTC시장 ● 금융투자협회가 운영하던 비상장주식 장외매매시장인 '프리보드'를 확대개편한 장외주식시장으로, 2014년 8월 25일 개장했습니다. K-OTC시장에서는 투자자가 증권사에서 증권계좌를 개설하고, 전화, 컴퓨터(HTS) 등을 이용해 매매주문을 할 수 있습니다. 이미 증권계좌를 보유하고 있는 경우에는 해당 계좌를 이용할 수 있습니다. 다만 투자자는 증권사가 고지하는 비상장주식 투자위험성 등 유의사항을 확인해야 주문을 할 수 있습니다.

OTC시장 ● 장외시장(Over the Counter Market)은 증권사 영업점에서 매매가 이뤄진다고 해서 점두시장이라고도 합니다. 거래소 상장이나 K-OTC 지정종목이 아닌 종목들의 거래가 이루어지는 시장으로 보면 됩니다.

그럼 이 시장들의 차이는 뭘까요? 장외시장은 앞에서 살펴봤듯이 완전히 시장 밖에서 거래되는 것을 말합니다. 그리고 코넥스시장은 거래소에서 운영하므로 상장회사가 되는 것이고 K-OTC시장은 금융투자협회에서 운영하는 것이 차이지만, 두 시장이 모두 전산 시스템을 갖추고 있다는 점은 동일합니다.

둘째, 유가증권시장에 상장된 기업에 비해 위험성이 커서 고위험/고수익 High Risk/ High Return 을 노리는 투자자에게 좋습니다. 그만큼 투자자의 자기책임이 중요시되는 시장이라고 할 수 있습니다.

결국 고수익을 바라는 만큼 기업의 퇴출 가능성 등 위험도 크다는 점을 잊어서는 안 됩니다. 초보 투자자들은 코스닥시장에 투자할 경우 주의를 기울여야 합니다.

종합주가지수를 왜 보라는 건가요?

뉴스나 신문을 보면 종합주가지수를 꼭 언급합니다. 무엇을 가리키고 왜 중요한 지 궁금하셨을 겁니다. 우리나라 종합주가지수는 코스피KOSPI라고 합니다. 코스 피는 한국거래소에 상장된 주식 중 코스닥 주식을 제외한 모든 주식을 대상으로 합니다. 1980년 1월 4일 시점의 시가총액을 100으로 놓고 이를 기준으 로 현재 시점의 시가총액이 얼마인지 알아내는 지수지요. '비교시점의 시가총액÷기준시점의 시가총액'을 구한 뒤 100을 곱하면 됩니다.

> 은 현재 상장 되어 있는 주식 총수 에 현재 주가를 곱하 여 구합니다.

기타 주가지수에 대해 알아봅시다.

코스피200지수 ● 한국 증권시장에 상장된 대표기업 200개의 주가를 종합하여 나타낸 지수입니다.

코스닥지수 ● 코스닥종합지수라고도 하며, 코스닥시장에 등록된 전 종목을 대상으로 합니다. 1996년 7월 1일을 기준시점 100으로 놓았으나, 2004년 1월 26일부터 기준지수가 1000으로 조정되었습니다.

다우지수 ● 다우존스산업평균지수라고 하며, 우리나라의 코스피지수처럼 뉴욕증시를 대표하는 지수 입니다. 코스피지수와 다른 점은 몇 개의 종목만을 대상으로 값을 산출한다는 것입니다.

나스닥지수 ● 우리나라의 코스닥과 같은 미국 나스닥시장의 종합주가지수입니다. 1971년 2월 5일을 기준시점 100으로 놓고 있습니다.

▼ 인터넷 검색창에 '주가지수'라고 입력하면 주요 주가지수를 확인할 수 있습니다(2021년 9월 14일 현재).

주식투자자라면 종합주가지수를 항상 주목해야 합니다. 종합주가지수는 주가의 전반적인 동향을 잘 나타내주는 대표적인 지수이기 때문에 이를 근거로 투자 여부를 결정할 수 있습니다. 그러나 종합주가지수는 모든 종목의 평균적인 주가흐름을 나타낼 뿐입니다. 지수가 상승하거나 하락하더라도 개별 종목의 주가는 제각각의 흐름을 보일 수 있습니다. 따라서 시장을 파악하는 안목과 종목을 고르는 안목을 별도로 키우는 것이 중요합니다.

주식은 어떻게 거래되나요?

이제 주식과 주식시장에 대해서도 알았으니 주식이 어떤 구조로 거래되는지 살펴볼까요? 상장된 주식을 사고파는 것은 전적으로 증권거래소인 한국거래소를 통해서 이루어집니다. 그런데 증권거래소에서는 회원권을 가진 증권사만 주식거래를 할 수 있는 자격이 있습니다. 즉, 투자자들이 직접 증권거래소에 가서 주식을 사고팔 수 없는 구조라는 것입니다.

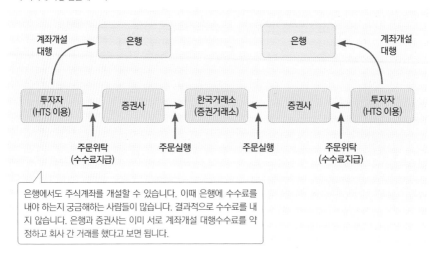

은행에서도 주식계좌를 개설할 수 있습니다. 이때 은행에 수수료를
내야 하는지 궁금해하는 사람들이 많습니다. 결과적으로 수수료를 내
지 않습니다. 은행과 증권사는 이미 서로 계좌개설 대행수수료를 약
정하고 회사 간 거래를 했다고 보면 됩니다.

사람들이 매일 주식을 사고파는데 거래소에서 사고팔 수 없다니, 좀 이상한가
요? 일반투자자들이 주식거래를 하려면 증권사를 통해 거래해야 합니다. 증권사
는 투자자들이 주식거래를 할 수 있도록 도와주고 그 대가로 수수료를 받는 것이
지요. 주식거래에 매매수수료가 발생하는 이유도 바로 이 때문입니다. 따라서 일
반투자자들은 여의도 증권거래소에 갈 필요 없이, 증권사에 찾아가거나 집에서
간편한 홈트레이딩시스템으로 거래를 하면 됩니다.

시장관리자가 주식시장의 거래에도 관여하나요?

주식은 생물과 같이 끊임없이 변화하기 때문에 주식시장에서 관리가 필요해질
때가 있습니다. 주가가 너무 큰 폭으로 변해 시장이 충격에 빠지는 것을 미리 방
지하고 시장을 안정적으로 유지하기 위해 주식시장에는 몇 가지 제도가 마련되
어 있습니다.

▮ **상하한가제도** ▮ 주식시장에서는 하루에 변할 수 있는 주식의 가격변동폭을 제한합니다. 더는 오를 수 없는 선과 더는 떨어질 수 없는 선을 각각 상한가, 하한가로 정해놓는 것이지요. 이에 따라 주가는 전날 종가(마감 시의 주가)를 기준으로 30% 이상 오르거나 내릴 수 없습니다. 한국거래소는 유가증권시장과 코스닥 시장의 가격변동폭을 2015년 6월에 기존 15%에서 30%로 확대했습니다. 가격변동폭이 30%일 때, 전날 종가가 10만 원이었다면 오늘은 30%인 3만 원 내에서만 오르내릴 수 있습니다. 상한가는 13만 원이고 하한가는 7만 원이 되죠.

우리나라 주식시장의 가격제한폭제도는 그동안 수차례에 걸쳐 확대되어왔습니다. 1995년 4월 이전 평균 4.6%의 차등가격제한폭제도에서 이후 가격제한폭이 정률제로 변경되면서 6%(1995년 4월) ⋯ 8%(1996년 11월) ⋯ 12%(1998년 3월) ⋯ 15%(1998년 12월)로 확대되었습니다. 2015년 6월에 가격제한폭이 확대된 것은 IMF 외환위기 이후 17년 만의 일입니다.

가격제한폭 확대로 하루 중 가격의 최대변동폭이 60%에 이르기 때문에 투기적인 거래가 성행하지 않을까 우려하는 사람들이 많습니다. 예를 들어 하한가에 매수해서 상한가에 매도할 경우 하루 동안 거둘 수 있는 수익이 60%에 이르게 됩니다. 반대로 상한가에 매수했으나 주가가 급락해서 하한가에 매도하게 되면 하루 만에 손실이 60%에 이를 수도 있습니다.

가격제한폭의 확대는 주식시장 가격의 효율성을 증대시키는 효과가 있어, 장기적으로는 가격제한폭이 폐지되는 것이 바람직하다고 봅니다. 하지만 아직 우리 시장의 성숙도로 봤을 때 어느 정도의 제한폭을 유지할 필요가 있는 것도 사실입니다.

지금까지 연구된 바에 따르면 가격제한폭이 확대되면 가격변동성이 커지기보다는 오히려 감소한다는 결과가 지배적입니다. 즉 시장의 우려와는 달리 가격제한폭의 확대가 투자자들이 매매할 때 자기책임하에서 신중하게 투자를 하게 한다는 뜻입니다. 참고로 미국의 경우 가격제한폭 제한 자체가 없고, 일본은 상하 50%입니다.

▎ 매매거래중단제도 ▎ 갖가지 사정으로 시장이 너무 혼란스러워지면 일시적으로 매매를 중단시키는 제도입니다. 주가가 급락하면 매매를 일시적으로 중단시키는 서킷브레이커Circuit Breaker, CB가 있습니다.

과거 서킷브레이커는 종합주가지수가 전일종가 대비 10% 이상 하락한 상태가 1분간 지속되면 모든 주식의 매매거래가 20분간 중단되고, 이후 10분간 단일가호가접수를 통해 매매거래가 재개되었는데, 현재는 상하한가 제한폭이 확대되면서 3단계로 운용됩니다.

> **단일가 호가접수**
> 시장에서 매매거래가 중단된 경우 체결을 시키지 않고 주문만 받아놓고 매매가 재개될 때 그사이 접수된 주문을 하나의 가격으로 체결시켜주는 제도

- **1단계** : 종합주가지수가 전일 대비 8% 이상 하락하면 20분간 매매 중단 후 10분간 단일가매매로 매매 재개
- **2단계** : 종합주가지수가 전일 대비 15% 이상 하락하면 20분간 매매 중단 후 10분간 단일가매매로 매매 재개
- **3단계** : 종합주가지수가 전일 대비 20% 이상 하락하면 당일 매매 종료

즉, 하루 중에 종합주가지수가 20% 이상 하락하면 그날 주식시장은 즉시 문을 닫게 됩니다.

또 다른 거래중지제도, 사이드카

사이드카(Side Car)는 선물가격이 급격하게 오르거나 떨어질 때 주식시장에 미치는 충격을 완화하기 위해 일시적으로 프로그램매매 체결을 지연시켜 시장을 진정시키는 장치를 말합니다. 선물가격이 전날보다 5% 이상 오르거나 내린 상태가 1분간 지속되면 5분간 발동됩니다. 이때는 주식시장의 모든 거래가 중단되는 것이 아니고 프로그램매매호가만 중단됩니다.

04

직접투자, 간접투자

제가 직접 투자해도
괜찮을까요?

직접투자할까요? 간접투자할까요?

주식시장은 정보가 비대칭 구조를 이루고 있습니다. 정보가 모든 이해관계자들에게 골고루 전달되지 않고 특정인에게 편향되는 정보비대칭의 경우, 대부분 정보를 많이 가진 사람이 정보를 적게 가진 사람으로부터 이익을 얻을 수 있는 기회를 많이 갖게 됩니다.

이것이 바로 직접투자하는 개인투자자들이 떠안는 문제점입니다. 개인은 배당도 많이 주고 주가도 많이 올라가는 좋은 기업에 자신의 소중한 재산을 투자하고 싶을 것입니다. 그런데 실상은 그렇지 못하죠. 수많은 기업을 다 찾아가서 조사할 수도 없는 노릇이고, 조사를 하러 회사를 찾아간다 치더라도 문전박대를 당하기 일쑤일 것입니다. 하지만 개인투자자들이 일정한 수수료를 내고서 전문가의 도움을 받을 수 있는 좋은 방법이 있습니다. 바로 간접투자입니다.

직접투자와 간접투자를 간단히 구분해볼까요?

▎ **직접투자** ▎ 개인투자자가 직접 투자대상에 대해 분석하고 투자의사결정을 내리는 것을 말합니다.

▎ **간접투자** ▎ 개인이 직접 투자대상을 찾는 노력을 하지 않고 전문투자자가 운용하는 상품에 가입함으로써 이익을 노리는 것을 말합니다.

구분	직접투자	간접투자
자산운용의 주체	투자자 본인	투신, 은행 등 기관투자자
투자 결과의 책임	투자자 본인	투자자 본인
투자 및 거래비용	높음	공동투자로 비용 절감
위험관리	취약	전문가에 의한 체계적 관리

즉, 간접투자는 투자자들이 투자한 돈을 전문가가 전적으로 맡아서 전문가의 판단 아래 투자하는 것입니다. 간접투자라고 해서 100% 성공하는 것은 절대 아닙니다. 성공할 수도 있고 실패할 수도 있습니다. 하지만 간접투자는 대규모의 자금을 전문가 집단이 관리함으로써 투자 및 거래비용이 절감된다는 장점이 있습니다. 개인투자자들은 실행하기 어려운 위험관리도 체계적으로 이루어진다는 점에서 직접투자보다 좋은 것이지요.

왜 굳이 직접투자를 하나요?

그러면 왜 굳이 직접투자를 할까요? 간접투자에도 문제점은 있습니다. 간접투자의 대표상품인 펀드를 운용하는 펀드매니저들이 얼마나 도덕적이고 독립적인 판단으로 투자를 하는가에 따라 그 성과가 극명하게 달라질 수 있기 때문입니다. 펀드매니저는 오로지 자신에게 돈을 맡긴 투자자의 이익을 위해 투자를 진행해야 합니다. 하지만 큰 자금을 운용하다 보면 많은 유혹과 외압에 흔들려 자신의 이익이나 회사의 이익을 위해 투자자의 이익을 훼손시킬 가능성이 있습니다. 그것이 바로 간접투자 속에 도사리고 있는 위험입니다.

그럼 직접투자의 장점을 콕 집어 마음에 새겨봅시다.

첫째, 직접투자는 수익률을 높게 가져갈 수 있습니다. 대부분의 펀드는 주가지수 상승률만큼 수익을 내고자 합니다. 하지만 직접 종목을 선정하면 종목의 개별상황이나 가치에 따라 높은 수익률을 기대할 수 있습니다. 게다가 같은 수익률이라고 해도 간접투자는 장기간으로 보는 반면, 직접투자는 단기간을 목표로 높은 수익을 올릴 수 있다는 장점이 있습니다.

둘째, 직접투자는 환금성 측면에서 편리합니다. 현금이 필요하면 곧바로 주식을 매도해서 현금화할 수 있습니다. 간접투자는 투자자 마음대로 할 수 없으므로 빨리 현금화할 수 없을뿐더러, 중도해약을 하면 불이익도 따릅니다.

셋째, 직접투자는 결국 자신에게 정보와 경험을 남길 수 있습니다. 간접투자를 하면 본인이 애써 정보를 수집하지 않아도 되고 머리 아프게 투자의사결정을 고민하지 않아도 됩니다. 하지만 그만큼 주식에 대한 정보수집력도 떨어지고 시장대응력도 키울 수 없지요.

간접투자로 돈을 잃는다고 해도 결국 직접투자처럼 책임은 본인이 져야 합니다. 결과적으로 똑같이 돈을 잃고 책임을 지는데 간접투자자에게는 마이너스 수익만 남고, 직접투자자에게는 정보를 선별하고 시장을 파악하는 능력과 무엇보다 소중한 경험이 남는 것입니다. 이는 투자자에게 훌륭한 자산이 되어줄 것입니다. 그런 측면에서 직접투자는 더 먼 곳을 보고 든든한 투자의 길을 걷게 하는 힘이 된다고 할 수 있습니다.

간접투자의 대표적인 상품, 펀드

—

펀드는 본인이 직접 주식투자를 하기 어려운 사람들에게 적합한 상품입니다. 펀드는 일반투자자들로부터 돈을 모아 큰 자금을 만든 다음, 전문적으로 투자를 하는 펀드매니저에게 주식투자를 맡기는 겁니다. 주식의 운용은 펀드매니저가 하기 때문에 펀드매니저의 능력에 전적으로 수익이 달려 있으며, 결과에 대한 책임은 투자자 본인이 져야 한다는 사실을 기억해야 합니다.

그렇기 때문에 펀드에 가입할 때 자신의 투자성향, 자금용도 등을 꼼꼼하게 살펴야 합니다. 또한 펀드투자는 원금이 보장되지 않습니다. 수익률이 좋다고 해서 무조건 가입하면 손실을 볼 수도 있습니다. 이런 점들을 명심하고 펀드의 종류를 잘 살펴보세요.

채권형 펀드 약관상 채권 및 채권 관련 파생상품 등의 최소 편입비율이 60% 이상으로 명기되며, 주식은 일절 편입하지 않는 상품입니다. 따라서 이는 안정적인 수익을 추구하는 투자자를 대상으로 합니다.

주식형 펀드 약관상 주식 및 주식 관련 파생상품 등의 최소 편입비율이 60% 이상으로 명기되며, 공격적인 투자자에게 알맞은 상품입니다.

주식혼합형 펀드 약관상 주식 및 주식 관련 파생상품 등의 최대 편입비율이 50% 이상으로 명기됩니다. 주식시장의 상승효과를 추구하며 분산투자를 통한 안정적인 자산관리에 적합한 상품입니다.

채권혼합형 펀드 약관상 주식 및 주식 관련 파생상품 등의 최대 편입비율이 50% 미만으로 명기됩니다. 채권형 펀드의 보수적인 투자방식을 보충하기 위해 일부 주식투자로 인한 추가수익을 기대하는 투자자에게 적합한 상품입니다.

만약 손해를 보더라도 큰 수익을 남기고 싶다면 주식형 펀드에, 수익을 조금 덜 보더라도 손해를 최소화하고 싶다면 채권형 펀드에 투자하는 식으로 적절히 그 비중을 조절하는 것이 필요합니다. 주식형 펀드는 주식투자 비율에 따라 다시 다음과 같이 상품이 달라집니다.

성장형 펀드 주식편입비율을 70% 이상 유지하여 고수익을 추구하는 펀드입니다. 주가가 오르면 큰 수익을 얻을 수 있지만 주가가 떨어지면 상당한 원금손실이 있습니다.

안정성장형 펀드 주식편입비율 50% 내외인 상품으로 장기적으로 실세금리 수익을 목표로 합니다. 따라서 성장형 펀드에 비해 주가상승 시 수익률 상승폭은 작지만 주가하락 시 급격한 수익률 하락은 방지할 수 있습니다.

안정형 펀드 주식편입비율 30% 이내로 원금손실 가능성이 거의 없거나 확정금리를 지급하는 상품을 말합니다. 안정형은 원금손실 가능성이 거의 없는 대신 주가상승기에는 안정성장형이나 성장형에 비해 수익률이 낮습니다.

펀드는 투자스타일에 따라서도 다음과 같이 분류할 수 있습니다.

배당주펀드 배당수익률이 높을 것으로 예상되는 종목에 집중적으로 투자하는 펀드로서 혼합형 펀드의 일종입니다.

가치주펀드 꾸준한 분석을 통해 내재가치(주가수익비율, 장부가치, 매출액 등)가 높은 주식들을 선정하고 이를 편입시킨 상품입니다. 가치주펀드는 일반적으로 저평가종목에 3~4년 이상의 장기투자로 수익을 추구합니다.

인덱스펀드 인덱스Index는 주가지수를 이르는 말이고, 인덱스펀드는 종합주가지수 수익률을 따라가도록 구성하는 펀드를 말합니다. 소극적 펀드Passive Fund

라고도 부르는데, 전 세계 대부분의 인덱스펀드가 시장의 평균적인 수익률을 추적하도록 설정되어 있습니다.

시스템펀드 펀드매니저의 주관적 판단마저 배제한 채 미리 정해진 매매조건에 따라 자동주문 시스템을 이용해 분할매매가 이루어지는 상품입니다. 주식시장의 등락에 따라 추가 매수와 매도가 연속적으로 이루어지면서 매매차익을 누적시키는 것이 시스템펀드의 특징입니다.

펀드오브펀드 서로 다른 투자목적을 지닌 여러 종류의 펀드에 동시에 투자하기 때문에 위험분산효과가 큰 상품입니다. 주식, 채권, 통화는 물론 운용사별, 국가별 분산을 통해 위험을 줄일 수 있습니다.

멀티클래스펀드 투자기간과 투자금액에 따라 수수료를 달리하는 것이 멀티클래스Multi Class펀드입니다. 하나의 펀드로 운용되기 때문에 자산운용사 입장에서는 일반 펀드와 다르지 않지만, 투자자 입장에서는 수수료 차이에 따라 펀드별로 수익률이 달라집니다. 이 상품은 투자금액이 많을수록, 투자기간이 길수록 수수료가 낮게 설정됩니다.

일광 씨의 Level UP

01 일광 씨의 여자친구 구슬 씨는 몹시 화가 나 있는 상태입니다. 일광 씨가 상의도 없이 주식투자를 해보겠다고 나섰기 때문입니다. 위험한 것은 딱 질색인 구슬 씨는 손실을 입을 수도 있다는 걱정에 일광 씨를 극구 말립니다. "그냥 착실하게 적금을 부으면 안 돼?"

자, 일광 씨는 구슬 씨를 어떻게 설득하면 좋을까요?

Answer "주식은 도박이 아니라 합리적인 것이니까 공부하면 위험에 맞설 수 있어. 그리고 소액투자부터 시작하면서 경제공부도 하고 시장 보는 법도 배우고 기업분석도 해서 좋은 종목을 찾으면 돼."

02 일광 씨는 최근 괜찮은 책을 읽고 출판사에 대해 알아보았습니다. 한빛비즈(주)라는 출판사로, 그간 나온 책 리스트를 보니 내공이 느껴졌습니다. 이쯤이면 앞으로 나올 책들에도 기대가 큽니다. '이 정도면 주식을 살 만하지 않겠어?' 일광 씨가 주식회사 한빛비즈의 주주가 되려고 거래소를 찾아갔지만 안 된다는 말을 들었습니다. 대체 뭐가 문제일까요? (2가지 이유)

Answer 첫째, 한빛비즈는 상장회사가 아니어서 주식거래를 할 수 없습니다. 둘째, 거래소에서는 개인이 직접 거래를 할 수 없습니다.

03 직장 동료인 한탕 씨의 얼굴이 어둡습니다. 불과 며칠 전 좋은 주식을 샀다고 자랑하던 때와는 딴판이네요. 실전에 위풍당당하게 뛰어들었던 초보 투자자였는데, 그새 손실을 보고 만 것입니다.

한탕 씨는 얼마 전 괜찮은 회사가 증자를 하는 것을 보고 주식을 매매했습니다. 증자를 해서 주주도 더 모였으니 주가가 오르기를 기다렸지요. 그런데 주가는 꿈쩍도 하지 않았습니다. 오히려 살 때보다 떨어지고 기업가치도 변함이 없었습니다. 어떻게 된 일일까요? 일광 씨는 한탕 씨에게 의기양양하게, 그 이유를 딱 한 단어로 설명해줬습니다.

Answer '무상증자'였기 때문입니다.

04 일광 씨가 모처럼 짬을 내서 주식매매를 할까 하고 홈트레이딩시스템에 로그인을 했습니다. 그런데 때마침 주가가 너무 떨어지는 것입니다. 놀란 일광 씨는 주식을 처분하자는 결단을 내렸습니다. 하지만 주문을 내려고 해도 주문이 나가지 않는 일이 벌어졌습니다. 아직 시장이 마감할 시간도 아닌데 왜 주문이 이뤄지지 않았을까요? 시장에 무슨 일이 벌어진 것일까요?

Answer 주가가 급격히 폭락할 때는 시장이 간섭하여 매매를 중지시키는 서킷브레이커가 발동되기 때문입니다.

05 일광 씨는 새로운 프로젝트에 참여하게 되어 매우 바쁜 나날을 보내고 있습니다. 그러나 이제 막 열정적으로 시작한 주식투자를 멈출 수는 없는 일입니다. 다만, 자신이 보유하고 있는 주식의 시세와 관련 뉴스를 일일이 점검하지 못하는 날이 많아지고 있어 걱정입니다. 여자친구인 구슬 씨에게 대신 맡겨볼까 생각해봤지만, 구슬 씨도 초보인지라 걱정이 많습니다. 일광 씨가 이 문제를 해결하기 위해 가장 좋은 방법은 무엇일까요?

Answer 우선 전문가에게 맡기는 간접투자 방식으로 전환하면 좋습니다.

이제 막 주식투자를 시작하려는 당신의 자세

주식시장에서 성공할 수 있는 사람은 **스스로 판단할 수 있는 투자자**입니다. 자신의 방법으로 경제와 산업을 분석하며 그 속에서 좋은 기업을 골라내는 안목을 갖고 언제 어느 때 주식을 매매해야 하는지를 직접 날카롭게 판단하는 사람이 주식시장에서 성공할 수 있습니다. 그러나 문제는 일단 주식시장에 들어오면 몸과 마음이 욕심에 젖어 그 판단기준이 흔들릴 수 있다는 것이지요. 시장이 만들어놓은 탐욕과 공포의 바다에 빠지기 때문입니다.

주식투자자는 '선택적 지각'을 합니다. 자신에게 유리한 정보는 크게 생각하고 불리한 정보는 애써 외면하는 객관적이지 못한 태도를 갖게 되는 것이죠. 이러면 스스로 판단하는 힘을 잃어버리게 됩니다. 따라서 객관적인 시선과 판단이 매우 중요합니다. 그러면 도대체 무엇을 바탕으로 객관적인 판단을 내릴 수 있을까요? 스스로 터득한 수많은 경험이 가장 좋은 자료가 되겠지만, 초보자라면 전문가들의 경험으로 간접경험을 하며 열심히 공부를 하는 것이 가장 확실한 정답입니다. 성공의 확률을 높이는 것보다 실패의 확률부터 줄이는 것이 먼저입니다.

흔히 주식시장에서 실패하는 사람들이 보이는 감정적인 태도에 대해 전문가들은 다음과 같은 진단을 내립니다.

주식에 대해 전혀 모르는 주맹은 물러나세요!

주식투자와 관련하여 아무런 지식도 없는 사람들이 있습니다. 그저 옆 사람이 주식투자로 돈을 벌었다고 하니 자신도 벌고 싶은 욕심에 준비도 없이 투자에 나서는 사람들입니다. 이런 사람들은 은행 정기예금에 돈을 꼬박꼬박 넣으면서 사는 것이 더 나을지도 모릅니다. 그러면 적어도 돈을 잃지는 않을 테니까요.

근거 없는 희망은 위험합니다!

주식투자자는 영원한 낙관론자들이라고 합니다. 왜냐하면 투자를 하면 주가가 올라가는 경우라야 돈을 벌 수 있기 때문입니다. 이들은 언제 어떤 상황이든 주가가 올라야 한다고 생각합니다. 그러나 근거 없는 희망을 가지고 있는 사람들은 좀처럼 위험관리를 하지 못합니다. 위험관리란 팔아야 할 타이밍을 정확하게 지키는 것인데, 시장이 곧 오른다는 희망을 가진 사람이 스스로 매매를 할 리가 없기 때문입니다. 헛된 희망으로 인해 멍들어가는 계좌를 끌어안고 속앓이를 하는 일은 없어야 합니다.

공포와 탐욕을 버리세요!

주식시장은 IQ가 3,000이라고 합니다. 그만큼 영리하다는 것이죠. 결국 투자자들은 시장과 싸워야 하는데, 그 시장은 우리에게 공포를 안겨주기도 하고 탐욕에 불타오르게 만들기도 합니다. 주가가 올라갈 때는 탐욕에 젖어 시세의 꼭지에 사들이게 하고 주가가 떨어질 때는 공포에 떨며 바닥에 팔아버리게 합니다. 결국 이러한 감정을 이겨내지 못하면 상투에 사고 바닥에 팔아버리는 일이 반복될 수밖에 없습니다. 시장이 만들어가는 감정의 굴곡을 이겨낼 수 있는 차분함이 필요합니다.

워런 버핏은 스스로 판단할 능력이 없는 사람은 투자를 할 자격이 없다고 일갈했습니다. 그렇다면 판단력을 길러 주식투자에서 성공할 수 있는 길은 무엇일까요? 이를 위해 우리는 다음 사항들을 지켜야 합니다.

첫째, 끊임없이 공부하세요.

주식시장은 세상에서 벌어지는 모든 일들이 주가라는 지표로 형성되는 시장입니다. 즉, 주가의 움직임은 세상의 모든 흐름을 내포하는 것이죠. 사람이 그 많은 일들을 모두 알고, 또 대응할 수는 없습니다. 하지만 일정한 법칙을 찾을 수는 있습니다. 그러기 위해서는 끊임없이 독서하고 정보를 찾고 분석하는 노력이 필요합니다. 결국 우리가 찾는 기업은 경영환경에 잘 적응하는 기업, 영업을 잘하는 기업, 그리고 주주들을 만족시킬 수 있는 기업입니다. 그런 기업들을 찾기 위해서는 세상의 움직임과 트렌드에 뒤처지지 말고 열심히 연구해 세상을 따라잡아야 합니다.

둘째, 발로 뛰는 투자를 해야 합니다.
주식시장은 엄청난 정보의 바다입니다. 어떤 정보가 나온 지 이틀이 지났는데도 내가 몰랐다면, 나는 바보라고 해도 무방할 정도입니다. 그런데 정보를 다룰 때는 항상 조심해야 합니다. 비밀스럽게 다가오는 정보는 특히 그렇습니다. 정보가 지니는 특성은 그 진실성을 확인하기 어렵다는 데 있습니다. 결국 정보가 사실인지 아닌지는 내가 발로 뛰면서 확인할 수밖에 없습니다. 확인할 수 없는 정보라면 과감하게 버리는 것이 좋습니다. 확인할 수 있는 주식만으로도 충분히 투자할 수 있는데 확인도 안 되는 정보로 투자에 나서는 것은 미련한 짓입니다.

셋째, 매번 자신 안에서 해답을 찾으세요.
우리 속담에 "잘되면 내 탓, 잘못되면 조상 탓"이란 말이 있지요. 투자자들은 큰 수익이 나면 모두 자신이 잘해서라고 생각하지만 돈을 잃으면 온갖 핑계로 남의 탓을 하기 시작합니다. 하지만 주문을 낸 사람은 본인이고 그 책임도 본인이 져야 합니다. 주식시장에서 남 탓을 하다 보면 결국 자신의 돈과 건강만 잃을 수 있습니다.

실패로부터 새로운 것을 배우기 위해서 기록하는 습관을 기르세요. 언제, 얼마에, 당시에 어떤 판단기준으로 매수와 매도를 했는지 등을 기록하다 보면 성공과 실패의 경우를 모아 볼 수 있습니다. 성공의 경우는 발전시키고 실패의 경우는 그 원인을 분석해서 앞으로 성공의 발판으로 삼으면 됩니다. 자신의 기록 안에서 정답을 찾을 수 있다는 것을 잊지 마세요.

02

매입 준비하기

주식매매를 위한 사소한 준비부터
기초 지식과 실전 연습까지,
매매를 시작할 수 있도록 도와줍니다.

"

주식계좌는 어디에서 어떻게 만들까요?

주식매매 프로그램으로 주식을 어떻게 사고 어떻게 파는 걸까요?

초보자라면 프로그램을 남들보다 더 잘 이해하고 활용해야 합니다.

HTS는 당신의 컴퓨터 안에서 모든 것을 가르치고 도와주는

훌륭한 선생님이자 정보창고입니다.

"

당신은 얼마나 위험한 사람입니까?

자, 이제 주식의 기초를 확실히 알았으니 투자를 시작하면 되겠죠. 그런데 당신의 위험도는 여전히 50%일까요?

투자를 시작할 때 중요한 것은 자신의 위험도를 냉정하게 판단하는 것입니다. 투자를 시작하면 갖가지 위험한 상황들이 벌어집니다. 그럴 경우 나는 과연 위험을 감당할 수 있는 능력이 얼마나 될지, 그리고 위험에 부닥치면 어떤 태도를 보일지 미리 스스로 알고 있어야 합니다. 사람들은 자신에 대해 잘 알고 있다고 생각하지만, 사실 겪어보지 못한 상황에서의 자신의 모습은 알 수 없으니까요.

일광 씨는 자신이 나름대로 위험 앞에 의연하다고 생각했습니다. 또한 두려움이 많고 소심한 겁쟁이라 큰 위험에 들어갈 일이 없을 거라고 여겼습니다.

슈퍼개미: 본인의 능력이 어느 정도라고 생각하나요?

일광 씨: 부모님이 조금 도와주셔서 마련한 원룸 전세금이 9,000만 원입니다. 부모님이 주신 낡은 중고차도 있네요. 지금 팔면 300만 원 정도는 받을 수 있을 거예요.

슈퍼개미: 현금은 얼마 정도 되는데요?

일광 씨: 제가 이제 막 입사한 새내기 직장인이라…. 아직 적금 같은 걸 들지 못했습니다. 이번 달 월급을 받으면 100만 원 정도 여유가 있습니다.

슈퍼개미: 그럼 당신의 위험에 대한 능력은 100만 원이 전부입니다. 자신의 능력을 확실히 알아야 위험한 상황에 처했을 때 물러날 수 있습니다. 실제 능력보다 크다고 착각하면 위험에 맞서려는 무모한 태도를 보이게 되지요.

좋은 주식이 있다고 해서 능력이 안 되는 금액의 주식을 매수하기 위해 돈을 빌리면서까지 투자를 하는 것은 위험지수가 매우 높은 것입니다. 주가가 떨어졌는데 주식을 팔지 않는 것도 위험에 맞서는 것입니다.

슈퍼개미는 의외라는 듯 눈을 동그랗게 뜨는 일광 씨에게 웃으며 말했습니다. "사실은 파는 것이 안전하기 때문이죠."

위험을 부담할 수 있는 능력이란 손해를 봤을 때 그 충격을 이겨낼 수 있는 능력을 말합니다. 일광 씨는 얼마 전 아버지와의 대화가 문득 생각났습니다. 일광 씨가 주식공부를 시작했다고 하자 아버지도 퇴직금을 투자해보겠다고 나서셨습니다.

아버지의 퇴직금은 1억 원입니다. '그러면 위험을 부담할 수 있는 능력이 나에 비해 엄청난 거잖아?' 일광 씨는 머릿속으로 계산기를 두드렸습니다. 1억 원이면 한 달에 200만 원씩 생활비로 지출한다고 해도 4년 정도는 아무 일도 하지 않아도 되는 돈입니다. 게다가 만약 주식투자를 해서 1억 원의 수익이 생긴다면 추가로 4년은 더 놀고먹을 수 있겠네요. 이런 생각에 사로잡히니 당장이라도 그 돈으로 주식투자를 하고 싶어집니다.

그런데 아버지가 1억 원을 가지고 있다고 해서 위험을 부담할 수 있는 능력이

정말 높은 걸까요? 아버지가 고위험에 투자해도 되는 걸까요? 사실 아버지에게는 지금 살고 있는 집과 1억 원이 전 재산입니다. 가진 돈이라고는 이 퇴직금밖에 없기 때문에 손실을 보게 된다면 앞으로의 생활이 어려워질 수 있습니다. 그렇다면 아버지는 위험을 부담할 수 있는 능력이 매우 낮은 것입니다. 전 재산을 투자하겠다는 생각은 자신이 부담할 수 있는 능력 이상의 위험을 부담하겠다는 겁니다.

　위험 인내력을 알게 된 일광 씨는 당장 아버지를 말려야겠다고 생각했습니다. 그리고 자신과 함께 아주 소액의 현금만을 가지고 투자를 시작하자고 회유하기로 마음먹었습니다.

슈퍼개미: 그럼 다시 확률에 대해 생각해봅시다. 당신이 주식을 통해서 돈을 벌 수 있는 확률은 얼마나 될까요?

일광 씨: 그것 역시 50% 아닐까요? 제가 주식을 사서 주가가 오르면 돈을 버는 거고 주가가 내리면 돈을 잃는 것이니 확률은 반반이겠죠.

일광 씨는 으쓱하며 말했습니다.

슈퍼개미: 대부분의 초보자들이 그렇게 생각하지요. 물론 주식은 오를 수도 있고 내릴 수도 있습니다. 하지만 요지부동 가만히 있을 수도 있습니다. 주가가 그대로 유지되면 본전일 것 같지만, 사실 거기에는 매매수수료가 들어갔으니 그만큼 손실을 본 것입니다.

일광 씨: 아, 수수료! 그렇다면 확률은….

슈퍼개미: 주가가 오를 경우 3분의 1, 주가가 내릴 경우 3분의 1, 주가가 가만히 있을 경우가 3분의 1입니다. 그러므로 돈을 벌 확률은 3분의 1 정도인 셈이지요. 이제 그 3분의 1 확률로 뛰어들어볼까요?

01

당신의 투자성향은
얼마나 위험할까요?

투자성향 체크는 필수 자기진단

일광 씨는 주식투자를 시작하기에 앞서 자신의 투자성향을 깨달았습니다. 투자성향을 안다는 것은 실제로 투자를 하기 위해 가장 먼저 필요한 절차이자 가장 중요한 절차이기도 합니다. 투자성향을 제대로 알아야 자신의 위험도를 파악하고 적절한 투자를 하게 되기 때문입니다.

앞의 주식거래의 구조에서 배웠듯이, 일반투자자들은 증권사를 통해 거래해야 하기 때문에 증권사에서 계좌를 만들어야 합니다. 기존에 가지고 있던 은행 통장으로는 주식거래를 할 수 없습니다. 증권사에 찾아가 계좌를 개설하겠다고 하면 직원은 '투자정보확인서'라는 간단한 설문지를 줍니다. 증권사에서 고객의 투자성향을 제대로 알기 위한 것입니다. 고객의 성향을 알고 위험 수준을 파악해야 그에 맞는 투자권유를 할 수 있지요. 이 설문조사를 통해 고객은 안정형, 안정추구형, 위험중립형, 적극투자형, 공격투자형 등 자신의 투자성향을 알게 됩니다.

이 설문조사는 HTS에서도 할 수 있답니다. 여러분도 함께 풀어볼까요?

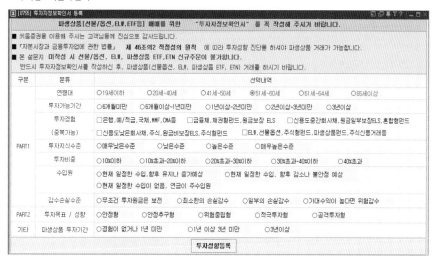

앞의 설문조사 문항을 보면 증권사에서 어떤 정보를 알고 싶어 하는지 알 수 있습니다. 파트1을 체크해 그 내용을 바탕으로 점수화되어 나온 결과와 파트2에서 자신이 체크한 것을 비교하여 더 낮은 수준의 투자성향을 부여받습니다. 일반적으로 투자가능기간이 길고 투자경험이 많으면서 향후 소득이 증가할 것으로 예상되는 경우에 더 높은 투자등급이 나오게 됩니다.

이렇게 주어진 설문항목에 대해 응답을 하고 나면 다음처럼 자신의 투자성향이 나옵니다.

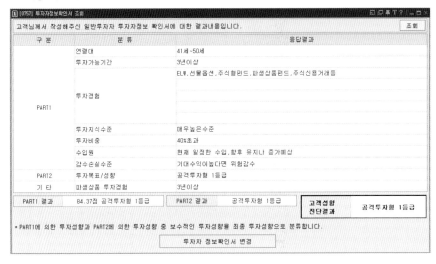

구 분	분 류	응답결과
PART1	연령대	41세~50세
	투자가능기간	3년이상
	투자경험	ELW,선물옵션,주식형펀드,파생상품펀드,주식신용거래등
	투자지식수준	매우높은수준
	투자비중	40%초과
	수입원	현재 일정한 수입,향후 유지나 증가예상
	감수손실수준	기대수익이높다면 위험감수
PART2	투자목표/성향	공격투자형 1등급
기 타	파생상품 투자경험	3년이상

PART1 결과	84.37점 공격투자형 1등급	PART2 결과	공격투자형 1등급	고객성향 진단결과	공격투자형 1등급

* PART1에 의한 투자성향과 PART2에 의한 투자성향 중 보수적인 투자성향을 최종 투자성향으로 분류합니다.

투자자 정보확인서 변경

투자위험도에 따라 금융상품도 달라집니다

투자성향에 따라 어떤 금융상품에 투자를 권유할 것인지도 달라집니다. 자신의 투자위험도는 어느 정도 투자가 가능한지 확인해봅시다.

▼ 고객의 투자성향별 투자권유

구분	초고위험상품	고위험상품	중립형상품	저위험상품	초저위험상품
안정형	투자권유 불가	투자권유 불가	투자권유 불가	투자권유 불가	
안정추구형	투자권유 불가	투자권유 불가	투자권유 불가		
위험중립형	투자권유 불가	투자권유 불가			
적극투자형	투자권유 불가				
공격투자형					

자신이 중립형으로 분류되었는데 고위험상품이나 초고위험상품에 투자하려 한다면 자신의 능력 이상의 위험을 부담하는 것입니다. 예를 들어 주식신용거래를 하려는 경우 공격투자형이라면 문제가 없지만, 나머지 유형은 자신의 위험도에

비추어 너무 위험한 투자를 하는 것이지요. 이런 경우 본인의 돈으로 투자를 하는 것이기 때문에 절대 투자를 할 수 없는 것은 아니지만, 증권사로부터 투자위험에 대한 고지를 받고 자신이 위험도가 높은 상품에 투자한다는 것을 인지해야 투자가 가능합니다. 또 그만큼 손실에 대한 부담도 인지해야 합니다.

그렇다면 저는 적극투자형인데 어떤 상품이 적합할까요?

투자위험도에 따라 어떤 금융상품이 있는지 다음의 표를 보면 알 수 있습니다. 초저위험상품은 원금이 보장되는 무위험상품을 말합니다. 초고위험상품은 투자원금의 손실은 물론 추가적인 손실도 볼 수 있는 상품입니다.

▼ 투자위험도별 금융상품

구분		초고위험상품	고위험상품	중립형상품	저위험상품	초저위험상품
채권			투기등급 포함 (BB 이하)	회사채 (BBB+~BBB-)	금융채, 회사채 (A- 이상)	국고채, 통안채, 지방채, 보증채, 특수채
파생 결합 증권	ELS, DLS		원금 비보장형	원금 부분보장형	원금 보장형	
	ELW	ELW				
주식		주식	신용거래, 투자 경고종목, 투자 위험종목, 관리 종목	주식		
선물옵션		선물옵션				

증권사는 이렇게 투자위험도에 따라 금융상품을 분류해놓고 고객성향별로 투자를 권유합니다. 자신의 투자성향에 따라 어느 정도 위험까지 감수할지 신중하게 고려한 후 투자를 시작하기 바랍니다.

증권사 선택하고 나의 첫 주식계좌 만들기

어떤 증권사가
좋을까요?

주식투자를 시작하는 방법은 아주 간단합니다.

1. 증권사를 알아봅니다.

2. 증권사 영업점이나 은행을 찾아가서 계좌를 개설합니다.

3. 집에 돌아와 프로그램을 설치합니다.

정말로 간단하죠? 이때 체크해야 할 몇 가지를 알려드리겠습니다.

증권사에 대한 적절한 상식

먼저 증권사를 선택하기에 앞서 증권사가 어떻게 분류되는지 살펴봅시다. 증권사 분류를 알면 자신에게 적합한 증권사를 찾을 수 있습니다.

위탁매매업 중심의 증권사 위탁매매, 즉 투자자들이 주식을 사고파는 것을 중개해주는 일을 중심으로 합니다. 물론 대부분의 증권사들이 위탁매매업무를 하고 있습니다. 그중에서도 괜찮은 곳을 고르는 팁을 알아두세요. 일단 가까운 증권사가 좋습니다. 주식투자도 편리성이 있어야 하기 때문에 보다 가까이에서 계좌개설이나 입출금과 같은 서비스를 받는 것이 필요합니다.

다음은 제공되는 투자 관련 자료가 얼마나 좋은지를 따져봐야 합니다. 사실 일반투자자들이 자료의 질을 따져보는 것은 어려운 일입니다. 그러므로 여러 가지 정보를 활용하는 것이 좋습니다. 예를 들어 연말에 경제신문사에서 선정하는 베스트 애널리스트 목록으로부터 업종별 각 부문의 베스트, 회사 전체의 베스트 등 좋은 정보를 얻을 수 있습니다.

마지막으로 가장 중요한 것은 바로 매매할 때 발생하는 수수료입니다. 투자는 많은 수익을 올리는 것도 중요하지만 투자비용을 줄이는 것도 중요합니다. 가급적 수수료가 싼 곳에서 매매하여 비용을 적게 들이는 것이 좋습니다.

｜ 간접투자 중심의 증권사 ｜ 자신이 직접투자하기 어려운 사람들은 전문가 또는 기관을 통해 간접투자를 해야 합니다. 이들을 위해 펀드 판매에 강점을 가진 증권사들이 있습니다. 물론 이들 증권사들도 위탁매매업을 하지만 아무래도 위탁매매업을 중심으로 하는 증권사에 비해 서비스가 떨어질 가능성이 있습니다.

간접투자를 하려면 펀드를 전문으로 하는 증권사가 경쟁력이 있을 것입니다. 그러나 펀드거래도 주식투자와 마찬가지로 수수료를 내야 합니다. 그러므로 어느 곳이 상대적으로 수수료가 저렴한지 파악해야 합니다. 최근에는 펀드도 온라인 가입이 가능하므로 비교적 수수료가 싼 펀드를 골라 가입할 수 있습니다. 다만 펀드에 대한 설명이 부실할 수 있다는 단점이 있습니다.

｜ 자산관리업 중심의 증권사 ｜ 고객의 자산을 체계적으로 관리해주는 서비스를 중심으로 합니다. 삼성증권 등 대형증권사가 경쟁력을 갖추고 있습니다.

▌ 온라인 할인 증권사 ▌ 디스카운트 브로커 Discount Broker 라고 부릅니다. 증권사 지점에서 직접 계좌를 개설하는 것이 아니라 은행과 연계해서 계좌를 개설하는 증권사입니다. 비교적 낮은 수수료율을 채택하고 있습니다. 키움증권이 대표적인 증권사로 현재 0.015%의 낮은 수수료율이 적용됩니다. 온라인 증권사를 선택할 때는 주식매매 프로그램이 사용하기 편리한지 등에 초점을 맞춰서 선택하세요.

수수료의 유혹

드디어 주식투자를 시작하기 위해 계좌를 개설할 차례입니다. 초보자들은 자신의 투자성향을 알고도 증권사 선택을 두고 고민을 하게 됩니다.

증권사 선택 시 초보자들에게 가장 유혹적인 것은 수수료입니다. 증권사가 일반투자자들의 주식거래를 돕기 때문에 투자자들은 증권사에 일정한 거래수수료를 내야만 합니다. 보통 증권사의 거래수수료는 0.024~0.5% 정도입니다. 대형 증권사의 경우 온라인 증권사들보다는 상대적으로 비싼 편이지요.

주식을 매수할 때는 증권사에 위탁수수료만 내면 됩니다. 위탁수수료는 증권사 영업점에서 거래할 경우 거래대금의 0.5%입니다. 온라인으로 거래할 경우 0.024~0.15%로 훨씬 저렴합니다. 계산해볼까요? 1,000만 원을 매매했다면 오프라인으로는 5만 원, 온라인으로는 최대 1만 5,000원에서 최소 2,400원의 수수료를 내게 되네요.

뒤에서 배울 선물, 옵션, ETF, ELW 등과 같은 파생상품에는 증권거래세가 붙지 않습니다.

반면에 주식을 매도할 때는 '위탁수수료 + 증권거래세'를 내야 합니다. 증권거래세는 총 0.23%를 내야 하며 오프라인과 온라인 거래 모두 같습니다.

일광 씨는 수수료 0.015%인 키움증권에서 총 500만 원을 투자하여 주당 10만 원에 50주를 매수하였습니다. 그리고 얼마 후 주가가 2배로, 즉 20만 원으로 올라 50주를 모두 매도했습니다. 총 얼마의 거래비용이 들었을까요?

매수 시 : 위탁수수료=거래금액 500만 원×0.015%=750원
매도 시 : 위탁수수료=거래금액 1,000만원×0.015%=1,500원
　　　　　증권거래세=1,000만원×0.23%=23,000원
　　　　　총 2만 4,500원

따라서 주식매매에 든 수수료 및 거래세는 '750원+2만 4,500원'으로 총 2만 5,250원입니다.

주식에 투자하려는 사람이 많아지면서 증권사 간의 고객유치 경쟁이 치열해졌습니다. 최근 증권사들은 고객유치를 위해 수수료 인하 경쟁을 벌이고 있습니다. 이러한 경쟁은 투자자들에게 이득이 되기도 합니다. 증권사에 처음 가입하는 투자자거나 이미 거래하고 있는 증권사의 수수료가 부담스러웠던 투자자라면, 각 증권사의 수수료를 꼼꼼히 비교해보고 선택하세요. 단, 수수료는 변수가 많으니 수시로 체크해보는 것이 좋습니다.

　하지만 초보자일수록 수수료에 끌려가기보다 증권사의 신용에 무게를 두어야 합니다. 초보자로서 금융기관의 정보를 정확하게 파악하기는 어렵죠. 일단은 믿을 만한 대형증권사에 찾아갑시다.

주식을 거래하는 4가지 방법

주식투자를 한다는 것은 주식을 사고판다는 것을 의미합니다. 주식을 사는 것은

매수라 하고 파는 것은 **매도**라고 합니다. 매수주문과 매도주문을 통해서 주식을 사고팔게 됩니다. 이때 주문은 증권사를 통해서 이루어지는데 4가지 형태가 있습니다. 하나씩 살펴봅시다.

첫째, 증권사 지점을 이용하는 방법입니다.

증권사는 전국 각 지역에 지점을 두고 있습니다. 주문을 하기 위한 가장 전통적인 방법은 증권사 지점을 방문하는 것입니다. 지점에 가면 주문을 하기 위한 주문표가 비치되어 있습니다. 계좌번호와 이름, 그리고 어떤 주식을 얼마에 몇 주 살 것인지 적어서 제출하면 주문이 이루어집니다. 그런데 요즘 이런 방법을 쓰는 사람은 많지 않습니다.

지점을 이용하는 방법 중 다른 하나는 자신의 계좌를 관리해줄 영업직원을 지정하는 것입니다. 그럼 그 영업직원으로부터 계좌관리뿐만 아니라 주식에 대한 다양한 정보도 얻을 수 있습니다. 주문을 하고 싶으면 그 직원에게 전화를 걸어서 주문하면 됩니다. 하지만 이렇게 지점을 이용하면 매매에 적용되는 수수료가 상대적으로 비싼 편입니다.

둘째, ARS서비스를 이용해서 주문하는 방법입니다.

각 증권사마다 고객만족센터를 운영하고 있습니다. 증권사에서 제시하는 ARS

수수료를 수시로 체크하세요!

정확한 주식 수수료를 알고 싶다면 증권사의 홈페이지를 방문하거나 전화로 문의해보는 것이 가장 좋습니다. 그렇지 않다면 금융투자협회(www.kofia.or.kr) 전자공시시스템 중 금융투자회사 수수료 비교를 찾아보면 각 증권사들의 매매수수료에 대해 일목요연한 정보를 찾을 수 있습니다.

번호로 전화를 하면 상담원이 주문을 도와줍니다. 물론 ARS를 통해 주문뿐만 아니라 계좌잔고 조회 및 각종 질문이나 불편사항도 상담할 수 있습니다. 그런데 ARS를 이용할 때도 상대적으로 높은 수수료율이 적용됩니다.

셋째, 홈트레이딩시스템을 이용하는 방법입니다.

각 증권사 홈페이지에 가면 프로그램을 다운로드할 수 있습니다. 증권사에서 개발한 홈트레이딩시스템Home Trading System(이하 HTS)은 시세를 확인할 수 있을 뿐만 아니라 투자에 필요한 많은 정보를 얻을 수 있는 매우 중요한 투자 도구입니다. 특히 HTS를 이용하면 가장 낮은 수수료율을 적용받을 수 있어 유리합니다. 현재 최저수준의 HTS 수수료율은 0.015% 정도입니다.

 HTS로 거래를 하면 낮은 수수료율을 부담 없이 여긴 나머지 지나치게 많은 매매를 하게 된다는 점을 주의해야 합니다. 즉 매매회전율이 높아지는 단점이 있음을 기억해서 자신에게 맞는 매매횟수를 미리 설정하고 투자에 임하는 것이 좋습니다.

마지막으로, 모바일기기를 이용해 주문하는 방법이 있습니다.

국내 스마트폰 사용 인구가 5,200만 명에 이르고 있습니다. 또한 소위 핀테크산업이 차세대 성장동력으로 주목되면서 스마트폰과 태블릿PC를 이용한 모바일 금융도 나날이 발전하고 있습니다.

모바일기기를 이용한 주식거래가 전체 거래의 절반을 차지할 정도로 일반화되고 있습니다.

 모바일기기로 거래를 하기 위해서는 스마트폰이나 태블릿PC에 전용 애플리케이션을 설치해야 합니다. 그러면

> 핀테크(Fin-Tech)는 금융을 뜻하는 파이낸셜(Financial)과 기술(Technique)의 합성어로 모바일 결제 및 송금, 개인자산관리, 크라우드펀딩 등 정보기술(IT)을 기반으로 한 새로운 형태의 금융기술을 말합니다.

모바일기기를 통해 주식시세를 조회하는 것은 물론이고 주문까지 언제 어디서나 이뤄질 수 있습니다. 최근 각 증권사들은 모바일기기를 이용한 주식매매 수수료를 인하하여 HTS에서 적용되는 수수료율을 적용하고 있어 모바일기기를 이용한 주식거래가 HTS를 이용한 주식거래를 넘어설 가능성이 큰 상황입니다.

계좌는 어떻게 만들까요?

증권사에서 계좌를 개설하는 방법은 크게 3가지가 있습니다. 첫째는 증권사 영업점에 직접 방문하는 방법, 둘째는 은행에 가서 증권사의 계좌를 개설하는 방법, 그리고 셋째는 비대면으로 계좌를 개설하는 방법입니다. 은행에서 계좌를 개설하면 더 낮은 수수료율을 적용받는다는 장점이 있습니다. 그럼 준비물과 절차를 살펴볼까요?

구분		필요한 서류
본인이 직접 은행을 방문할 경우		- 주민등록증 또는 운전면허증 - 거래인감(서명으로도 가능)
대리인이 오는 경우	대리인이 가족인 경우 (직계존비속 및 배우자인 경우)	- 대리인의 실명확인 증표 - 가족관계를 확인할 수 있는 서류 (주민등록등본, 호적등본 등) - 거래인감
	대리인이 가족이 아닌 경우	- 본인 및 대리인의 실명확인 증표 - 본인의 거래인감 및 위임장 - 거래인감

① 증권사 창구직원에게 계좌를 개설한다고 말하면 몇 가지 서류를 줍니다. 계좌등록신청서와 투자목적기재서 등인데, 서류를 작성해서 제출하면 계좌개설이 끝납니다. 처음에 얼마를 넣어두어야 하는지 고민할 필요는 없습니다. 계좌개설 시에는 입금을 하지 않아도 되니까요.

② 계좌개설 시 몇 가지 약정에 대해 얘기해줄 것입니다. 그중 은행이체약정은 해두는 것이 좋습니다. 나중에 현금을 입출금하고 싶을 때 증권사에 직접 나

가지 않고 전화나 HTS를 통해 자신에게 편리한 은행계좌로 이체할 수 있어 유용합니다.

③ 증권계좌는 개설 후에 통장을 주지 않고 증권카드를 줍니다. 증권카드는 증권계좌에서 현금을 인출할 때 사용되니 나중을 위해 잘 간직해두세요.

④ 집에서 주식거래를 하기 위해 HTS를 신청해야 합니다. 접속용 아이디와 비밀번호, 주문용 계좌 비밀번호를 정한 뒤 잘 기억해둬야 합니다. 인터넷뱅킹을 위해 보안카드도 꼭 받아오세요.

⑤ 최근에는 증권사 영업점이나 은행에 직접 가지 않고 집에서 계좌를 개설할 수 있는 비대면계좌개설이 가능하게 되었습니다. 계좌를 개설하고자 하는 증권사의 계좌개설과 관련된 애플리케이션(앱)을 내려받아 정해진 절차에 따라 계좌를 개설할 수 있습니다.

주식계좌에 돈이 들어오면 다른 통장으로 옮길 수 있나요?

계좌를 만들 때 은행이체약정을 신청하면 가능합니다. 주식계좌에 돈을 입출금하고 싶을 때 증권사 지점에 직접 가지 않고 전화나 HTS를 통해 자신이 정한 은행계좌에서 입출금할 수 있습니다.

CMA 통장이라고 들어보셨지요?

CMA(Cash Management Account)란 증권사의 금융상품 중 하나입니다. 은행의 수시입출금식 예금처럼 수시로 입출금이 가능한 단기 고금리상품이지요. 급여이체도 가능할 뿐만 아니라 체크카드 겸 신용카드로 사용할 수 있어 직장인들의 이용이 늘고 있습니다.

주식투자를 할 때 CMA 통장의 가장 큰 장점은 각종 계좌들과 CMA계좌를 연계할 수 있다는 것입니다. 그럴 경우 특별히 투자되지 않고 노는 돈을 CMA에 이체하여 고수익을 얻을 수도 있습니다. 이를 위해 증권사에 연계계좌를 신청하면 됩니다. 이처럼 CMA 통장을 가지고 있으면 좀 더 편리하게 주식계좌를 운용할 수 있답니다.

03

홈트레이딩시스템 HTS

집에서 주식투자
어떻게 하나요?

HTS라는 말은 한 번쯤 들어보셨나요? 앞에서 잠깐 언급했듯이 HTS는 홈트레이딩시스템의 약자입니다. 말 그대로 집에서 손쉽게 주식매매를 할 수 있는 프로그램을 말합니다.

　IT기술이 발전하기 전에 사람들은 손질매매를 통해서 주식을 거래했습니다. 손질매매란 수산물 공판장 등에서 손을 이용해 경매를 하는 것과 같은 형식의 거래입니다. 전산시스템이 발전한 이후 주식거래 체결은 전산을 통해 이루어졌지만, 주문은 증권사 지점에 직접 방문하거나 전화를 해야 했습니다. 하지만 HTS의 등장으로 이제 집에서도 간편하게 투자관리를 할 수 있게 되었습니다. 인터넷뱅킹처럼 자신의 ID와 비밀번호, 공인인증서만 있으면 언제 어디서든 주식시세를 확인하고 주문할 수 있습니다.

각 증권사들은 저마다 HTS를 운영하고 있습니다. 그중 개인투자자들이 가장 많이 사용하는 HTS가 바로 키움증권의 '번개'와 '영웅문'입니다. 이 책에서는 키움증권의 대표적인 HTS인 영웅문으로 설명하겠습니다. HTS는 어떻게 설치하고 또 어떤 정보들이 포함되어 있는지 살펴봅시다.

키움증권은 '영웅문S'라는 강력한 e플랫폼을 활용해 지난해 가장 많은 동학개미들의 마음을 사로잡았다. 지난해 키움증권에서 개설된 신규 계좌는 총 333만 개에 달한다. 신규 계좌 68만 개가 만들어진 전년에 비해 무려 389.6% 증가했다. 새로 주식에 입문한 투자자들이 키움증권의 e플랫폼인 영웅문S에 집중한 것이다. 영웅문S가 2010년 서비스를 출시한 후 10년에 걸쳐 누적된 데이터를 기반으로 꾸준히 편의성을 개량해온 덕이다.

이런 흐름은 올해도 이어지고 있다. 지난 1월 한 달간 개설된 신규 계좌는 89만 3,000개를 넘어섰다. 지난 3월 15일 기준 신규 계좌개설이 174만 개를 넘어서며 전년도 기록했던 약 333만 개의 50%를 단 3달이 채 되기 전에 달성하고 있는 상태다.

"16년 연속 점유율 1위 키움증권" (헤럴드경제 2021. 4. 28.)

HTS를 다운로드합시다

계좌를 개설한 증권사의 홈페이지에 가서 HTS를 다운로드 하면 됩니다. 그리고 회원가입을 하면 공인인증서를 받고 개설한 계좌를 연계할 수 있습니다. 방금 회원가입하며 만든 ID와 비밀번호, 공인인증서 비밀번호로 로그인합니다.

▼ 다운로드 화면

▼ 로그인 화면

화면을 둘러볼까요? 로그인을 해서 HTS에 접속하면 다음과 같은 화면이 나옵니다. 먼저 메뉴들을 살펴봅시다. 화면만큼이나 앞이 깜깜하지요? 초보자들은 프로그램만 보고도 두려워합니다. 하지만 마구 눌러보면서 어떤 것들이 나오는지 보는 것이 좋습니다. 상단 메뉴를 보면 기능, 주식, 주식주문, ELW, 신용/대출, 투자정보, 차트, 선물옵션, 선물/옵션주문, 채널K, SPECIAL, 펀드/금융상품, 해외주식, 온라인업무, 고객서비스, 보기 등의 큰 메뉴들이 있습니다. 우선은 간단하게만 이해하면 됩니다.

▼ 첫 화면

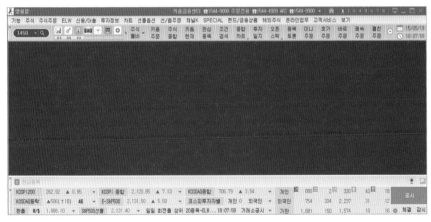

76

① **주식:** 주식시세와 관련된 각종 정보들을 확인할 수 있습니다.

② **주식주문:** 주식주문을 할 수 있는 내용들이 들어 있습니다.

③ **ELW:** ELW의 시세 확인, 관련 지표들을 확인할 수 있습니다. ELW는 제6장에 서 상세하게 배울 예정이니 그냥 눈여겨만 보세요.

④ **신용/대출:** 주식의 신용거래, 주식담보대출과 관련된 업무들을 처리할 수 있 습니다. 초보 투자자는 아직 멀리하는 것이 좋습니다.

⑤ **투자정보:** 투자자별 매매동향과 프로그램매매동향, 그리고 증권사에서 제공하 는 리서치 자료 등을 확인할 수 있습니다.

⑥ **차트:** 지수차트, 업종차트, 주식차트 등 각종 차트를 볼 수 있습니다.

⑦ **선물옵션, 선/옵주문:** 선물옵션과 관련된 시세 확인 등을 할 수 있습니다.

⑧ **채널K:** 키움증권에서 제공하는 증권방송을 볼 수 있습니다.

⑨ **SPECIAL:** 미니화면과 자동투자일지 등을 제공합니다.

⑩ **펀드/금융상품:** 펀드, ELF 등의 금융상품을 매매할 수 있습니다.

⑪ **해외주식:** 일본, 중국, 홍콩 등의 시장에 직접 주문할 수 있으며, 각국의 주식 시세를 확인할 수 있습니다.

⑫ **온라인업무:** 은행을 통한 입출금, 공모주 등의 청약을 할 수 있습니다.

⑬ **고객서비스:** 제공되는 서비스의 안내와 모의투자대회 관련 내용이 있습니다.

주식시세표를 살펴봅시다

주식투자자에게 시세표는 몇 가지 측면에서 매우 중요합니다. 첫째, 자신이 투자하고 있거나 투자할 종목의 시세를 확인하는 경우에 사용할 수 있습니다. 관심 있는 종목의 주가가 오름세인지 내림세인지, 아니면 지루하게 움직이는 상태인지 시세표를 통해 확인하면 됩니다. 특히 매일매일의 시세를 보는 것도 중요하지만 과거의 추이를 같이 보는 것도 중요합니다.

둘째, 주가는 대체로 업종별로, 또는 당시에 인기를 끌고 있는 테마주 중심으로 움직이는 경향이 있습니다. 그러므로 현재 시장의 중심에서 어떤 종목들이 인기를 끌고 있는지 알아보기 위해서 주식시세표는 매우 중요합니다.

HTS에서는 매우 다양한 형태로 시세가 제공됩니다. 먼저, 개별 종목의 시세를 보기 위해서는 현재가 화면을 찾아보면 됩니다. 현재가 화면에서는 현재의 가격은 물론이고 어떤 증권사에서 매수 또는 매도하고 있는지 그리고 과거로부터 주가추이는 어떻게 형성되어 있는지 등을 모두 확인할 수 있습니다.

▼ 홈 ⋯⋅ 키움현재

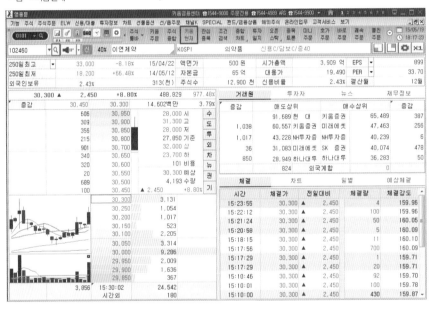

키움현재 메뉴를 클릭하면 아무런 숫자도 나오지 않을 겁니다. 🔍 버튼을 클릭하여 원하는 기업명을 검색하면 해당 종목의 현재가 화면이 나옵니다. 또한 업종별 시세와 업종 내에 속해 있는 종목들의 시세도 볼 수 있습니다.

▼ 홈 ⋯ 주식 ⋯ 업종시세 ⋯ 전업종지수

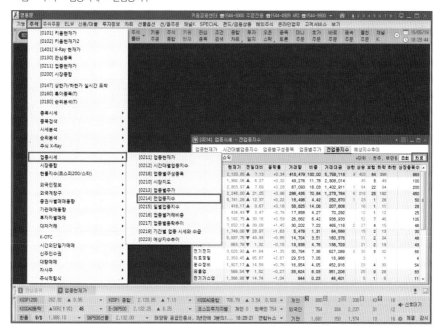

전업종지수 화면에서는 [차트]를 클릭하면 등락률을 그래프로 쉽게 볼 수 있습니다.

▼ 차트 등락률 그래프

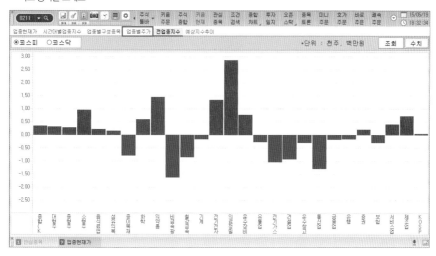

같은 화면에서 [업종별주가]를 클릭하면 업종 내 종목별 시세가 나옵니다. 마찬가지로 🔍 버튼을 클릭하여 업종을 선택한 후 확인할 수 있습니다.

▼ 홈 ··· 주식 ··· 업종시세 ··· 업종별주가

테마별로도 시세를 볼 수 있습니다. 테마는 각 증권사에서 구성해놓은 것으로 모든 증권사가 다 똑같지는 않습니다. 각 증권사에서 제시하는 종목에 차이가 있을 수 있다는 점을 알아둬야 합니다.

▼ 홈 ··· 투자정보 ··· 테마종목 ··· 테마그룹별

각 테마를 클릭하면 해당 테마에 속해 있는 종목의 시세를 확인할 수 있습니다. 다음의 화면은 주류 테마에 속한 종목들을 살펴본 것입니다. 주류 테마는 현재 진로발효, 한국알콜, 풍국주정, 무학 등 7종목으로 구성되어 있고 4.67%의 테마 상승을 보이고 있음을 알 수 있습니다.

▼ 주류 테마 세부 화면

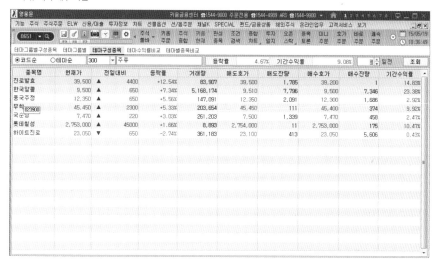

종목명	현재가	전일대비	등락률	거래량	매도호가	매도잔량	매수호가	매수잔량	기간수익률
진로발효	39,500 ▲	4400	+12.54%	83,907	39,500	1,785	39,200	1	14.83%
한국알콜	9,500 ▲	650	+7.34%	5,168,174	9,510	7,796	9,500	7,346	23.38%
풍국주정	12,350 ▲	650	+5.56%	147,091	12,350	2,091	12,300	1,686	2.92%
무학 023900	45,450 ▲	2300	+5.33%	203,654	45,450	111	45,400	374	9.92%
국순당	7,470 ▲	220	+3.03%	261,203	7,500	1,339	7,470	458	2.47%
롯데칠성	2,753,000 ▲	45000	+1.66%	8,893	2,754,000	11	2,753,000	175	10.47%
하이트진로	23,050 ▼	650	-2.74%	361,183	23,100	413	23,050	5,606	0.43%

신문에서 주식시세표 확인하기

종합지든 경제지든 대부분의 일간신문에는 주식시세표가 있습니다. 이 시세표를 며칠만 봐도 대충 현재 시세가 어떻게 움직이는지 파악할 수 있습니다. 신문 시세표는 다음과 같이 구성되어 있습니다.

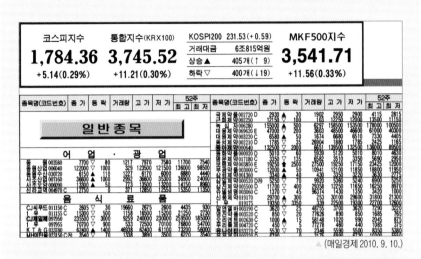

▲ (매일경제 2010. 9. 10.)

먼저 각 지수의 등락이 정리되어 있고 각 업종별로 시세가 묶여 있습니다. 그리고 그 업종 내에서는 알파벳 순서로 종목이 정리되어 있습니다. 여기서 시세와 관련된 것으로 다음의 내용들을 확인할 수 있습니다.

① **종가:** 하루 중 마지막으로 끝난 시세입니다. 이 가격을 기준으로 다음 날 상한가 폭이 결정됩니다.
② **등락:** 하루 중 얼마나 오르고 내렸는지를 보여주는 것입니다. ▲는 상승을, ▽는 하락을 나타냅니다.
③ **거래량:** 하루 중 얼마나 많은 거래량이 형성되었는지 보여줍니다.

화면에는 없지만 신문 시세표 윗부분에는 액면가 구분이 나와 있습니다. 액면가는 a: 100원, b: 200원, c: 500원, d: 1,000원, e: 2,500원으로 표시됩니다. 상장회사가 되기 위해서는 액면가가 100원, 200원, 500원, 1,000원, 2,500원, 5,000원 중 하나여야 하지요. 그중 5,000원이 기준인데, 아무런 표시가 없으면 액면가가 5,000원입니다.

이처럼 액면가가 제각각 다르기 때문에 절대적인 주가의 크기를 가지고 보는 것은 매우 위험합니다. 예를 들어 앞의 시세표에서 명문제약은 c가 붙어 있으면서 주가가 3,350원입니다. 즉, 액면가는 500원입니다. 5,000원짜리 액면가를 기준으로 보면 주가가 3만 3,500원이라고 판단할 수 있는 것입니다. 따라서 액면가가 얼마인지 보는 것은 매우 중요합니다.

04

HTS 최적화, 계좌관리

HTS를 120% 활용하고 싶어요!

자신에게 맞는 화면을 만드세요

전쟁터에서 가장 필요한 것은 무기지만, 무기의 사용법을 잘 알지 못하면 무용지물이나 마찬가지입니다. HTS는 단순히 주식을 매매하는 프로그램이 아닙니다. 주식투자에서 HTS는 각종 시세와 거래량, 기업정보 등을 볼 수 있는 강력한 무기입니다. 사용법을 제대로 알수록 HTS는 든든한 무기가 되어줄 것입니다. 따라서 자신에게 맞게 최적화해놓고 활용하는 것이 중요합니다.

먼저 자신에게 필요한 화면을 체계적으로 만들어놓기 위해 화면을 구성하는 법을 알아둡시다. HTS의 맨 우측 최상단에 보면 1에서 8까지 번호가 적혀 있습니다. 각 번호대로 가상화면을 설정하여 8개까지 만들 수 있다는 의미입니다. 예를 들면 1번은 주식과 관련된 창들을, 2번은 선물과 관련된 창들을 배치해놓음으로써 자신에게 필요한 정보들을 체계적으로 관리할 수 있지요.

먼저 1의 화면에 다음과 같이 업종시세창과 주문창을 설정해봅시다.

▼ 가상화면 구성하기 1

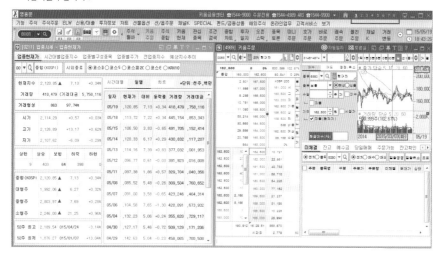

이제 1을 클릭할 때마다 바로 업종시세를 보고 주문을 할 수 있습니다.

▼ 가상화면 구성하기 2

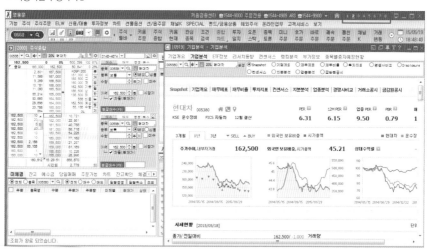

2도 마찬가지로 원하는 창을 화면 안에 배치해놓으면, 2를 누를 때마다 화면이

자동으로 나타납니다. 관심종목창 구성 방법은 4장에서 자세히 배우겠습니다.

계좌관리는 아주 중요합니다

계좌를 개설할 때 얼마를 넣어야 할지도 잘 모르겠고, 당장은 입금을 안 해도 된다고 하니 일단 비워두신 분들이 많을 겁니다. 이제 주식매매를 시작하려면 계좌에 돈을 넣어야 합니다.

　초보자들은 계좌에 돈이 있는지, 있다면 얼마나 있는지 모르고 매매를 시도하는 경우가 많습니다. 매매 기회가 와서 주문을 했는데 돈이 없다면 어떻게 될까요? 주식은 타이밍인데 좋은 타이밍을 놓치고 마는 거죠. 매수하려고 주문한 수량의 총액보다 돈이 부족하여 거래가 정상적으로 체결되지 않습니다. 그러므로 틈틈이 계좌관리를 해주는 것은 매우 중요합니다.

주식투자는 결국 수익을 내기 위한 것이기 때문에 계좌관리는 투자의 기본이라고 할 수 있습니다. 계좌를 효율적으로 관리하는 요령을 익혀둬야 합니다. **우선, 투자원금을 모두 매수에 쓰지 말고 일정 금액은 꼭 현금으로 남겨두는 습관을 가지세요.** 계좌에 현금이 하나도 없으면 좋은 종목이나 타이밍을 만났을 때 매수를 할 수 없습니다. 그럴 때 욕심을 내서 돈을 빌려 투자를 하면 자신이 생각했던 투자원금을 넘어서기 때문에 투자 원칙이 흔들릴 수 있습니다.

　둘째, 투자할 금융상품은 꼭 정해놓고 투자하세요. 초보자가 선물이나 옵션에 투자 욕심을 내면 십중팔구 손실을 보게 됩니다. 주식매매에 꾸준히 실전 연습을 한 후 자신의 투자 원칙이 확고하게 섰을 때 도전하는 것이 좋습니다. 꼭 투자하고 싶더라도, 위험상품에는 5~10% 이내로 금액을 제한하는 것이 좋습니다.

　마지막, 수익이 생기면 그대로 계좌에 쌓아놓지 말고 다른 통장에 이체하세요. 자신의 초기 투자원금은 꼭 기억하고 초기의 일정 기간은 원금만 운용하는 것이 좋습니다. 수익까지 투자원금에 합쳐지면 점점 더 무리한 투자로 이어질 수 있습니다. 수익관리를 잘해야 원금 보전이 잘되고 투자도 계속 신중하게 유지할 수 있음을 명심하세요.

HTS에서는 주식주문 … 계좌정보에서 계좌의 예수금상세현황, 거래내역, 잔고확인, 체결확인 등을 볼 수 있습니다. 특히 잔고확인을 통해 현재 수익률 현황까지도 확인이 가능합니다.

- **입금 여부를 알아보고 싶을 때:** 홈 … 주식주문 … 계좌정보 … 예수금에 들어가서 예수금 및 미수금 등을 자주 확인하세요.
- **돈이 없거나 부족해서 입금을 하고 싶을 때:** 홈 … 온라인업무 … 은행연계입출금에 들어가서 자신의 증권계좌와 연결된 은행계좌에서 돈을 이체해 입금하면 됩니다.

예수금/미수금
예수금은 주식을 주문할 수 있는 돈을 말하고, 미수금은 주식을 사면서 증권사에 단기적으로 빌린 3일 안에 갚아야 하는 돈입니다.

또한 주식주문 … 거래내역에서는 주문체결내역과 은행이체거래내역 등을 확인할 수 있습니다.

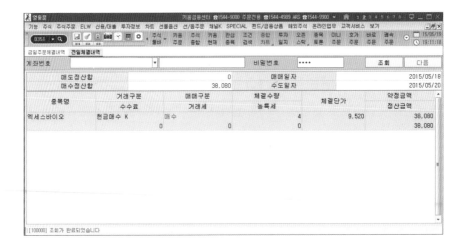

 주식을 매도했는데 바로 돈을 찾을 수 있나요?

당일에는 찾을 수 없습니다. 만약 일광 씨가 오늘 돈을 쓸 일이 있어서 당장 급하게 주식을 매도했다고 칩시다. 현금을 마련했다고 생각하겠지만 계좌를 확인해 보면 돈이 들어오지 않았음을 알 수 있을 겁니다.

주식을 매매하면 매수자는 계좌로 주식을 받고 대금을 결제해야 하고 매도자는 돈을 받고 주식을 결제해야 합니다. 이를 **수도결제**라고 합니다.

수도결제 날짜를 항상 유념하세요. 수도결제는 당일에 이루어지는 것이 아니라, 보통 매매일로부터 3일째 되는 날 결제가 이루어집니다. 예를 들어 수요일에 매매를 해서 체결되면 금요일에 결제가 됩니다. 수도결제 날짜를 꼭 알아둬야 계좌관리가 쉽습니다. 모레 현금이 필요하다면 오늘 주식을 매도해야 모레 결제를 받을 수 있습니다. 공휴일과 일요일을 제외한 영업일 기준이라는 것도 잊지 마세요.

수도결제는 3일째에 되지만, 매매는 매일매일 할 수 있습니다. 즉, 오늘 매수를 하여 내 계좌에 주식이 들어오면 바로 매도를 할 수 있습니다. 이 매도에 대한 결제만 3일 후에 이루어집니다. 이러한 점들을 꼭 기억하고 계좌관리를 하면서 매매계획을 짜야 합니다.

하루에 30분 HTS 살펴보기

—

HTS나 모바일기기에는 많은 정보가 들어 있습니다. 하지만 하루 종일 들여다본다고 수익이 많이 나는 것은 아닙니다. 기능을 잘 활용하여 짧은 시간 효율적으로 활용하는 것이 좋습니다. 매매에 들어가기 전에 반드시 시간을 들여 전체적인 주가 동향을 살피세요. 정형화된 정보수집 방법이 있는 것은 아니지만, 다음의 순서를 권합니다. 이를 통해 시장의 대략적인 현황을 쉽게 파악할 수 있습니다.

해외증시가 상승했는가, 하락했는가?

해외증시의 현황을 유심히 살펴보세요. 해외증시의 상승 또는 하락은 우리나라에도 대체로 같은 영향을 미치게 됩니다.

주요국의 환율변동이 있는가?

주요국 환율변동을 통해 국제자본시장의 자금흐름을 알아봅니다. 국제자본시장에서 돈이 흘러간다는 것은 그 나라의 통화가치를 올려주게 되므로 환율동향이 중요합니다.

유가 또는 금값과 같은 주요 상품가격의 등락은 어떠한가?

이러한 변수들도 주식시장에 많은 영향을 줍니다. 유가가 오른다는 것은 원자재가격이 오른다는 것을 의미하고, 이는 경제상황에도 민감한 영향을 미치게 됩니다.

투자주체별로 누가 사고 누가 팔고 있는가?

투자주체별 매매동향은 현재 주식시장에서 누가 수급을 주도하는지 알아볼 수 있는 주요 지표입니다. 기관투자자나 외국인투자자들의 움직임에 따라 추세가 달라질 수도 있습니다.

오늘의 거래대금 상위 30개 종목은 무엇인가?

거래대금이 많다는 것은 시장에서 많은 관심을 받고 있다는 의미입니다. 즉, 시장의 핵심 종목들입니다. 특히 거래대금이 많으면서 주가가 올라갔는지 아니면 떨어졌는지를 살펴보면 보다 명확하게 시장의 인기종목을 골라낼 수 있습니다.

투자주체별로 순매수 대금이 많은 종목은 무엇인가?

각 주체별로 순매수 대금이 많은 종목을 10개씩 파악해보세요. 특히 기관투자자들이나 외국인투자자들이 하루 중 가장 많이 사고판 종목이 무엇인지 파악하면, 시장을 주도하는 종목군이 어떤 것인지 쉽게 정리됩니다.

오늘의 주식시장 주요 뉴스는?

투자정보를 통해서 오늘 주식시장을 움직인 주요 뉴스들은 무엇인지 3가지 정도 뽑아봅니다. 주식시장에는 많은 정보가 있지만 그중에서 핵심 뉴스를 살피는 것은 상황을 단순화시켜 시장에 대한 이해도를 높일 수 있습니다.

차트상에 지수의 움직임은 어떻게 나타나는가?

차트를 통해 현재 지수의 움직임이 안정적인지, 아니면 지나치게 올라가 있는 과열 상태이거나 지나치게 내려가 있는 침체 상태인지를 살펴보세요. 기술적 리듬에 따른 매매시점 포착이 가능해집니다. 이 밖에도 뒤에서 배울 프로그램매매 현황, 선물옵션의 투자주체별매매 현황 등을 살펴보면 좋습니다.

05

주식시장의 시간 구분, 매매원칙, 단일가매매제도

시간마다
주문이 다르다고요?

주식시장은 몇 시에 열릴까요?

주식매매를 하기 전에 대부분 주문의 종류부터 생각합니다. 하지만 정작 그보다 더 중요한 것은 매매시간과 그에 따른 체결방법을 먼저 이해하는 것입니다. 일반적으로 매매시간은 다음과 같습니다.

▼ 각 시장별 매매시간

시장	시간
정규매매시장	09:00~15:30(단일가매매 : 시초가 결정 및 15:20~15:30)
장 개시 전 시간외 매매시장	08:00~09:00(단, 장 개시 전 종가매매는 08:30~08:40)
장 종료 후 시간외 종가매매시장	15:40~16:00
장 종료 후 시간외 단일가매매시장	16:00~18:00(10분 단위로 단일가 체결)

╏ **정규시장** ╏ 주식매매에서 가장 중심이 되는 시장은 오전 9시에 시작해서 오후 3시 30분에 마감하는 정규매매시장입니다. 일반적인 주식매매는 이 시간에 이뤄집니다.

▎ **시간외거래** ▎ 주식시장에는 정규시장 외에 매매가 가능한 시장이 있습니다. 직장인처럼 정규시간에 편하게 거래를 할 수 없는 투자자들이 활용하기 좋습니다. 이때는 전화를 이용하거나 HTS 혹은 모바일을 이용해서 주문하면 됩니다. 시간외거래는 다음과 같습니다.

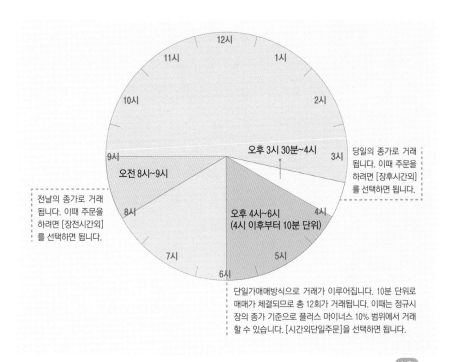

전날의 종가로 거래 됩니다. 이때 주문을 하려면 [장전시간외] 를 선택하면 됩니다.

당일의 종가로 거래 됩니다. 이때 주문을 하려면 [장후시간외] 를 선택하면 됩니다.

오후 3시 30분~4시

오전 8시~9시

오후 4시~6시
(4시 이후부터 10분 단위)

단일가매매방식으로 거래가 이루어집니다. 10분 단위로 매매가 체결되므로 총 12회가 거래됩니다. 이때는 정규시장의 종가 기준으로 플러스 마이너스 10% 범위에서 거래할 수 있습니다. [시간외단일주문]을 선택하면 됩니다.

단일가란 무엇일까?

뒤에서 배울 매매원칙 중 가격우선과 시간우선에 따라 하나의 가격으로 체결시키는 것을 말합니다. 이를 단일가격에 의한 개별경쟁매매라고도 합니다. 주식을 높은 가격에 사려고 하는 사람도 있고 싸게 팔려는 사람도 있습니다. 이런 상황에서는 높게 사려는 사람과 낮게 팔려는 사람을 우선적으로 체결해나가되, 체결가격은 매도와 매수가 합치되는 지점에서 하나의 가격으로 체결을 시켜줍니다. 이런 점으로 볼 때 단일가에 꼭 체결시키고 싶다면, 가장 높은 가격에 가장 먼저 주문을 하면 됩니다. 정규매매 중에도 9시에 시초가를 결정하기 위해, 또는 오후 3시 30분에 종가를 결정하기 위해 단일가매매를 합니다.

매매에도 지켜야 할 원칙이 있어요

실제 매매에 들어가기 전에 매매원칙을 알아두어야 합니다. 상인과 고객이 일상에서 물건을 사고파는 일은 매우 간단합니다. 돈을 주고 사고 돈을 받고 팔면 그만입니다. 하지만 만약 단둘만의 거래가 아니고 사람이 많아진다면 상황은 조금 달라집니다. 예를 들어 팔려는 사람은 한 사람인데 사려는 사람이 많은 경우, 또는 사려는 사람은 한 사람인데 팔려는 사람이 많은 경우에는 복잡해집니다. 더욱이 사려는 사람도 많고 팔려는 사람도 많은 경우에는 어떻게 매매를 해야 할지 머리가 아파옵니다.

주식시장 역시 매도자와 매수자가 많아 경쟁매매를 해야 합니다. 주식을 사고 팔기 위해 가격과 수량을 제시하는 것을 **호가**라고 하는데, 매도자와 매수자들은 경쟁적으로 호가를 제시합니다. 이때 공정하고 합리적으로 거래가 체결되도록 하기 위해 몇 가지 원칙을 정해두고 있습니다.

가격우선 원칙 매수자는 가장 비싸게 사려는 자가 우선 체결되고 매도자는 가장 싸게 팔려는 자가 우선 체결됩니다. 즉, 매수주문이 빨리 체결되길 바란다면 매수가를 높게 불러야 합니다.

시간우선 원칙 여러 사람이 같은 가격에 주문을 걸었다면, 시간상으로 먼저 주문한 사람이 우선적으로 체결됩니다. 그래서 주가가 급변하는 상황처럼 초단위로 시간 다툼을 벌일 때는 스피드가 매우 중요합니다.

수량우선 원칙 가격도 같고 주문 시간도 같다면 더 많은 수량을 주문한 사람이 더 먼저, 더 많이 배정을 받습니다. 즉, 소량주문보다 대량주문이 유리합니다.

┃ 위탁자우선 원칙 ┃ 이 원칙을 이해하기 위해서는 증권사 계정을 알아야 합니다. 증권사에는 크게 2개의 계정이 있습니다. 하나는 고객계정이고 다른 하나는 증권사의 자금을 운용하는 자기계정입니다. 위탁자우선 원칙이란 가격도 같고 시간도 같고 수량마저도 같을 경우 자기계정보다 위탁자, 즉 고객의 주문을 우선적으로 체결시키는 것을 말합니다.

HTS에서 매매원칙 살펴보기

삼성전자의 현재가 화면을 통해 매매원칙을 살펴봅니다. 삼성전자의 현재가는 7만 7,500원입니다. 화면 왼쪽 부분이 주문이 들어오는 내역을 보여주는 곳입니다.

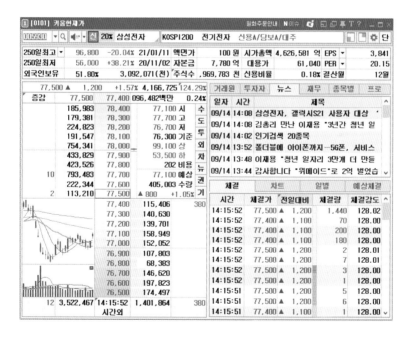

지금 매도 측에서는 7만 7,500원에 팔려는 사람을 최우선 매도호가라고 부르고, 매수 측에서는 7만 7,400원에 사려는 사람을 최우선 매수호가라고 부릅니다.

그러니까 팔려는 사람은 7만 7,500원에 팔려는 사람에게 우선권이 있고, 사려는 사람은 7만 7,400원에 사려는 사람에게 우선권이 있는 겁니다. 현재 최우선 호가에 팔려는 주식수 11만 3,210주 중에서 시간적으로 먼저 온 사람의 주문을 우선적으로 체결시켜줍니다. 그리고 사려는 사람의 주식수는 11만 5,400주이지만 이것도 마찬가지로 주문을 한 순서에 따라 체결을 시켜준다고 보면 됩니다. (그 밖에 수량우선이나 위탁자우선은 특수한 경우에 적용되는 것으로 여기서는 구체적인 설명을 생략합니다.)

단일가매매제도를 활용하세요

주식매매는 주로 정규매매시장에서 이루어집니다. 그런데 주식시장에는 종종 변수가 일어납니다. 주식시장이 개장하기도 전에 대형 호재나 악재가 발생하여 주가가 급변할 수 있는데, 이럴 경우 정규매매시장 개장 전인 오전 8시에서 9시 사이, 마감 전인 오후 3시 20분에서 3시 30분 사이에 단일가매매제도를 실시합니다. 단일가매매제도는 일단 가격우선 원칙과 수량우선 원칙을 적용합니다. 그러나 같은 가격이나 같은 수량이라면 시간우선 원칙을 따로 적용합니다. 단일가매매제도는 매매체결을 시키지 않고 주문을 먼저 받은 다음 단일가로 매매를 일괄 성사시키는 것입니다.

단일가매매제도
과거에는 동시호가제도라고 불렸지만 2001년 시간우선원칙을 적용하면서 단일가제도로 바뀌었습니다.

단일가매매제도는 정규매매시간에 투자에 신경을 쓰지 못하는 직장인 투자자에게 편리합니다. 하지만 정규시간 중에 발생하는 매수나 매도에 따라 주문을 실행하지 못한다는 단점이 있습니다. 이런 점에서 본다면 단기매매 성향의 투자자보다는 중장기매매 성향의 투자자에게 좋은 제도입니다.

06

HTS를 통한 매매주문

주식매매 주문,
어떻게 할까요?

평생을 좋은 일만 하고 산 사람이 신령님으로부터 한 가지 소원을 들어주겠다는 말을 들었습니다. 그는 가난하게 사는 것이 너무 힘들어서 로또복권 1등에 당첨되게 해달라고 빌었습니다. 그런데 아무리 기다려도 로또 당첨 소식은 들려오지 않았습니다. 그는 신령님께 왜 소원을 들어주지 않느냐고 하소연을 했습니다. 그러자 신령님께서 말씀하셨습니다.

"그래도 복권은 사야 당첨을 시켜줄 것 아니냐?"

주식투자를 하는데 주문을 내지 않으면 아무 소용이 없습니다. 수익을 바란다면 제대로 주문을 하는 것이 아주 중요합니다. 특히 주식투자는 타이밍의 예술이라는 말이 있듯이, 얼마나 정확하고 신속하게 주문을 하느냐에 따라 투자의 성공이 좌우된다고 할 수 있습니다.

주문 필수 용어들이 있습니다

뉴스나 신문에서 주식 관련 기사를 접할 때, '절호의 저점매수 기회', '개미투자자, 손절매 못해' 등 자주 나오는 용어가 있습니다. 모르면 잘 이해되지 않지만 알고 나면 쉽게 이해할 수 있습니다. 주로 쓰이는 용어만 알아도 경제기사나 뉴스를 들을 때 귀가 뚫린 듯한 시원함을 느낄 것이니, 꼭 이해하고 넘어가세요.

┃ 매수·매도 ┃ 매수는 매입이라고도 합니다. 주식을 비롯한 채권, 외환 등의 금융상품을 사는 행위를 말합니다. 반대로 매도는 주식을 비롯한 금융상품을 파는 행위를 말합니다.

┃ 순매수·순매도 ┃ 순매수란 일정한 기준으로 매수의 총량이 매도의 총량을 앞서는 것을 말합니다. 반대로 순매도란 일정한 기준으로 매도의 총량이 매수의 총량을 앞서는 것을 말합니다.

┃ 손절매 ┃ 현재 보유하고 있는 금융상품의 가치가 매입 당시보다 떨어졌음에도 불구하고 앞으로 더욱 하락할 것을 예상하여 매도하는 것을 말합니다. 떨어진 가치가 회복되기를 기대하기보다 향후 상황이 더 악화되기 전에 과감하게 파는 것입니다. 로스컷 Loss Cut 또는 롱스탑 Long Stop 이라고도 합니다. 초보 투자자일수록 손절매를 잘해야 더 큰 손실을 줄일 수 있습니다.

HTS에서 쉽게 주문합시다

타이밍과 속도를 위해 HTS에서의 매매법을 잘 익혀둬야 합니다. HTS에서 주문을 할 수 있는 방법은 매우 다양합니다. 하나씩 살펴볼까요?

먼저 현재가 화면에서 종목을 검색하다가 바로 매수와 매도 주문을 할 수 있습니다. 현재가 화면을 보면 가운데 세로로 [수], [도] 등과 같은 버튼들이 있습니다. [수]는 매수주문을, [도]는 매도주문을 즉시 할 수 있는 버튼입니다.

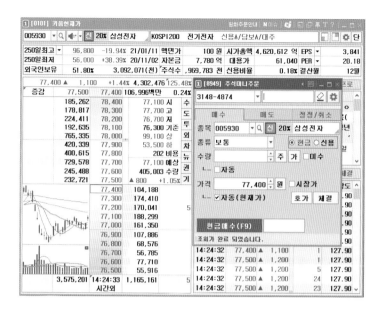

매수를 위해 [수]를 눌러보면 위와 같은 화면이 나옵니다. 일단 가격은 현재가격에 맞춰서 설정됩니다. 그러므로 가격을 조정하고 현금매수를 할 것인지 아니면 신용

▼ 홈 ⋯▸ 주식주문 ⋯▸ 키움주문

주문 종류에 대해서는
다음 장에서 상세히
배웁니다.
 매수를 할 것인지 설정합니다. 그다음은 수량과 주문 종류를 결정해서 빠르게 주문을 합니다. 주문 시 비밀번호를 확인해야 합니다. 이 밖에도 주식주문 ···› 키움주문 메뉴로 들어가 매수와 매도를 할 수 있습니다.

주문을 내고 나서 취소하거나 수정하고 싶은데 어떻게 하나요?

주식주문 ···› 정정취소 메뉴로 이동해서 주문을 정정하든지 취소하면 됩니다.

주문을 정정하는 경우, 앞서 행한 주문의 번호를 클릭하세요. 정상적인 주문화면에 미체결된 부분을 찾아보면, 자신이 행한 주문 중 아직 체결되지 않은 주문을 확인할 수 있습니다. 이를 클릭하면 자동으로 주문번호가 입력됩니다. 이때 가격을 정정하는 경우 먼저 주문한 수량의 전부를 정정할 것인지, 아니면 일부만 정정할 것인지를 결정해야 합니다. 또한 주문을 취소하는 경우에도 전부를 취소할 것인지, 아니면 일부만 취소할 것인지를 결정해 주문을 내면 됩니다.

주문이 체결된 경우에는 체결내역창에 체결내역을 알려주는 화면이 자동으로 뜨게 되어 있어 실시간 체결 확인이 가능합니다.

모바일기기에서 주식투자하기

20세기와 21세기의 가장 큰 차이점으로 스마트폰을 꼽고 있습니다. 스마트폰의 유무에 따라 한 세기가 갈리는 것이죠. 스마트폰은 모바일 환경을 조성하여 우리 삶을 송두리째 바꿔놓고 있습니다. 손안의 작은 컴퓨터인 스마트폰을 비롯한 모바일기기들은 통화는 물론이고 스마트뱅킹과 쇼핑에 이르기까지 이젠 없어서는 안 될 생활도구가 되어버렸습니다.

모바일기기는 소위 앱이라고 부르는 애플리케이션Application을 내려받아 사용합니다. 앱들은 앱스토어(애플)나 구글스토어(안드로이드)에서 내려받을 수 있습니다.

증권사에서는 HTS나 ARS 등을 이용한 주식매매방법과 함께 모바일 거래 환경인 MTS Mobile Trading System를 확산시키고 있고, 그 거래 비중은 날로 늘어나고 있는 상황입니다. 여기서는 모바일기기를 이용하여 주식투자를 하는 방법을 살펴보겠습니다.

스마트폰을 이용한 주식거래(안드로이드폰을 이용하는 경우)

1) 이용 절차

스마트폰을 이용해서 주식거래를 하는 방법은 다음과 같습니다.

스텝1 : 계좌를 개설하고 회원가입을 합니다.

스텝2 : 모바일 거래 이용 신청을 합니다.

스텝3 : 애플리케이션을 다운로드 합니다.

스텝4 : 공인인증서를 모바일기기로 복사해 옵니다.

2) 모바일 이용 신청은 다음과 같이 합니다.

홈페이지 모바일 이용신청	영웅문	전화신청
온라인지점 → 서비스신청 → 모바일이용신청 [신청하기]	온라인업무 [0863]모바일 이용신청	키움금융센터 1544-9000

3) 프로그램 설치 방법

4) 공인인증서 설치 방법

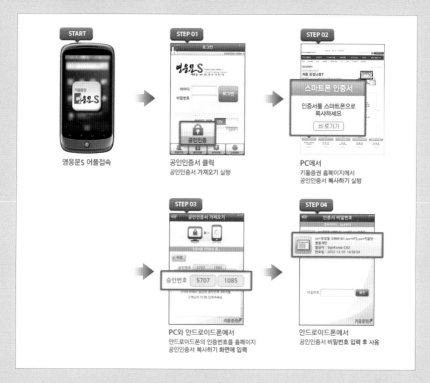

START	STEP 01	STEP 02
영웅문S 어플접속	공인인증서 클릭 공인인증서 가져오기 실행	PC에서 키움증권 홈페이지에서 공인인증서 복사하기 실행

STEP 03	STEP 04
PC와 안드로이드폰에서 안드로이드폰의 인증번호를 홈페이지 공인인증서 복사하기 화면에 입력	안드로이드폰에서 공인인증서 비밀번호 입력 후 사용

태블릿PC를 이용한 주식거래(안드로이드 환경을 이용하는 경우)

태블릿PC를 통해서 주식투자를 하는 방법은 다음과 같습니다.

1) 이용 절차

STEP **1** 계좌개설 및 회원가입 ▸ STEP **2** 어플리케이션 다운로드 ▸ STEP **3** 공인인증서 가져오기

2) 프로그램 설치 방법

STEP 01
안드로이드 구글플레이 스토어에서 검색

STEP 02
키움증권 영웅문T plus 검색

STEP 03
영웅문 T plus 다운로드

STEP 04
영웅문 T plus 다운로드 완료!

3) 공인인증서 설치 방법

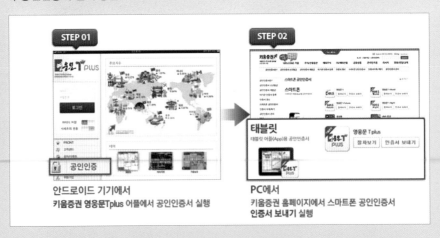

STEP 01
안드로이드 기기에서
키움증권 영웅문Tplus 어플에서 공인인증서 실행

STEP 02
PC에서
키움증권 홈페이지에서 스마트폰 공인인증서
인증서 보내기 실행

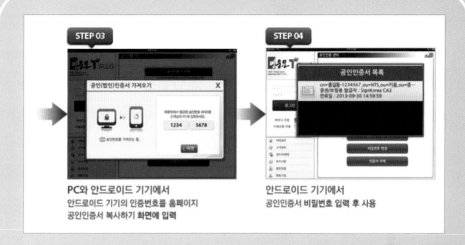

앞의 과정을 통해 모바일기기를 이용한 주식거래가 이루어집니다. 각 증권사마다 모바일에서 이용가능한 프로그램들을 경쟁적으로 개발하고 있어, 머지않은 미래에 HTS보다 모바일을 통해 거래하는 비중이 더 커질 것으로 예상됩니다.

키움증권 영웅문S의 주요 화면 소개

1) 메뉴를 자신에게 맞게 구성할 수 있습니다.

① 제공되는 메뉴화면 : 기본적으로 제공되는 메뉴화면입니다.

② 자신에게 맞는 메뉴구성 요령 : 자신만이 쓸 수 있는 메뉴를 구성할 수 있습니다.

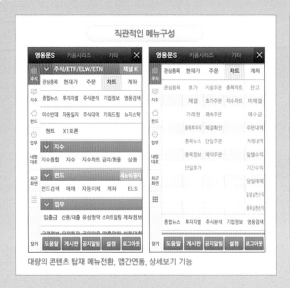

직관적인 메뉴구성

대량의 콘텐츠 탑재 메뉴전환, 앱간연동, 상세보기 기능

내맘대로 메뉴구성

개인의 취향에 따라 메뉴 구성 가능

2) **다양한 주문화면** : 모바일 환경에서 간단히 주문할 수 있는 화면입니다.

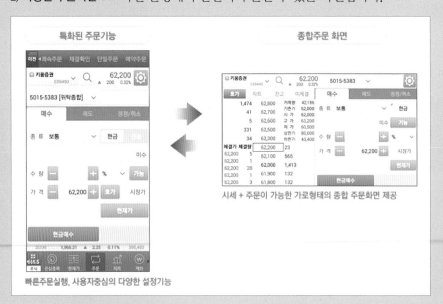

특화된 주문기능

빠른주문실행, 사용자중심의 다양한 설정기능

종합주문 화면

시세 + 주문이 가능한 가로형태의 종합 주문화면 제공

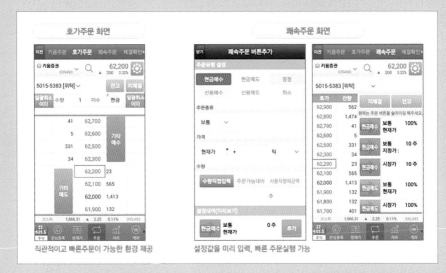

직관적이고 빠른주문이 가능한 환경 제공 · 설정값을 미리 입력, 빠른 주문실행 가능

3) 차트기능 : 모바일에서도 HTS에서 제공하는 일부 차트 형태가 지원됩니다. 다양한 차트 분석을 할 수 있습니다.

다양한 차트를 제공, 간단한 차트분석 가능

4) 관심종목 구성 : 자신에게 맞는 관심종목을 구성할 수 있습니다. 이 관심종목은 HTS에서 구성한 관심종목과 모바일에서 구성한 관심종목이 서로 동일하게 적용됩니다.

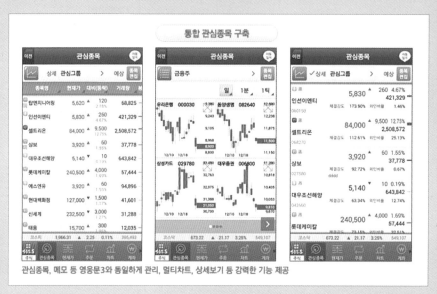

관심종목, 메모 등 영웅문3와 동일하게 관리, 멀티차트, 상세보기 등 강력한 기능 제공

5) 지수티커 구성 : 모바일 환경 하단에 지수티커를 설정할 수 있습니다.

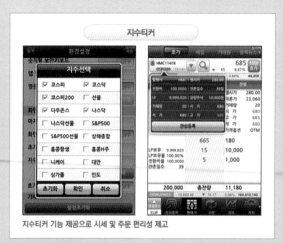

지수티커 기능 제공으로 시세 및 주문 편리성 제고

모바일기기에서 종목 선택하고 매도, 매수하기

MTS을 이용해서 종목을 고르고 또 주문하는 방법을 살펴보겠습니다.

먼저 조건검색을 통해 종목을 선정하기 위해 모바일에서 메뉴화면을 살펴보면 다음과 같습니다. 영웅문S 메뉴에서 영웅검색〉조건검색을 선택하면 됩니다.

	데이터K	기업정보	영웅검색	미수반대	로보마켓
주식	실시간조회순위	기업개요	조건검색	금일반대	로보마켓
지수	조회수급종목	주주현황	성과검증	익일미수반대	
로보마켓	연관조회종목	기업분석	종목분석	익일신용반대	
펀드 ISA	종목상관분석	투자의견	신규/정리매매	미수현황	
ELS 채권 RP			서비스안내	당일미수	
CFD				미수동결	

	자동일지	주식대여	ETF포트	캐치	
내맘대로	수익률보고서	서비스소개	KOSEF	실행/중지	
최근화면	일지차트	대여신청	KODEX	잔고	
이벤트	매매내역	서비스해지		미체결	
	일별잔고	통보방법		주문내역	

도움말　게시판　공지/이벤트　설정　인증센터　로그아웃

조건검색을 선택하면 다음과 같은 화면이 나타납니다. 이때 나타나는 조건검색은 HTS상에서 자신이 설정해놓은 조건검색식을 그대로 불러오는 것이므로 HTS에서 미리 자신의 조건검색 조건을 만들어서 저장해놓아야 합니다.

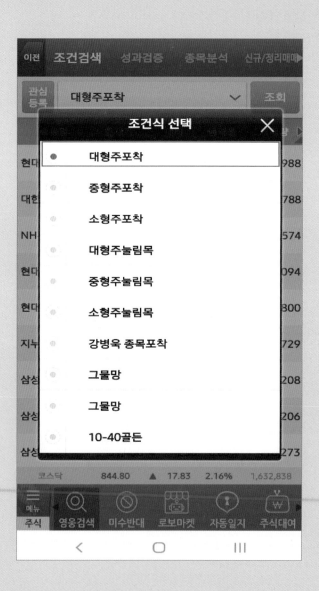

미리 저장해놓은 조건검색 조건 중 [대형주포착]을 누르면 검색조건에 맞는 종목들이 다음과 같이 나타납니다.

조건검색 조건에 맞게 선정된 종목 중 하나를 주문하기 위해서는 하단 메뉴에 있는 주문을 누르면 본인확인을 위한 공인인증절차를 거쳐 매도/매수주문을 할 수 있는 화면이 다음과 같이 나타납니다. 그러면 주문 조건에 맞게 주문을 하면 됩니다.

07

주문방법의 종류

주문에도 여러 가지
방법이 있나요?

주문에는 매우 다양한 형태의 방법이 있습니다. 이 주문방법을 HTS를 통해 살펴
봅시다. 주문을 하는 경우 매도와 매수를 설정하고 [종류]를 눌러보면 주문의 종
류가 보통, 시장가, 조건부지정가, 최유리지정가, 최우선지정가 등으로 나옵니다.
그리고 조건을 붙여놓은 주문 중 IOC, FOK 등이 있지요. 각 종류별로 장단점을
알면 적절히 활용할 수 있으므로 지금부터 하나씩 의미를 알아봅시다. 용어만 다소
어려울 뿐이지 예제와 함께 보면 이해하실 수 있으니 어려워하지 마세요.

▼ 홈 … 키움주문

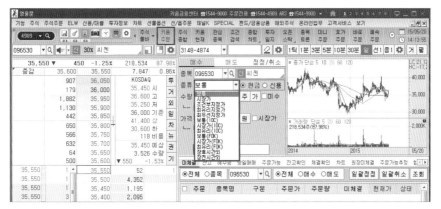

주문방법의 종류를 살펴봅시다

보통 지정가 주문이라고도 합니다. 원하는 종목의 수량과 가격을 지정해서 주문하는 방법입니다. 투자자들이 가장 많이 이용하는 주문이지요.

매수의 경우 지정된 가격 또는 그 이하로 체결이 이루어집니다. 매도의 경우는 지정된 가격 또는 그 이상의 가격으로 체결이 이루어집니다. 예를 들어 1만 원에 매수주문을 내면 1만 원 이하에서 체결이 되고, 반대로 1만 원에 매도주문을 내면 1만 원 이상에서 체결이 됩니다.

시장가 주문 가격을 지정하지 않고 원하는 종목과 수량만 지정해서 주문하는 방법입니다. 시장에서 형성되고 있는 가격 또는 형성될 가장 유리한 가격 조건으로 매매거래를 하는 주문입니다.

매수의 경우 사려고 하는 수량이 모두 체결될 때까지 가격을 올려가면서 매수가 되도록 합니다. 매도의 경우는 팔려고 하는 수량이 모두 체결될 때까지 가격을 내려가면서 매도가 되도록 합니다.

조건부지정가 주문 정규매매시간 동안은 지정가 주문으로서 역할을 하지만 지정한 가격에 체결이 되지 않은 경우 장 마감 10분 전 단일가매매시간(15:20~15:30)에 시장가 주문으로 바뀌는 주문입니다.

최유리지정가 주문 종목과 수량만 지정합니다. 가격은 매수의 경우 최우선 매도호가의 가격으로, 매도의 경우 최우선 매수호가의 가격으로 지정됩니다.

시장가 주문과 비슷한 것 같지만 다릅니다. 시장가 주문은 주문수량이 모두 체결되도록 하지만, 최유리지정가 주문은 반대편 최우선 호가로 주문되므로 주문수량이 모두 체결되지 않을 수도 있습니다.

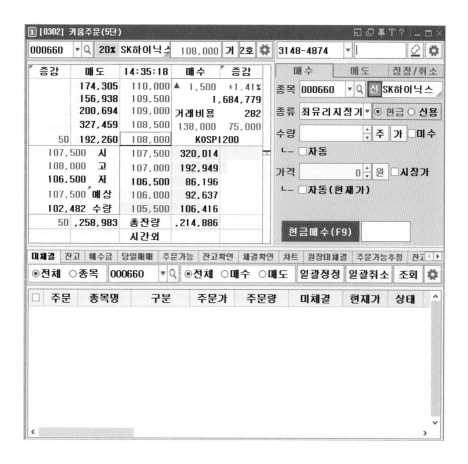

───────● 실전 : 최유리지정가는 얼마일까요? ●───────

SK하이닉스를 예로 들면 최유리지정가 주문으로 매수할 경우 얼마의 가격으로 주문이 되는 걸까요? 지금 매도의 최우선 호가는 10만 8,000원이고 매수의 최우선 호가는 10만 7,000원입니다. 이 경우 최유리지정가 주문으로 매수를 하면 즉시 체결될 수 있는 가격 중 최우선 호가는 10만 8,000원으로 가격이 정해져 주문이 이루어집니다. 만약 최유리지정가 주문으로 매도를 한다면 10만 7,000원으로 매도주문이 이루어집니다.

┃ 최우선지정가 주문 ┃ 종목 및 수량을 지정합니다. 그러나 매도호가의 경우 최우선 매도호가의 가격, 매수호가의 경우 최우선 매수호가의 가격으로 지정됩니다. 최유리지정가 주문과 다른 점은 최유리지정가 주문은 매수의 경우 최우선 매도호가로 가격이 지정되는 반면, 최우선지정가 주문은 매수호가 중 최우선 호가로 가격이 지정된다는 것입니다. 매도의 경우 최유리지정가 주문이 매수호가 중 최우선 호가의 가격으로 주문이 된다면, 최우선지정가 주문으로 매도할 시에는 매도호가 중 최우선 호가로 주문이 이루어집니다.

──────────● 실전 : 최우선지정가는 얼마일까요? ●──────

다시 SK하이닉스의 예로 보면 매도호가의 최우선 호가가 10만 8,000원이고 매수호가의 최우선 호가가 10만 7,000원에 있을 때, 최우선지정가 주문으로 매수를 하면 매수호가 중 최우선인 10만 7,000원으로 주문이 행해집니다. 그리고 최우선지정가 주문 매도를 하면 매도호가 중 최우선인 10만 8,000원으로 주문이 이루어집니다.

──────────────────────────────────────

┃ 조건부여 주문 ┃ 일정한 조건을 첨부하여 주문하는 것입니다. 조건부여 주문에는 일부충족조건 IOC: Immediate or Cancel 주문과 전량충족조건 FOK: Fill or Kill 주문이 있습니다. IOC 주문은 체결할 수 있는 주문 수량을 체결하고 나머지는 취소하는 주문입니다. 반면에 FOK 주문은 주문 수량 전부가 체결되지 못하면 모두 다 취소하는 주문입니다.

IOC 주문을 하게 되면 19만 2,260주는 즉시 체결됩니다. 그리고 더는 체결하지 않고 나머지 7,740주는 취소합니다. FOK 주문은 10만 8,000원에 매수를 하려 해도, 호가 잔량이 19만 2,260주밖에 되지 않아 체결되지 못합니다. 이런 경우 단 1주도 체결시키지 못하고 모두 취소됩니다.

 어떤 경우에 활용하면 좋나요?

시장가 주문이나 최유리지정가 주문의 경우, IOC 또는 FOK의 조건으로 주문할 수 있습니다. 시장에서 시세가 급변하는데 주문가격을 얼마로 써야 할지 모를때, 시장가 주문이나 최유리지정가 주문에 조건을 더해서 주문하면 좋습니다.

08

분할매수, 분할매도

주식을 나눠서
사고팔라고요?

주식시장은 인간의 심리를 어지럽히는 상황이 많이 발생하는 곳입니다. 주식시장에서는 흔히 계좌를 개설하는 그 순간부터 심리적 압박을 받는다고 말합니다. 계좌를 개설한다는 것은 곧 투자할 의사가 있다는 것이니 본격적으로 주식시세를 바라보게 되기 때문입니다.

주식시장에는 늘 오르는 종목과 내리는 종목이 있는데, 투자를 하겠다고 생각한 사람의 눈에는 이상하게 오르는 종목만 눈에 들어오는 현상이 벌어집니다. '내가 주식을 사지 않으니까 주가가 자꾸 올라가는 거야. 얼른 돈을 입금하고 주식을 사서 빨리 수익을 내야지' 하는 생각이 밀려들도록 심리적으로 몰리는 상황이 나타나는 것입니다.

이처럼 조바심을 내면 매수와 매도를 이성적으로 할 수 없습니다. 많은 투자의 대가들이 하는 한결같은 조언이 있습니다. "매수는 가급적 천천히 하고 매도는 재빠르게 하라!"

올바른 매매를 위해서 분할매수와 분할매도가 필요합니다. 특히 초보 투자자는 꼭 알아야 하는 것이니 주의 깊게 살펴봅시다.

분할매수와 분할매도

⏐ 분할매수 ⏐ 분할매수는 주식을 여러 번 나누어 사는 것입니다. 경제적인 측면에서 본다면 평균가격방식Cost Average Method을 따르는 것이죠. 한때 펀드투자에서 적립식 펀드 열풍이 불었던 적이 있었습니다. 당시 적립식 펀드를 권유하는 사람의 말을 들어보면 이러했습니다. 적립식 펀드는 매월 일정한 금액만큼만 주식을 매수하기 때문에 주가가 올라가면 적은 주식을 매수하고 주가가 떨어지면 많은 주식을 매수하게 됩니다.

결과적으로 매입가격을 평균화시킬 수 있고, 만약 장기적으로 주가가 평균주가 위로 올라간다면 수익을 얻게 된다는 것입니다. 맞는 말입니다. 평균가격방식은 투자 선진국에서도 자주 이용하는 것으로, 그 방법에 대한 연구도 많이 이루어진 상태입니다. 문제는 어느 정도 기간 동안, 어느 정도 횟수로 분할하느냐입니다.

주식투자를 하는 사람의 대부분은 마음이 조급한 것이 사실입니다. 분할매수를 하라고 하면 하루에 3번으로 나눠서 주식을 매수하고는 분할매수를 했다고 하는 사람이 있는가 하면, 한 달에 5번에 걸쳐서 주식을 점차적으로 매수하는 사람도 있습니다. 결과적으로 보면 하루에 3번 분할매수를 한 사람은 실질적으로 효과를 거두지 못했을 가능성이 매우 큽니다.

따라서 분할매수와 분할매도를 하는 경우, 시간의 길이를 보다 더 길게 하고 횟수를 적절히 증가시켰을 때 그 효과가 극대화된다는 것을 기억해야 합니다.

주가는 매일매일 등락을 거듭합니다. 하루하루만 두고 보면 짧은 기간에 많은 변동을 한 것 같지만, 시간이 지나고 나서 전체적으로 보면 주가가 크게 움직이지 않는다는 것을 알 수 있습니다.

예를 들어 주가가 뒤에 나온 차트의 화면처럼 움직였다고 가정해봅시다. 어떤

투자자가 성급한 마음에 한 번에 몰아서 주식을 매수했다면, 최악의 경우 서서히 떨어지는 주가를 3번의 고점에서 매수했을 상황도 나올 수 있습니다. 그러나 적절히 4개월간 4~5차례에 걸쳐 분할매수를 했다면 적어도 모두 고점에서 매수하는 잘못은 저지르지 않을 수 있습니다.

이렇듯 분할매수를 하게 되면 상대적으로 고점에 매수해서 손해 보는 경우가 줄어들면서 심리적인 안정을 찾을 수 있고, 무엇보다 성공투자로 갈 수 있는 유리한 고지를 확보했다고 볼 수 있습니다.

▌ **분할매도** ▌ 분할매도는 주식을 여러 번에 걸쳐 나누어 파는 것이지요. 물론 주가가 하락하려는 추세를 보일 때는 재빨리 한꺼번에 팔아야 되는 경우도 있습니다. 하지만 일반적으로는 매도 역시 나눠서 하는 것이 좋습니다.

증시 속설에 따르면 주식을 매수하고 주가가 떨어지는 경우보다, 주식을 매도하고 주가가 올라가는 경우 심리적으로 더 큰 압박감을 받는다고 합니다. 왜냐하면 주식을 매수한 경우, 그 주식이 내 손에 있기 때문에 앞으로 수익을 낼 수 있는 기회가 남아 있다고 생각합니다. 하지만 주식을 매도하고 주가가 오르는 경우, 수익의 기회를 날려버렸다고 생각하는 것입니다. 분할매도로 접근한다면 주식을 저점에서 모두 매도해버리는 잘못은 저지르지 않을 수 있습니다.

주식투자는 IQ 3,000에 비유되는 정말 영리한 시장과 한판 승부를 하는 것입니다. 게다가 시장은 흥분하는 경우가 적지만 그 속에서 투자하는 개인은 좀처럼 평정심을 갖지 못할 때가 많습니다. 냉정한 싸움에서는 먼저 흥분하는 사람이 지게 마련입니다. 그러니 보다 긴 안목에서 투자할 수 있는 방법을 찾는 것이 중요합니다. 그리고 그 가운데 분할매수, 분할매도의 방법이 있다는 점을 잊어서는 안 됩니다.

09

미수매매, 신용매매

미수매매는
쪽박의 지름길!

위험이란 무엇을 말하는 것일까요? 많은 사람들이 주식투자를 하는 과정에서 위험이라는 용어를 사용합니다. '그 주식은 너무 위험해! 당신은 왜 그렇게 위험하게 투자를 합니까?' 등 수없이 많은 경우에서 위험이라는 말을 거론하곤 합니다.

과연 주식에서의 위험이란 무엇일까요?

위험한 주식

주식시장에서의 위험은 수많은 정의가 있습니다. 첫째, 미래 불확실성의 크기로 얘기됩니다. 미래 불확실성이란 수익을 거둘지 손해를 볼지 알지 못하는 상황을 말합니다. 둘째, 손해를 볼 가능성으로 표현됩니다. 이 주식을 사면 어느 정도 확률로 손해를 볼 것인지 말하는 것입니다. 셋째, 주가수익률의 변동성을 말합니다. 주가수익률의 변동성이란 주가가 얼마나 많이 오르고 또 얼마나 많이 떨어지는지를 뜻합니다.

이 밖에도 위험에 대한 수많은 정의가 있지만 일반적으로 사용되는 것은 주가수익률의 변동성입니다. 주가가 오를 때는 수직으로 상승하고 떨어질 때는 수직으로 떨어지는, 즉 급등락을 거듭하는 주식을 위험한 주식이라고 합니다. 다음 차트를 통해서 위험한 종목의 예를 살펴봅시다.

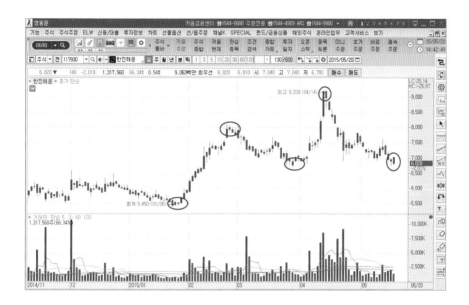

한진해운의 2015년 1월 26일 주가는 5,450원이었습니다. 그리고 한 달 뒤인 2월에 8,000원까지 올랐다가 7,000원으로 내려앉은 후 재차 9,200원까지 상승했고, 다시 6,800원대까지 하락합니다. 그 등락률을 계산해보면 대략 단기간에 46% 상승한 이후 12% 하락, 다시 31% 상승 그리고 26% 하락을 보입니다. 이렇게 주가의 등락률이 들쭉날쭉한 경우를 위험한 주식이라고 부릅니다.

그렇다고 한진해운이 영원히 위험한 주식은 아닙니다. 주가변동률이 작아지면 위험이 줄어들 수 있는 여지는 언제든지 존재합니다.

반면에 비교적 덜 위험한 주식은 주가가 꾸준히 오르거나 꾸준히 내립니다. 주가가 등락하는 경우에도 그 등락률이 그다지 크지 않은 주식입니다. 그 예로 한국전력의 주가 움직임을 살펴봅시다.

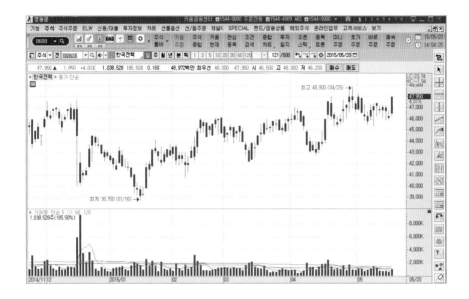

한국전력은 주가가 등락을 보이기는 하지만 비교적 완만한 움직임을 보입니다. 중간중간 등락을 하더라도 등락률이 크지 않음을 확인할 수 있습니다. 물론 이 주식도 어느 순간에 등락폭이 커진다면 위험한 주식이 될 수 있습니다.

계좌잔고, 왜 급변동할까요?

이렇듯 위험이란 변동성의 크기를 말한다는 것을 주가의 움직임을 통해 알게 되었습니다. 그런데 주식투자에서는 자신의 계좌잔고가 급변동하는 것도 바로 위험으로 볼 수 있습니다.

계좌잔고의 급변동을 초래하는 원인은 대체로 2가지로 볼 수 있습니다. 첫째, 변동성이 큰 종목에 집중투자를 한 경우입니다. 분산투자를 하지 않고 하나의 종목에 집중투자를 하게 되면, 그만큼 계좌잔고의 변동성이 커져 위험에 노출되게 됩니다.

둘째, 주식매매에서 레버리지Leverage를 일으키는 것입니다.

레버리지란 남의 돈을 빌려서 하는 주식투자를 말합니다. 주식시장에 흔히 발생하는 레버리지는 미수매매와 신용매매입니다.

┃ **미수매매** ┃ 미수매매란 증거금제도로부터 나타나는 현상입니다. 우리나라는 현재 증권사마다 **증거금**의 차이를 두고 있지만 일반적으로는 40% 정도입니다. 예를 들어 내가 100만 원을 가지고 있을 경우 최대로 살 수 있는 금액이 250만 원이 됩니다. 즉, 내 돈 이외에 증권사로부터 150만 원을 빌려서 주식을 더 살 수 있다는 겁니다. 만약 이를 제날짜에 갚지 못하여 미수금이 발생하면 빌린 돈만큼 증권사가 강제로 회수해 가는 제도가 바로 미수매매제도입니다. 현재 증거금률을 각각 30%, 40%, 50%, 100% 적용받는 종목들이 있는데, 비교해보면 다음과 같습니다.

> 증거금이란 매수주문을 낼 때 필요한 최소한의 현금금액을 말합니다.

	증거금 30%	증거금 40%	증거금 50%	증거금 100%
100만 원으로 살 수 있는 금액	330만 원	250만 원	200만 원	100만 원
레버리지비율	3.3배	2.5배	2.0배	1.0배
10% 수익일 경우	33% 수익	25% 수익	20% 수익	10% 수익
10% 손실일 경우	33% 손실	25% 손실	20% 손실	10% 손실

즉, 증거금률이 낮은 종목일수록 미수금액이 커지고, 이는 주식으로부터 손익이 발생했을 경우 수익도 커지지만 손실도 커지는 현상으로 나타납니다. 바로 레버리지를 통해서 계좌잔고의 위험도가 커진 것입니다. 우리나라의 경우 3일 수도결제를 원칙으로 하기 때문에 매수 후 3일째까지 매수대금을 결제하지 못하면 미수금이 발생합니다. 이 미수금에는 4일째 아침에 시장가로 강제적으로 매도되는 반대매매가 이루어집니다.

미수매매를 특히 하지 말아야 하는 이유를 분명하게 알려드리겠습니다.
첫째, 내 돈 범위 내에서 주식을 매수하면 내가 팔지 않는 이상 그 주식은 내 계좌에 남아 있습니다. 그러나 미수매매를 해서 미수금이 발생하면 그 주식은 내 의사와는 상관없이 증권사가 강제반대매매를 통해 미수금이 발생한 부분에 대한 채권을 회수하게 됩니다.

둘째, 미수매매를 절대로 해서는 안 되는 가장 중요한 이유는 바로 시장의 생리 때문입니다. 미수매매를 하면 강제로 매매가 이루어지든지, 아니면 그 금액만큼 결제를 해야 합니다. 만약 미수금이 발생해서 강제반대매매가 이루어지는 경우라면 누구도 그 주식을 비싸게 사주지 않을 것입니다. 즉, 누군가 시장에서 반드시 팔아야 하는 상황에 처해 있다면, 그 주식을 제값에 사려고 하지 않고 주가가 더 떨어지기를 기다렸다가 사려고 하는 사람들이 늘어날 것이란 말입니다. 그래서 미수매매는 실패로 돌아가는 경우가 많습니다.

┃ **신용매매** ┃ 초보 투자자에게 미수거래만큼 위험한 것이 신용거래입니다. 신용거래란 일종의 신용대출과 같습니다. 투자자가 가지고 있는 자금보다 더 많은 주식을 매수하고 싶을 때 증권사로부터 융자를 받아 주식을 매매하는 것입니다. 융자가능금액은 자신의 보유현금과 동일한 금액입니다. 즉, 100만 원을 가지고 있다면 같은 금액 100만 원을 융자 받아 총 200만 원의 주식을 매수할 수 있습니다. 꼭 신용거래가 필요한 경우라고 하더라도 주가가 확실한 상승 추세일 때만 짧게 이용하는 것이 좋습니다.

주식투자는 가급적 위험을 줄인 상태에서 투자에 임해야 합니다. 주식투자 자체가 위험한 게임이므로 그 속에서 생존하기 위해서는 자기 자신만의 안전장치를 만들어야 합니다. 미수매매나 신용매매를 하는 것은 이런 위험관리의 원칙을 지키지 않는 것으로, 주식투자에서 스스로 실패할 가능성을 높이는 것이라고 할 수 있습니다. 실제로 이런 매매를 통해 쪽박을 찬 사례는 무수히 많습니다.

01 일광 씨는 주식투자를 하기 위해 계좌를 개설하고 돈을 입금했습니다. 그런데 마땅한 종목을 고르지 못해 위탁계좌에 돈을 그대로 예치해두고 있었습니다. 그러다 문득 생각해보니 돈을 그냥 놀릴 것이 아니라 하루라도 고수익이 예상되는 곳에 예치하면 좋겠다는 생각을 하게 되었습니다. 일광 씨는 어떻게 하면 위탁계좌에 있는 돈을 잘 운용했다고 만족할 수 있을까요?

Answer CMA계좌와 연결시켜놓으면 됩니다. 주식투자를 하지 않을 때는 단기고수익상품인 CMA에서 이자를 받을 수 있고 또 언제든지 돈을 인출해서 주식을 매수할 수 있기 때문입니다.

02 모바일에 대한 수요가 커짐에 따라 통신주에 대한 관심이 꾸준히 이어지고 있습니다. 일광 씨가 통신주를 분석해보니 2020년 11월 5일 SK텔레콤의 주가는 22만 2,500원이고, KT의 주가는 2만 2,850원이었습니다. 이를 보고 일광 씨는 SK텔레콤의 주가가 KT의 주가에 비해 약 10배 정도 비싸다고 생각했습니다. 과연 일광 씨가 분석한 주가의 내용은 올바른 것일까요? 만약 일광 씨가 고려하지 못한 것이 있다면 무엇일까요?

Answer 단순히 주가를 비교해서는 안 되고 시가총액을 통해서 비교해야 합니다. 즉, 현재 상장되어 있는 주식총수에 현재 주가를 곱한 것을 구해서 액면가를 비교하는 것이 맞습니다.

03 일광 씨는 여자친구인 구슬 씨의 생일을 맞이해서 조그만 선물을 사주려고 생각하고 있습니다. 이번 주 일요일이 생일인데 선물을 사려면 아무래도 금요일까지는 돈이 손에 들어와야 합니다. 그동안 투자해서 수익을 냈던 주식을 매도하여 돈을 마련하기로 마음먹었습니다. 일광 씨는 늦어도 언제까지 주식을 매도

해야 금요일에 돈을 찾을 수 있을까요? 참고로 이번 주에는 공휴일이 없답니다.

Answer 수요일까지는 주식을 매도해야 합니다. 우리나라는 주식이 결제되기 위해 3일이라는 시간이 필요합니다. 그래서 수요일에 매도하면 매매일수로 3일 뒤인 금요일에 출금이 가능합니다.

04 일광 씨는 오늘 낮에 외근을 나가야 합니다. 그런데 외근을 나가기 전에 주문을 하고 싶습니다. 장중에는 급하게 살 이유가 없지만 그래도 오늘 안에는 꼭 매수를 했으면 좋겠는데, 어떻게 주문을 하면 좋을까요?

Answer 조건부지정가 주문을 이용하면 됩니다. 조건부지정가 주문은 장중에는 지정가 주문으로 있다가 장 종가를 결정하기 위한 단일가 시간에 시장가로 바뀌는 주문입니다.

05 일광 씨의 동료 한탕 씨가 아침부터 분주합니다. 분명히 주문가능금액이 있어 주식을 매수했는데, 오늘 아침에 보니 주식이 자신의 계좌에서 사라졌다는 것입니다. 한탕 씨는 과연 매수주문을 할 때 무엇을 확인하지 않은 걸까요? 또 계좌에서는 어떤 일이 벌어진 것일까요?

Answer 자신의 예수금을 확인하지 않아서 미수금이 발생한 것입니다. 계좌에서 미수금이 발생하면 4일째 되는 날 아침에 강제로 반대매매가 이루어집니다. 따라서 미수금을 발생시키지 않기 위해서는 자신의 예수금 범위 내에서만 주문을 해야 합니다.

매매를 시작하기 전에 단단히 새겨 넣을 10가지

—

머리와 꼬리는 버리세요.

"시세의 상투와 바닥은 새색시의 치맛자락처럼 왔다 간다"는 말이 있습니다. 이 말은 주가의 상투와 바닥은 지나봐야 알 수 있다는 뜻입니다. 모든 투자자들은 정확히 바닥에 주식을 사서 상투에 팔아보는 것이 소원일 테지요. 그러나 정상적으로 생각한다면 그런 일은 요행에 가까운 일입니다. 따라서 주식은 바닥을 확인하고 난 다음 매수를 하고 또 상투를 확인하고 난 다음 매도를 해야 하는 것입니다. 그러므로 시세의 머리와 꼬리는 내가 먹지 않겠다는 편안한 마음을 가져야 합니다. 똑똑한 주식시장을 매번 이길 수는 없겠지요. 늘 겸손한 자세로 시장을 대하고 욕심을 다스릴 수 있어야 합니다.

지나친 매매는 삼가세요.

외환위기를 지나면서 데이트레이드Day Trade가 매우 성행했던 때가 있습니다. HTS가 활성화되면서 매매수수료가 싸졌기 때문입니다. 그리고 당시 데이트레이딩을 통해서 돈을 벌 수 있다는 갖가지 책들이 쏟아져 나왔습니다. 문제는 그 책을 읽고도 많은 사람들이 돈을 벌지 못했다는 것입니다. 앞에서 우리는 주식투자를 통해 돈을 벌 확률이 3분의 1이라고 배웠습니다. 주가가 가만히 있는 경우에도 매매수수료와 세금은 나가야 합니다. 이렇게 반드시 나가야 하는 매매비용을 들여가면서 주식을 매수했는데 수익을 거둘 확률이 3분의 1밖에 안 된다는 것은 기대수익률이 마이너스라는 얘기나 마찬가지입니다. 결과적으로 주식은 자꾸 매매하면 할수록 손해를 본다는 것이지요. 주식시장에서는 바보들만 매일매일 매매를 한다고 생각하세요.

분할매수, 분할매도를 하세요.

주식을 한꺼번에 사고파는 것은 미련한 짓입니다. 하지만 투자자들은 급한 마음에 한꺼번에 사고팝니다. 주식을 매매할 때는 꼭 분할매수와 분할매도를 해야 합니다. 특히 매수는 꼭 분할매수를 하는 것이 필요합니다. 물타기를 하라는 말이 아닙니다. 흔히 말하는 피라미딩Pyramiding전략을 사용하라는 것입니다. 피라미딩 전략을 살펴볼까요? 예를 들어 주식을 1,000주 사려고 하면 최초에는 300주를 매입합니다(단, 300주를 매입하는 것도 자신이 설정한 매수 기준에 부합하는 양이어야 합니다). 그러나 주가가 예상과 달리 떨어진다면 재빨리 손절매를 해야 합니다. 그렇지 않고 주가가 올라간다면 추가로 300주를 더 매수합니다. 그리고 또 주가가 올라간다면 이번에는 나머지 400주를 더 매수하는 것입니다. 처음 거래에서 수익이 나는 종목을 대상으로 접근하면 수익을 극대화할 수 있는 기회를 더 많이 잡을 수 있습니다.

손절매에 과감해지세요.

주식투자로 세계적인 갑부가 된 워런 버핏에게는 벤저민 그레이엄이라는 스승이 있었습니다. 그는 자신의 투자 원칙을 다음과 같이 말했습니다. "주식투자의 첫 번째 원칙은 돈을 잃지 않는 것이다. 그리고 두 번째 원칙은 첫 번째 원칙을 절대 잊어버리지 않는 것이다." 이는 워런 버핏도 지키려고 노력한 원칙으로, 주식투자의 궁극적인 목표는 수익을 내는 것이되 이를 위해서 절대 손해를 봐서는 안 된다는 것입니다. 그럼에도 불구하고 손실이 난다면 그때는 재빠르게 손절매를 해야 합니다.

일반적으로 투자자들은 손절매를 잘 하지 못합니다. 손절매를 잘 하지 못한 덕분에 계좌가 반 토막이 되거나 바닥을 드러냅니다. 주식투자는 원칙을 세우면 그 원칙을 기계처럼 지키라고 합니다. 즉, 내가 10%의 손절매 원칙을 세웠다면 10% 손실이 났을 때 무조건 손절매를 해야 합니다. 그래야 손실이 커지지 않습니다. 그런데 막상 손절매를 하려고 하면 갑자기 자신에게 관대해지고 맙니다. '10%나 떨어졌는데 내일은 오르겠지'라는 막연한 희망이 투자 실패에 이르게 하는 것입니다. 주식투자에서 매수는 기술이라고 합니다. 하지만 매도는 예술이라고 말하는 이유를 알아야 합니다.

물타기는 하지 마세요.

간접투자인 적립식 펀드의 장점은 평균매입단가 방식으로 투자를 한다는 점입니다. 이 방식은 주가가 오르거나 떨어져도 매월 같은 금액의 돈을 불입합니다. 그렇게 해서 주가가 높아지면 주식을 적게 사고 주가가 떨어지면 주식을 많이 사서 매입단가를 평준화시키는 것입니다. 직접투자에서는 이런 생각들이 통용되어서는 안 됩니다. 주가가 떨어지는 데에는 그만한 이유가 있다고 생각하고 절대 물타기를 해서는 안 됩니다. 물타기란 내가 보유한 주식의 가격이 떨어지면 주식을 추가로 매수해서 평균매입단가를 낮추려는 행위를 말합니다. 이런 행위는 매입단가를 평균화시키기보다는 손실을 평균화시키는 단점이 있습니다. 물타기를 하느니 차라리 손절매를 하는 편이 훨씬 낫습니다.

사고팔고 그리고 반드시 쉬십시오.

초보 투자자들은 잠시도 계좌에 돈이 남아 있을 겨를이 없습니다. 매도하고 난후 결제가 이루어지기 전에 이미 다른 주식을 매수해버리기 때문입니다. 그러나 투자 과정에서 휴식을 갖는 것은 매우 중요합니다. 그 휴식시간은 시장을 객관적으로 볼 수 있는 기회가 되며, 자신의 매매전략을 다시 한번 되돌아볼 수 있는 시간이 됩니다. 그래서 매수하고 매도한 이후에는 반드시 쉬어야 합니다.

그런데 어떻게 쉬느냐가 문제입니다. 쉴 때는 주식계좌에서 완전히 돈을 빼서

은행계좌에 옮겨놓은 다음 쉬는 것이 좋습니다. 그렇지 않으면 충동적인 상황이 만들어질 때 주식을 매수해버릴 수도 있습니다. 평가이익은 내 돈이 아니고 주식계좌에 들어 있는 돈도 확실한 내 돈이 아니라 언제든 내 손을 떠날 수 있는 돈입니다. 오직 은행계좌에 들어 있는 돈만이 확실한 자산입니다. 그러므로 매매를 쉴 때는 확실하게 쉬어주는 결단이 필요합니다.

정부정책에 역행하지 않아야 합니다.

회사의 내부자, 기관투자자, 헤지펀드를 운용하는 외국인, 그리고 정부의 공무원 중에서 주식시장에 가장 큰 영향을 미치는 주체는 누구일까요? 바로 정부의 공무원입니다. 그들은 정책결정권을 가지고 있습니다. 경제정책을 입안하고 실행하는 일은 경제의 근간을 형성하는 일이기 때문에 매우 중요합니다. 따라서 투자자는 수시로 정부가 추진하는 정책을 파악해야 합니다. 정부는 거시정책을 다루기도 하고 개별산업이나 개별기업에 영향을 미치는 정책을 펴기도 합니다. 만약 정부가 거시적으로 주식시장을 활성화시키는 정책을 편다면 주가는 올라갈 것입니다. 반대로 주가에 좋지 않은 긴축정책을 편다면 주가는 하락할 것입니다. 이런 상황에 역행하는 투자는 실패를 부릅니다. 또한 정부가 어떤 산업을 육성하려 한다는 뉴스가 나오면, 반드시 관심을 가져야 합니다. 그리고 그 산업과 거기 속한 기업 중 좋은 종목을 찾기 위해 노력해야 합니다. 결국 정부는 한 국가에서 가장 큰 영향력을 미치는 집단이므로 그들의 생각을 읽어내는 것이 중요합니다.

주식투자를 사업과 같이 생각하세요.

주식투자를 취미나 멋으로 하는 사람은 없을 것입니다. 주식투자는 현금이라는 재고자산을 가지고 물건을 사고파는 하나의 사업이라고 생각하고 접근해야 합니다. 사업을 하기 위해서는 중장기 계획을 세우고 그 계획을 달성하기 위한 세부

실천 방안을 수립하여 끊임없이 정진합니다. 주식투자도 마찬가지입니다. 경제 전망을 통해 큰 그림을 그리고, 경제상황에 따라 상대적으로 성과가 높은 업종을 선택하고, 그 안에서 실적이 좋은 종목을 고르는 과정을 거쳐 매매에 나서야 합니다. 단, 매매를 할 때는 지나치게 눈앞의 이익에만 매달리지 않고 보다 큰 그림에서 시장을 판단하고 추세를 확인해야 합니다.

인내심을 갖고 기다리세요.

처음 투자를 하는 사람이 계좌를 개설하고 나면 마음이 매우 바빠집니다. 아직 계좌에 돈도 입금하지 않았으면서 전광판에 주가가 오르는 모습이 보이면 흥분하게 됩니다. 마치 내가 지금 사지 않으면 돈이 날아가버릴 거라는 생각이 드는 것입니다. 그리고 더욱 안타까운 것은 주식을 너무 일찍 팔아서 수익을 짧게 얻는 것입니다.

여기까지 읽은 여러분은 어느 정도 인내심을 갖고 있군요. 주식투자에도 반드시 인내심이 필요합니다. 그 인내심은 2가지로 나눌 수 있습니다. 첫 번째 인내심은 바로 자신의 원칙에 맞을 때까지 기다리는 것입니다. 즉, 어떤 주식을 매수하려고 할 때 자신이 설정해둔 기준 안으로 주가가 들어올 때까지 기다렸다가 매수를 하는 것입니다. 하지만 사람들은 급한 마음에 미리 세워둔 기준 따위는 안중에도 없이 서둘러 매수하고 맙니다. 두 번째 인내심은 매도할 때의 인내심입니다. 투자자들이 큰 수익을 내지 못하는 이유는 스스로가 상투를 예단하고 있다는 것입니다. 그래서 10% 오르면 판다든지 20% 오르면 팔고 마는 우를 범하게 됩니다. 하지만 주식은 그 가격의 상투를 확인하는 것이 필요합니다. 상투에서 떨어질 때 팔면 됩니다. 상투가 확인되지 않을 때는 주식을 꼭 들고 있어야 합니다. 살 때와 팔 때를 기다려서 적기에 매매하는 것이 가장 중요합니다.

03

시장파악하기

경제의 흐름과 주가의 관계를 살피고
살아 있는 시장을 이해하여
주식시장의 숲을 보는 법을 깨닫게 합니다.

"

계좌도 만들었고 HTS도 깔았으니 바로 투자를 시작하면 될까요?

경제뉴스를 봐도, 증권뉴스를 봐도 모르겠는데 언제 주식을 사야 할까요?

매일 끊임없이 펄떡이며 변화하는 시장을 모르고서는 투자를 할 수 없습니다.

경제를 이해하고 시장을 파악하는 지식은

주식투자에서 그 무엇보다도 중요합니다.

"

컴퓨터를 등지고 시장을 바라보세요

일광 씨는 오늘도 모니터 앞에 웅크리고 앉아 있습니다. 집에 HTS를 깔고 프로그램 사용법과 주식매매법을 배운 이후부터는 컴퓨터에서 떨어질 수가 없었습니다. 밥 먹는 시간도 아까워 모니터 앞에서 끼니를 때우고 잠자는 시간도 아까워 새벽에야 잠들기 일쑤였습니다. 일광 씨는 단 며칠 만에 폐인이 되었습니다.

슈퍼개미: HTS는 하루 30분이면 충분하다고 했거늘.

일광 씨: 하루에 30분 HTS를 하라구요? 30시간도 모자랄 지경입니다. 대체 언제 주식을 사고 언제 주식을 팔아야 합니까? 하나도 모르겠어요.

슈퍼개미: 앙드레 코스톨라니가 스승에게 물었던 질문이군요.

일광 씨: 그게 누군데요?

슈퍼개미: 유럽의 전설적인 투자자지요. 그렇지만 그도 주식을 막 배우기 시작하던 때가 있었으니까요.

일광 씨: 그럼 그 스승은 뭐라고 대답했답니까?

스승의 대답은 걸작이었습니다. "주식을 언제 사고 언제 팔 것인지는 매우 간단하다. 시장에 주식이 많은지 바보가 많은지 살펴보면 된다. 만약 주식보다 바보가 많다면 주식을 팔아야 하고, 바보보다 주식이 많다면 그때 주식을 사면 된다."

즉, 시장에서 주식을 사지 못해 안달 난 사람들이 많을 때는 주식을 팔아야 하는 것이고, 시장에 더 이상 주식을 하지 않겠다는 사람이 많을 때는 주식을 사야 한다는 것입니다. 투자를 하는 사람에게는 대단히 치욕적인 언사로 들리겠지만, 실제로 주식시장에서는 군중심리에 의해 판단이 흐려지는 경우가 많이 발생합니다.

슈퍼개미: 시장에 바보들이 많은지 알려면 우선 자신이 바보가 아니어야 합니다. 누가 어리석은 투자자인지, 이야기로 예를 들어볼까요?

어떤 아이가 참새를 잡겠다고 덫을 놓았습니다. 새장에 먹이를 놓아둔 것이지요. 정말로 참새가 2마리, 3마리, 4마리, 5마리 모여들기 시작했습니다. 아이는 때를 기다렸습니다. 1마리만 더 들어오면 문을 닫아야지…. 마침 1마리가 더 들어와서 6마리가 되었습니다. 문을 닫으려는 순간, 아이는 욕심이 생겼습니다. 그래 딱 7마리만 잡자! 그때 2마리가 더 들어오는 것입니다. 순식간에 9마리가 되었습니다. 이왕이면 10마리를 채울까?

　그런데 갑자기 참새가 1마리가 나가버렸습니다. 총 8마리가 남았지요. 아이는 그냥 닫을까 고민했지만 그대로 두었습니다. 이번에 2마리가 한 번에 들어오면 되지. 순간 먹이를 먹은 참새가 1마리씩 나가기 시작했습니다. 이제 새장의 참새는 4마리뿐입니다. 아이는 생각했습니다. 그래, 1마리만 더 들어올 때까지 기다려서 처음대로 5마리만 남기자.

하지만 참새는 다시 2마리가 더 나갔습니다. 아이는 화가 났고 남은 2마리라도 잡고 싶었지만 그럴 수가 없었습니다. 자신이 너무 바보 같았습니다. 아까 욕심

내지 말고 4마리라도 잡을걸! 그 순간 참새는 1마리 더 나갔습니다. 마지막 1마리만 남았습니다. 이번엔 꼭 잡아야지. 그런데 참새 혼자 놓아두면 외로울 것이라고 핑계를 대며 끝내 문을 닫지 못했습니다. 참새 1마리를 기다리는 사이 아이는 마침내 울음을 터트렸습니다. 마지막 1마리 참새도 날아가버린 것입니다.

일광 씨: 욕심이 모든 것을 날렸군요.

일광 씨가 고개를 주억거리며 말했습니다. 어쩐지 남의 이야기가 아닌 것 같아 가슴을 쓸어내렸습니다. 슈퍼개미는 시장 안에서 새장만 들여다보면 바보가 된다고 말했습니다. 욕심만 늘고 판단력을 잃는다고. 그러니 더 넓은 실제의 시장을 봐야 한다고.

슈퍼개미: 그렇게 시선이 모니터에만 있으니 어디 뉴스를 볼 여력이 있습니까? 세상을 봐야지요. 지금 당장 컴퓨터를 등지고 진짜 시장을 바라보세요.

일광 씨가 퀭한 얼굴로 말했습니다. 예? 슈퍼개미가 일광 씨의 손을 잡아끌고 밖으로 나갔습니다. 숫자와 차트는 없지만 실제 경제가 뛰고 있는 현실 속으로.

01

하향식 분석, 상향식 분석

시장은
어떻게 분석하나요?

기본적 분석

주식을 분석할 때 주로 사용하는 방법에는 2가지가 있습니다. 하나는 기업의 성과에 영향을 미치는 경제환경과 해당 산업의 전망뿐 아니라 기업의 제반 요소들을 분석하는 **기본적 분석**이고, 다른 하나는 과거 주가의 움직임을 통해서 매매 타이밍을 찾는 **기술적 분석**입니다. 여기서는 먼저 기본적 분석에 대해서 배워보겠습니다.

기본적 분석은 다시 하향식 분석과 상향식 분석으로 나뉩니다. 하향식 분석은 경제분석 ···▶ 산업분석 ···▶ 기업분석의 순서로 주식을 분석하는 방법입니다. 상향식 분석은 기업분석에서 거꾸로 올라가는 방법입니다. 하나씩 자세히 살펴봅시다.

▌ **하향식 분석** ▌ 먼저 경제를 분석합니다. 경제가 좋은 상태에서 성과가 좋은 산업이 있을 테고 경제가 좋지 않은 상태에서는 경기방어적인 성격을 가진 산업이 있을 것입니다. 각각의 상황에 맞는 산업 내에서 좋은 성과를 내는 주식을 찾

아 매수를 하면 됩니다. 즉, 하향식 분석방법을 쓰면 언제 어떤 상황에서도 그때의 경제상황에 맞는 좋은 기업을 찾을 수 있는 것이지요.

┃ **상향식 분석** ┃ 좋은 기업이 있는지 먼저 찾아봅니다. 좋은 기업이 없으면 주식을 사지 않으면 그만입니다. 만약 좋은 기업이 있다면 그 기업이 속한 산업의 상황을 살펴봅니다. 이때 산업의 성장이 좋아진다면 모르겠지만 그다지 좋지 않다면 또 주식을 사지 않으면 그만입니다. 마지막으로 산업의 성장 전망이 좋고 전체적인 경제상황마저 좋다면 주식을 사면 되고, 경제상황이 나쁘고 그것이 산업의 성장 전망에 부정적인 영향을 미친다면 역시 주식을 사지 않으면 됩니다.

이런 식으로 결론을 내린다면, 하향식 분석방법은 가급적 주식을 사도록 만드는 분석방법이고 상향식 분석방법은 가급적 주식을 사지 않도록 만드는 분석방법인 셈입니다. 일반적으로 주식공부를 하기 위해 투자 관련 책들을 읽어보면 대부분 하향식 분석방법을 권합니다. 하지만 앞에서 말한 차이 때문에 돈을 잃는 많은 사람들은 하향식 분석방법을 따랐던 사람들이고, 돈을 버는 극소수의 사람들은 상향식 분석방법을 따랐던 사람들이라는 결과가 있습니다.

이것은 대단히 중요한 결론입니다. 주식을 사지 않으면 본전이지만 주식을 사서 예상치 못한 결과에 의해 주가가 떨어지면 손해를 보게 된다는 것, 오마하의 현인 워런 버핏이 강조한 말입니다. 내가 사려는 주식은 수익성이 매우 좋은 기업이고, 그 기업이 속한 산업은 성장 가능성이 있으며, 그 산업의 성장을 뒷받침해줄 수 있는 경제상황이 좋을 경우에만 투자를 해도 성공할 확률이 100%라고 단언하기 어렵습니다. 하물며 불확실성을 안고 주식투자를 하는 경우의 성공 확률은 더욱 떨어지겠지요.

그런데도 왜 시장 파악하는 법을 먼저 배우고 종목 선택하는 법을 배우나요?

투자를 한다고 해도 매번 주식에만 투자하는 것은 아닙니다. 시야를 더 넓히면 주식뿐 아니라 채권, 실물자산 등에도 투자가 이루어질 수 있습니다. 따라서 투자를 하기 위해 가장 좋은 조건이 갖추어진 시장을 찾아내는 안목을 갖는 것은 기본적으로 매우 중요하지요.

여기서 HSBC의 글로벌 전략가인 피터 오펜하이머Peter Oppenheimer의 투자시계모형을 통해 투자의 기본 아이디어를 살펴보겠습니다.

▼ 피터 오펜하이머의 투자시계모형

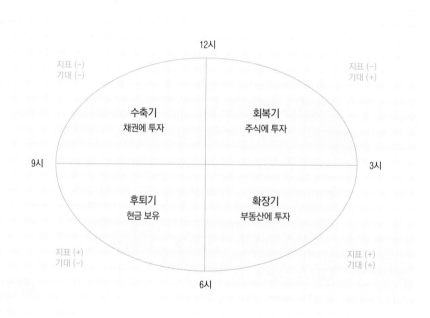

피터 오펜하이머는 경기순환의 4단계에 따라 채권, 주식, 부동산, 현금, 4종류의 가격 흐름을 분석했습니다. 그의 분석에 따르면 수축기는 9시부터 12시까지, 회복기는 12시부터 3시까지, 확장기는 3시부터 6시까지, 후퇴기는 6시부터 9시까지로 구분됩니다.

채권은 전통적으로 경기수축기에 가격이 상승합니다. 이때는 지표경기와 시장참여자들의 심리가 모두 좋지 않은 모습을 보입니다. 그러나 지표경기가 좋아지지 않는데 시장참여자들의 심리가 좋아질 때는 주식에 투자해야 합니다. 즉, 경기회복기에는 주식투자가 좋다는 것입니다. 그러다가 지표경기도 좋아지고 심리도 살아난다면, 부동산이나 원유 등과 같은 실물자산에 투자해야 한다는 점을 강조합니다. 그러나 지표경기가 살아 있는 상태에서 시장참여자들의 기대가 꺾인다면, 이때는 보유자산을 안전한 현금자산으로 바꿔야 함을 보여주고 있습니다. 이렇게 투자의 세계는 먼저 시장을 판단하는 것이 중요합니다.

주식투자는 이론적으로 보면 고위험/고수익의 게임을 하는 듯 보입니다. 하지만 우연에 맡겨 돈을 벌면 벌고, 잃으면 잃는다는 식으로 게임에 임하는 것은 투자가 아니라 투기입니다. 가급적 위험요인을 제거하고 비교적 확률이 높은 상태에서 투자에 들어가야 합니다. 그러기 위해서는 확률이 높아지는 순간까지 참고 현금을 잘 보전하는 것이 성공의 지름길입니다.

　주식시장의 속설 중 "주식을 사야 할 때는 돈이 없고 주식을 팔아야 할 때는 주식이 없다"라는 말이 있습니다. 주식을 사야 하는 좋은 타이밍에는 이미 다른 것에 돈을 탕진하고 투자에 들어갈 기회를 놓치는 것을 지적하는 말입니다. 초보자라면 마음속 깊이 새겨둬야 합니다.

02

경제성장률과 주가

경제가 성장하면
주가도 오르나요?

경제가 성장한다는 것은 무엇을 의미할까요? 바로 매년 생산되는 상품과 서비스가 늘어난다는 것을 의미합니다. 기업은 투자를 통해 상품과 서비스의 제공을 늘립니다. 가계는 벌어들이는 소득을 통해 이것들을 소비합니다. 그러면 다시 기업의 생산이 늘어납니다. 이렇게 선순환의 구조를 보이면서 경제의 규모가 커지는 것을 경제가 성장한다고 말합니다.

그러나 반대로 가계가 소비를 제대로 하지 못하면 기업들도 상품이나 서비스의 생산을 줄이게 됩니다. 이를 위해 기업은 구조조정을 하기 때문에 실업자가 늘어납니다. 실업자가 늘어나면 가계의 소득은 다시 감소되어서 소비가 더욱 위축됩니다. 이 경우 경제가 마이너스의 성장을 보인다고 말합니다.

경제가 성장하는지 한눈에 볼 수 있는 지표가 바로 국내총생산인 GDP Gross Domestic Product입니다. GDP는 특정 기간 동안 국내에서 새롭게 생산한 상품과 서비스의 시장가치(수량×가격)의 합을 말합니다. 여기서 주목해야 하는 것은 GDP가 시장가치의 측면에서 계산된다는 것입니다. 그렇다면 GDP가 증가하는 원인은 2가지로 나누어볼 수 있습니다. 수량이 증가하여 GDP가 성장하는 경우와 가격이 올라서 GDP가 성장하는 경우입니다.

142

수량이 증가하는 경우는 GDP가 실질적으로 성장하는 것입니다. 이는 곧 기업의 상품과 서비스의 생산이 증가하는 것을 말하기 때문입니다. 쉽게 말하면 밤낮없이 공장이 돌아가는 것이라고 할 수 있습니다. 그런데 가격이 상승해서 GDP가 올라가는 경우는 한번 곱씹어볼 필요가 있습니다. 수량이 늘지 않아 공장이 제대로 돌아가지 않는데도 불구하고 경제가 성장했다고 볼 수 있을까요? 그렇지 않습니다. 단순히 물가가 상승해서 GDP가 늘어난 것이니 경제가 성장한 것으로 오해해서는 안 되지요.

GDP를 보고 경제성장을 알아내는 법

경제가 실제적으로 성장했는지 제대로 알아내기 위해 GDP를 명목GDP와 실질GDP로 구분합니다. 명목GDP Nominal GDP는 현재의 시장가격 그대로 GDP를 계산한 것입니다. 흔히 쓰이는 GDP가 바로 명목GDP입니다. 실질GDP Real GDP는 물가가 변동하지 않은 것으로 간주하고 계산한 것입니다.

예를 들어 한 나라의 생산량과 물가 수준이 다음과 같이 주어졌다고 가정하고 명목GDP와 실질GDP를 구해봅시다.

비교해보면 명목GDP는 20%의 성장을 한 것으로 계산됩니다. 그러나 실제로는 가격이 올라간 것뿐이지 수량이 늘어난 것은 아닙니다. 따라서 실질GDP는 전혀 성장이 없는 것으로 계산됩니다.

	수량	가격	명목GDP	실질GDP
2000년 12월	100개	100원	10,000	10,000
2010년 12월	100개	120원	12,000	10,000

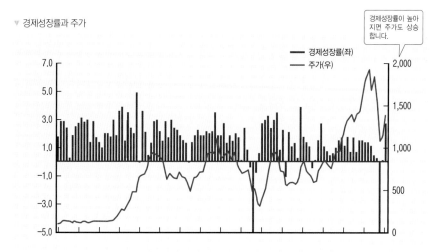

▼ 경제성장률과 주가

경제성장률이 높아지면 주가도 상승합니다.

이렇듯 물가만 상승한 경우는 경제가 성장했다고 보기 어렵습니다. 게다가 소득이 증가하는 것보다 물가상승 속도가 더 빠른 경우 오히려 경제가 위축되었을 수도 있습니다.

GDP는 최근 한 국가의 경제성장률을 살펴보는 매우 중요한 핵심 지표입니다. 경제성장률을 살펴볼 때 실제 성장을 보여주는 것은 실질GDP의 성장이라는 점에 주목해야 합니다. GDP의 특성을 고려해서 경제성장을 이해한다면 경제가 실질적으로 성장한 것인지 아닌지를 판단할 수 있습니다. 경제가 성장하면 당연히 주가가 오릅니다. 따라서 경제성장을 올바르게 판단하면 좋은 투자로 이어질 수 있습니다.

기저효과를 유의하세요.

GDP를 살펴볼 때 또 하나 유의해야 할 것이 기저효과(Base Effect)입니다. 만약 경제쇼크가 발생하여 어느 해 GDP가 급격하게 위축된 이후라면, 그다음 해의 GDP는 엄청나게 성장한 것으로 보일 수 있습니다. 이러한 착시가 바로 기저효과입니다.

03

경제지표와 주가

경제지표를 보면
주가가 보이나요?

주가는 경기와 밀접한 관계를 가지고 움직입니다. 경기에 대해 정확한 예측과 판단을 할 수 있다면 투자가 쉽겠지요. 하지만 알다시피 그것은 매우 어렵습니다. 다만 최대한 실제 경기상황에 근접하기 위해 경기 흐름을 파악하는 시야를 갖는 것이 중요합니다.

일반적으로 경기를 판단하는 방법에는 몇 가지가 있습니다. 그중 첫째는 개별 경제지표의 움직임을 통해 판단하는 방법이고, 둘째는 경기종합지표에 의한 방법, 셋째는 설문조사에 의한 방법입니다. 개별경제지표의 대표적인 것이 앞에서 배운 GDP입니다. 여기서는 경기종합지표에 의한 방법과 설문조사에 의한 방법을 알아보겠습니다.

경기종합지수는 주가와 동행합니다

GDP 증가율 같은 개별적인 경제지표를 통해서 경기를 판단하면 자칫 오류를 범할 수 있습니다. 왜냐하면 전체적인 경기의 흐름과 개별적인 경제지표의 흐름이 어긋날 수 있기 때문입니다. 이 때문에 경기종합지표를 보며 거시적인 시각으로 경기를 판단하는 방법을 알아야 합니다.

먼저 경제 각 부분의 동향을 잘 반영해주는 개별경제지표들을 선정합니다. 다음으로 이를 통계적으로 종합한 경기지표로 전반적인 경기의 움직임을 분석합니다. 현재 주요국에서 활용하고 있는 경기종합지표의 종류에는 경기종합지수 CI; Composite Index, 경기동향지수 DI; Defusion Index 및 경기예고지표 등이 있습니다. 가장 폭넓게 사용되고 있는 것은 경기종합지수입니다.

경기종합지수는 우리나라의 대표적인 경기종합지표라고 할 수 있습니다. 국민경제의 각 부분을 대표하면서 경기대응성이 높은 각종 지표들을 종합하여 작성합니다. 전월에 대한 경기종합지수 증감률이 (+)인 경우에는 경기상승을, (−)인 경우에는 경기하강을 나타냅니다. 또한 그 증감률의 크기에 따라 경기변동의 진폭도 알 수 있습니다. 그러므로 경기종합지수를 통해서 경기변동의 방향, 국면 및 전환점은 물론 변동속도까지 동시에 분석할 수 있습니다.

경기종합지수는 경기전환점에 대한 시차에 따라 경기선행지수, 경기동행지수, 경기후행지수로 구분됩니다. 경기선행지수를 통해 경기를 예측하고 경기동행지수와 경기후행지수를 통해 경기를 확인해갑니다. 현재 각 지수의 구성지표수와 종류는 다음과 같습니다.

▼ 경기종합지수 구성지표　　　　　　　　　　　　　　　　　출처: 2021년 통계청 기준

경기선행지수(7개)	경기동행지수(7개)	경기후행지수(5개)
– 재고순환지표	– 광공업생산지수	– 생산자제품재고지수
– 경제심리지수	– 서비스업생산지수	– 소비자물가지수변화율(서비스)
– 건설수주액	– 건설기성액	– 소비재수입액
– 기계류내수출하지수(선박제외)	– 소매판매액지수	– 취업자수
– 수출입물가비율	– 내수출하지수	– 회사채(CP)유통수익률
– 코스피지수	– 수입액	
– 장단기금리차	– 비농림어업취업자수	

설문조사도 지표가 됩니다

▎ **소비자의 속마음을 알 수 있는 소비자태도지수** ▎ 소비자태도지수CSI; Consumer Sentiment Index 는 소비자들의 장래 소비지출 계획이나 경기 전망에 대한 설문조사 결과를 지수로 환산해서 나타낸 지표를 말합니다. 중앙은행인 한국은행이나 민간 경제단체인 전국경제인연합회 등에서 설문조사를 합니다. 현재의 경기상황을 판단하고 앞으로의 경기 흐름을 예측하기 위해 소비자들의 경기에 대한 인식을 파악하는 것입니다. 경기에 대한 소비자들의 인식은 앞으로의 소비행태에 영향을 미칩니다. 따라서 CSI는 경기동향을 파악하고 예측하는 데 유용한 정보로 활용될 수 있습니다.

CSI의 보통 기준치는 100입니다. 100보다 낮으면 향후 미래를 불투명하게 보고 소비지출을 줄인다고 대답한 소비자가 많다는 의미이고, 100보다 높으면 향후 소비지출을 늘리겠다고 대답한 소비자가 많다는 의미입니다.

   CSI는 전통적인 경제지표로는 포착하기 어렵지만 경기변동에 중요한 영향을 미치는 경제주체인 소비자의 심리적 변화를 측정한다는 점에서 의미가 있습니다. 이 때문에 외환위기나 금융위기 같은 변혁기의 경기동향을 파악하는 데 매우 유용합니다.

CSI 집계 공식

CSI = [(매우 좋아짐×1.0+약간 좋아짐×0.5−약간 나빠짐×0.5−매우 나빠짐×1.0)÷전체 응답가구수]×100+100

CSI 예시

예를 들어 200가구를 대상으로 조사했을 때 매우 좋아짐 응답이 10가구, 약간 좋아짐이 40가구, 약간 나빠짐이 100가구, 매우 나빠짐이 50가구라면 CSI는 [(10+20−50−50)÷200]×100+100=65가 됩니다.

▼ 소비자태도지수와 주가

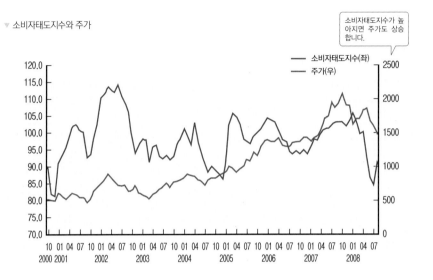

소비자태도지수가 높아지면 주가도 상승합니다.

기업의 관점을 알 수 있는 제조업 경기실사지수 경기에 대한 기업들의 판단, 예측 및 계획 등은 단기적인 경기변동에 중요한 영향을 미칩니다. 기업경기실사지수 BSI; Business Survey Index 는 기업가들의 경기동향 판단, 예측 등을 설문조사하여 지수화한 것입니다.

BSI는 경기 호전 전망에 대한 'O·X' 방식 설문 후 O와 X가 차지하는 비율을 구하여 집계하는데, 그 공식과 예는 다음과 같습니다. BSI도 보통 기준치는 100인데 100보다 낮으면 향후 경기가 나빠질 것으로, 100보다 높으면 향후 경기가 좋아질 것으로 보는 경영자들이 많다는 의미입니다.

BSI 집계 공식
BSI = [(긍정응답수 − 부정응답수)÷전체 응답수]×100+100

BSI 예시
예를 들어 500개 기업에 대한 설문조사 결과 300개 기업이 긍정응답을, 200개 기업이 부정응답을 했다면 BSI는 [(300−200)÷500]×100+100＝120이 됩니다.

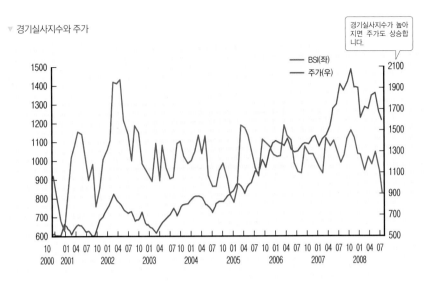

BSI는 주요 업종의 경기동향과 전망, 그리고 기업경영의 문제점을 파악하여 경영계획 및 경기대응책 수립에 필요한 기초자료로 이용하기 위한 지표입니다. 다른 경기 관련 자료와 달리 기업가의 주관적이고 심리적인 요소까지 조사가 가능하므로, 경제정책을 입안하는 데 중요한 자료로 활용됩니다.

04

경기순환과 주가

경기순환을 알면
주가가 보인다고요?

흔히 경기가 순환한다는 말을 자주 쓰지요. 경제의 장기성장 추세를 중심으로 경기가 끊임없이 상승과 하강을 반복한다는 뜻입니다. 경제활동이 활발해지면 경기가 좋아지면서 정점에 도달합니다. 이후에 경제활동이 둔화되면 경기가 하락하다가 저점에 이릅니다. 그리고 저점에 이르면 다시 반등합니다. 마치 산의 골짜기와 계곡이 반복되는 것 같은 모습을 경기순환이라고 합니다.

이때 경기의 저점에서 다음 저점, 경기의 고점에서 다음 고점까지의 기간을 경기의 **주기**Cycle라고 합니다. 저점에서 정점 또는 정점에서 저점까지의 높이는 **진폭**이라고 합니다.

경기국면별 투자자의 전략은 다릅니다

경기순환과정은 2단계로 구분합니다. 저점에서 정점까지를 확장국면, 정점에서 저점까지를 수축국면이라 부릅니다. 이를 세분해서 회복기, 호황기, 후퇴기, 침체기 등으로 나누기도 합니다.

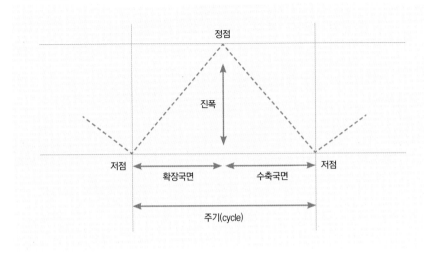

경기가 순환하면 주가도 함께 순환하는 모습을 보입니다. 따라서 경기국면별 특징을 이해하면 주가상승과 하락의 특성도 이해할 수 있습니다.

┃ 경기침체기 ┃ 경기수축 상황을 벗어나기 위해 정부는 통화공급을 확대하는 등 각종 경기부양조치를 취합니다. 이 때문에 조만간 경기가 회복되어 기업의 수익성이 좋아질 것이라는 기대가 늘어납니다. ⋯⋯ **따라서 이 시기는 주가가 상승세로 전환하는 모습을 보입니다.**

┃ 경기회복기 ┃ 경기부양조치 결과 경기가 서서히 회복되는 기간입니다. 이때 기업의 설비투자를 위한 자금 수요가 늘어나 금리도 서서히 상승하는 모습을 보입니다. 하지만 금리의 상승보다 수익이 더 빨리 증가하여 기업의 수익성이 유지됩니다. ⋯⋯ **주가의 상승세도 이어집니다.**

┃ 경기활황기 ┃ 경기과열로 인플레이션 발생 가능성이 커집니다. 이를 우려한

기대인플레이션이란, 인플레이션이 지속되어 경제주체들이 앞으로도 물가가 계속 상승할 것이라고 예상하는 것입니다.

통화당국에서는 통화량 조절, 금리 인상 등과 같은 금융긴축정책을 실시합니다. 이때 물가불안으로 **기대인플레이션**이 높아지고 기업이 설비투자 및 재고투자를 늘린 탓에 자금 수요가 더욱 증가해서 결국 금리가 급등합니다. 이 경우 매출증가에도 불구하고 이자비용이 늘어나 기업 수익성은 감소합니다. ⋯⋯▶ **따라서 주가도 하락하게 됩니다.**

▎ **경기후퇴기** ▎ 경기가 정점을 지나 수축되는 기간입니다. 인플레이션이 완화되고 기업이 공장 가동을 줄여 재고를 축소함에 따라 자금 수요도 감소합니다. 이에 따라 금리도 떨어지게 되나 여전히 높은 수준을 유지합니다. 매출이 감소되고 이자비용 지출도 많아 기업의 수익이 크게 축소됩니다. ⋯⋯▶ **주가 역시 계속해서 하락으로 이어집니다.**

그러면 이런 경기순환 과정에서 어떤 전략을 세워야 하나요?

앞에서 살펴본 경기국면을 이해하고 이에 따라 기본적인 투자전략을 수립할 수 있습니다. 최적의 매수 및 매도 시기는 언제일까요? 매수는 경기침체기가 가장 좋고 매도는 경기 정점 이전에 하는 것이 바람직합니다.

그럼 경기회복기의 유망 업종은 무엇일까요? 초기에는 건설주, 수출 관련 중화학공업, 철강 같은 소재 관련주 등 경기선행성이 강한 경기 관련주의 실적이 우선적으로 좋아집니다. 또한 경기회복이 지속된 이후에는 뒤늦게 실적이 호전되는 내수 관련 업종에 투자 비중을 높여야 합니다. 반대로 경기후퇴기에는 경기 방어적인 성격이 강한 종목이나 M&A 관련주 등 테마주에 단기적으로 투자하는 것이 바람직합니다.

은행예금 vs 주식투자, 어떤 선택을 할까요?

이자율은 유동성을 포기하는 대가로 받는 프리미엄

사람들이 가장 좋아하는 것은 바로 현금입니다. 로또 1등에 당첨되면 당첨금을 당장 현금으로 받는 방법과 나중에 매달 나눠서 연금 형식으로 받는 방법 중에 하나를 고를 수 있다고 합니다. 대부분의 사람들은 지금 바로 현금을 받기를 바랍니다. 이렇게 당장 현금으로 사용할 수 있는 것을 **유동성**이라고 합니다.

내가 다른 사람에게 돈을 빌려준다는 것은 유동성을 포기하고 빌려주는 깃입니다. 유동성을 포기하는 대신 이자를 받을 수 있지요. 즉, 이자는 유동성을 포기한 대가로 받는 프리미엄입니다.

그렇다면 단기로 돈을 빌려준 경우와 장기로 돈을 빌려준 경우, 둘 중 어느 경우에 이자가 더 높아야 할까요? 당연히 장기로 돈을 빌려준 경우 이자가 더 높아야 합니다. 남에게 돈을 빌려주어서 오랫동안 현금을 쓸 수 없기 때문에 이를 감안하여 프리미엄을 높게 붙이는 것입니다.

⸰ 이자율은 위험을 반영합니다 ⸰ 은행에서 돈을 빌리는 경우와 대부업체에서 돈을 빌리는 경우 이자율이 왜 다를까요? 은행에서 돈을 빌릴 수 있는 사람은 나름대로 신용도가 높은 사람입니다. 신용도가 높다는 것은 원금과 이자를 제때 갚을 능력이 있다는 뜻이지요. 반면 은행에서 돈을 빌리지 못하는 사람은 신용도가 낮은 사람입니다. 이런 사람들은 원금과 이자를 떼먹을 위험성이 높습니다. 그렇기 때문에 높은 이자율을 지불하지 않으면 좀처럼 돈을 빌릴 수 없습니다. 이렇듯 이자율이 높다는 것은 돈을 빌리는 사람의 위험도가 높다는 것을 뜻합니다.

⸰ 이자율에 따라 투자시점이 다릅니다 ⸰ 경제 전반적으로 신용이 완화되어 자금이 넘쳐나면 이자율이 하락합니다. 돈이 많으면 수요보다 공급이 많아지기 때문에 이자율을 낮춰서 대출을 해주는 것입니다. 그러나 반대로 신용이 막혀 자금 사정이 여의치 않아지면 돈을 빌리려는 사람에 비해 자금이 적어 이자율이 상승합니다. 지금까지 나타난 현상으로 보면, 이자율이 하락하면 주가가 상승하고 이자율이 상승하면 주가가 하락하는 경향이 있습니다.

⸰ 이자율의 차이로 경기를 예측합니다 ⸰ 이자율의 차이를 계산하면 경기를 예측하는 데 매우 유용합니다. 이자율의 차이를 **이자율 스프레드** Yield Spread 라고 부릅니다. 이자율 스프레드는 만기 차이를 이용한 스프레드와 신용도 차이를 이용한 스프레드, 2가지로 나눕니다.

만기스프레드 = 장기채권이자율 − 단기채권이자율

만기스프레드 Maturity Spread 는 경기상황을 진단할 수 있는 수단입니다. 경기가 좋아지면 기업은 공장을 증설하는 등 투자를 늘리기 위해 금융기관에서 돈을 빌리거나 채권을 발행하여 자금을 조달하게 됩니다. 공장을 증설하는 자금은 1년 내에 갚아야 하는 단기자금을 이용할 수는 없는 일입니다. 따라서 기업들은 투자를 위해서 가급적 장기로 돈을 쓸 수 있는 장기대출이나 장기채권 발행을 선호합니다. 시장에서 장기채권의 발행물량이 늘어나면 채권의 가격이 떨어지고, 이는 바꿔 말하면 이자율이 높아지게 되는 겁니다(이자율과 채권가격은 반대관계에 있습니다).

왜 그럴까요? 채권의 경우 낮은 가격에 사서 미리 정해진 원금과 이자를 모두 상환받으면 이익률이 커지게 됩니다. 예를 들어 만기에 1만 원의 원금을 받는 채권을 지금 시장에서 9,000원에 사는 경우, 8,000원에 사는 경우 이익률이 현저하게 달라집니다. 즉, 9,000원에 사서 1만 원을 받게 되면 이익률은 11%(1,000원÷9,000원)가 되지만, 8,000원에 사서 1만 원을 받게 되면 이익률은 25%(2,000원÷8,000원)가 되는 겁니다.

이러한 흐름에 따라 경기가 좋아지면 장기채권이자율이 높아져 만기스프레드가 커집니다. 반대로 경기가 나빠지면 만기스프레드가 작아집니다. 만약 장기채권의 이자율이 단기채권의 이자율보다 낮아지는 스프레드 역전현상이 벌어지면 경기가 대단히 좋지 않은 상황이라고 할 수 있습니다.

신용스프레드 = 낮은 신용채권이자율 − 높은 신용채권이자율

앞에서 말했듯이 이자율은 위험을 반영합니다. 따라서 낮은 신용채권은 위험도가 높기 때문에 이자율이 높습니다. **신용스프레드**Credit Spread가 급격히 커진다는 것은 낮은 신용채권이자율이 훨씬 커진다는 뜻입니다. 신용도가 낮은 기업으로는 돈이 가지 않고 신용도가 높은 기업으로만 돈이 흘러가는 것으로, 돈이 안전한 곳으로만 몰리고 있다는 뜻이지요. 그러나 반대로 신용스프레드가 낮아진다면 신용도가 낮은 기업으로도 돈이 흘러들어가 신용완화가 이루어지고 있음을 뜻합니다. 이는 돈이 돌고 도는 현상으로 경제적으로도 좋습니다.

정리해보면 만기스프레드는 커질수록, 신용스프레드는 작아질수록 경제에는 호재로 받아들여지고 주가에도 긍정적인 요인으로 작용합니다.

주가 등락의 사후보고서 금리

흔히 주가와 금리는 서로 역의 관계에 있다고 말합니다. 금리가 하락하면 주가가 올라가고 금리가 상승하면 주가는 떨어진다는 것입니다. 그동안 많은 사람들에 의해 이를 뒷받침하는 증거들이 연구되어왔습니다. 주가와 금리가 서로 반대 방향으로 움직인다는 이론을 살펴보면 다음과 같습니다.

첫째, **기업의 자금 조달비용 측면**입니다.
금리가 상승하면 기업이 지출해야 할 이자도 많아집니다. 이로 인해 기업의 수익성이 떨어져 주가를 하락하게 만듭니다. 반대로 금리가 하락하면 기업이 지출해야 할 이자도 줄어 자금 조달비용이 줄어듭니다. 이로 인해 기업의 수익성이 좋아져 주가를 상승하게 만듭니다.

둘째, **시중의 자금 이동 측면**입니다.
금리가 상승하면 투자자들은 안전한 고금리 금융상품에 투자합니다. 상대적으로 위험자산으로 분류되는 주식에 대한 투자가 줄어들어 주가는 하락하는 모습을 보입니다. 금리가 하락하면 투자자들 입장에서는 금리상품에 투자할 이유가 없습니다. 금리상품에서 돈을 빼내므로 시중의 자금이 이동합니다. 이 자금은 상대적으로 수익률이 높다고 기대되는 주식에 몰리고 이에 따라 주가가 올라갑니다.

　그러나 실제로는 주가와 금리가 서로 반대로 움직이는 것이 아니라 일정한 시차를 두고 같은 방향으로 움직인다는 것을 시장에서 확인할 수 있습니다. 다음 그래프를 보면 짧게는 3개월, 길게는 6개월 정도의 시차를 두고 주가가 먼저 움직이고 금리가 뒤이어 움직이는 모습이 나타납니다.

▼ 콜금리와 주가지수

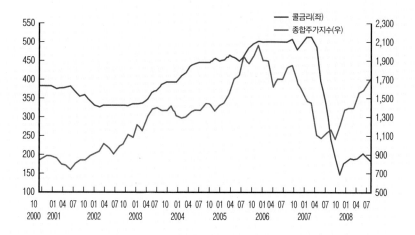

이런 현상이 벌어지는 이유는 무엇 때문인가요?

먼저 금리와 채권의 관계를 통해 그 이유를 알 수 있습니다. 금리가 상승하면 채권가격이 떨어지고 금리가 하락하면 채권가격이 상승합니다. 금리가 상승해 채권가격이 떨어지면 채권에서 돈이 빠져나와 주식 매수로 몰립니다. 즉, 채권의 이자율이 상승하면(채권의 가격이 떨어지면) 주가가 상승하는 모습을 보이고, 채권의 이자율이 하락하면(채권의 가격이 상승하면) 주가도 하락하는 모습을 보입니다.

둘째, 경기적인 측면에서도 알 수 있습니다. 정부가 금리를 내린다는 것은 경기가 지속적으로 침체에 빠져 있다는 것을 의미합니다. 경기에 훈풍을 불어넣기 위해 정부가 금리를 낮추고 재정을 투입하는 등 경기부양조치를 취하는 것입니다. 이런 상황에서 금리를 쉽사리 올리지 못한다는 것은 여전히 경기 전망이 좋지 않다는 것을 의미합니다.

반대로 정부가 금리를 올리거나 내리는 것을 중단했다는 것은 앞으로 경기 전망이 좋거나 이미 경기가 살아나고 있다는 것을 의미합니다. 오히려 경기가 좋아지는 과정에서 금리가 상승하게 되고, 바꿔 말하면 금리가 상승하는 국면에서 주가가 상승한다고 볼 수 있습니다.

마지막 세 번째, 기업의 자금 조달과정을 통해서도 알 수 있습니다. 기업은 경기가 좋아지면 설비투자를 늘려야 하므로 채권이 필요합니다. 그러면 금융시장에서 채권을 발행하고 채권 발행물량이 쏟아지면 공급 과잉으로 채권가격이 떨어지게 됩니다. 이는 곧 채권 이자율의 상승으로 이어집니다.

반대로 기업은 경기가 나빠지면 자금 조달을 줄이거나 아예 하지 않으므로 채권을 필요로 하지 않습니다. 그래서 채권 발행물량이 줄어들고 채권가격이 올라 금리는 하락하게 되는 것입니다. 즉, 금리가 오른다는 것은 기업들이 자금 조달을 활발히 해서 투자를 늘리는 것이므로, 이것이 기업실적을 늘려 기업의 주가를 올리게 됩니다. 금리가 내린다는 것은 기업들의 자금 조달이 위축되어 투자가 줄어드는 것입니다. 이는 다시 고용 축소, 임금 감소, 수요 감소의 과정을 거쳐 기업실적도 줄고 경기침체로 이어지므로 주가는 하락하게 됩니다.

이런 과정을 통해서 본다면 경기가 좋아질 때는 주가가 먼저 상승하고 이어서 금리가 상승하며, 경기가 나빠질 때는 주가가 먼저 하락하고 금리가 뒤이어 하락한다는 것을 알 수 있습니다.

06

무역수지와 주가

수출이 증가하면
주가도 상승하나요?

무역수지와 주가

우리나라 경제는 대외의존도가 매우 높습니다. 대외의존도가 높다는 것은 국민총소득 대비 수출과 수입 비중이 높다는 것을 말합니다. 국민총소득인 GNI Gross National Income는 우리나라 국민이 국내외에서 벌어들인 총소득을 말합니다. GNI 대비 수출과 수입 비중이 얼마인지 도표를 통해 알아보면 다음과 같습니다.

▼ GNI 대비 수출과 수입의 비중

출처: 한국은행

	2015년	2016년	2017년	2018년	2019년
수출입/GNI	82.0	76.6	80.2	82.5	80.8
증감	-11.8	-5.4	3.6	2.3	-1.7

수출액에서 수입액을 뺀 것을 **무역수지**라고 합니다. 수출이 더 많으면 무역흑자, 수입이 더 많으면 무역적자가 됩니다. 무역수지는 경제에 결정적인 영향을 미칩니다. 무역흑자가 발생하는 경우에는 해외로부터 자금이 흘러들어옵니다. 그러면 직간접적으로 기업의 주가에 영향을 미치게 됩니다. 직접적인 효과로

본다면, 수출로 인한 해외자금이 유입되어 국내에 통화량이 늘어남으로써 국내 경제의 유동성이 커져 주가상승에 영향을 미칩니다. 간접적인 효과로 본다면, 수출이 늘어나면서 기업의 매출이 확대되어 이익이 증가함으로써 주가가 상승하게 됩니다.

반대로 무역적자가 발생하는 경우에는 국내자금이 해외로 흘러나가 국내경제의 유동성이 줄어들기 때문에 기업의 수익성도 나빠져 주가가 하락합니다.

여기서 무역수지의 흑자 또는 적자에 대해 조금 더 깊게 생각해볼 필요가 있습니다. 무역수지가 흑자면 수출이 호조를 보이면서 소득도 늘고 일자리도 늘어나 고용이 확대되는 효과가 나타납니다. 또 국가적으로 볼 때 외채가 있다면 외채를 갚을 수 있는 여력이 늘어납니다. 주요 원자재를 안정적으로 확보하고 해외직접투자의 기회를 늘려나갈 수도 있습니다. 그리고 국내산업으로부터 필요한 물건을 제대로 공급받지 못할 경우 부담 없이 수입을 늘려 물가를 쉽게 안정시킬 수 있다는 장점이 있습니다.

이와는 반대로 무역수지가 적자면 소득이 줄고 고용이 축소되어 실업이 늘어납니다. 외채도 지속적으로 늘어나 원금상환과 이자의 부담이 늘어 종국에는 빚을 얻기조차 어려워질 수 있습니다.

 무역수지가 흑자면 경제에 무조건 좋나요?
무역수지 흑자에도 위험요소는 따릅니다. 무역수지 흑자로 인해 국내 통화량이 늘어나 통화관리가 어려워질 수 있기 때문입니다. 게다가 우리의 흑자규모가 커지면 무역대상국으로부터 수출품에 대한 수입규제를 받는 등 무역마찰을 불러올 가능성이 커집니다. 그럼에도 불구하고 우리나라 경제의 대외의존도를 감안하면 흑자를 이어가는 것이 중요합니다.

07

환율과 주가

환율이 떨어지면
주식을 사라던데요?

환換이란 거리가 먼 지역 간의 거래에서 결제수단으로 사용되는 것을 말합니다. 그렇다면 외환外換이란 국경이 다른 경우에 결제수단으로 사용되는 것이죠. 그런데 국가마다 서로 다른 돈을 사용하기 때문에 1:1로 교환할 수가 없습니다. 그래서 얼마와 얼마를 바꿀지 교환비율이 필요합니다. 미국의 1달러에 대해 우리 돈 1,300원을 주어야 바꿀 수 있다는 식의 비율이 있어야 하지요.

외화와 원화의 교환비율을 환율이라고 합니다. 1달러에 대해 우리 돈을 조금만 주어도 되면 환율이 낮은 것이고 1달러에 대해 우리 돈을 많이 주어야 하면 환율이 높은 것입니다. 통화가치의 상승과 하락 변동은 항상 상대적으로 움직입니다.

> 1달러 = 1,300원에서 1,400원으로 환율이 상승하면 ⋯▶ 달러가치는 상승, 원화가치는 하락
> 1달러 = 1,300원에서 1,200원으로 환율이 하락하면 ⋯▶ 달러가치는 하락, 원화가치는 상승

환율은 국제외환시장에서 각국의 사정에 따라 수시로 변동합니다. 우리나라는 **자유변동환율제도**를 채택하고 있어 어느 나라보다도 환율의 움직임에 주목해야 합니다.

> 자유변동환율제도란 환율이 정책당국의 구조적 개입이나 제한 없이 외환시장에서 수요와 공급에 의해 자유롭게 결정되는 환율제도를 가리킵니다.

환율과 무역은 어떤 관계가 있나요?

환율은 국가 간의 무역에서 상품가격에 결정적으로 영향을 미칩니다. 예를 들어 한화의 환율이 1달러에 1,000원에서 1,500원으로 올랐다고 가정해봅시다. 외국인의 입장에서 보면 과거에는 1달러를 주고 1,000원짜리 물건을 샀지만 이제는 1달러를 주고 1,500원짜리 물건을 살 수 있게 됩니다. 원화의 가치가 떨어지면서 우리나라 물건값이 싸진 것입니다. 그러면 우리나라 상품의 수출을 늘릴 수 있습니다.

반대로 환율이 1달러에 800원으로 떨어졌다고 합시다. 이전엔 1달러에 1,000원짜리를 살 수 있었는데 이제는 800원짜리밖에 살 수 없게 되므로, 우리나라 상품의 수출이 줄어들 수 있습니다.

우리나라 입장에서 보면, 원화가 약세를 보이면 상대적으로 외국 물건값이 비싸져 수입이 감소하게 됩니다. 반대로 원화가 강세를 보이면 외국 물건값이 싸져서 수입이 증가하게 됩니다. 따라서 환율이 상승하면 무역수지가 흑자를 보이고 환율이 하락하면 무역수지가 적자를 보입니다.

환율동향	수출	수입	결과
환율상승(원화 약세)	수출단가 하락으로 수출 증가	수입단가 상승으로 수입 감소	무역수지 흑자
환율하락(원화 강세)	수출단가 상승으로 수출 감소	수입단가 하락으로 수입 증가	무역수지 적자

환율은 경제주체들, 특히 기업에 커다란 영향을 미칩니다. 수출을 기반으로 하는 기업의 경우 환율이 오르면 수출환경이 좋아지고 환율이 내리면 수출환경이 악화됩니다. 반대로 수입을 기반으로 하는 기업의 경우 환율이 떨어지면 수입가격이 떨어져 이익이 되겠지만, 반대로 환율이 올라가면 수입가격이 상승하여 수익성이 떨어지게 됩니다.

또한 외화자산과 외화부채를 가지고 있는 기업에도 영향을 미칩니다. 먼저 외화자산을 가지고 있는 기업의 경우 환율이 올라가면 외화의 가치가 올라가니 외화자산의 가치도 올라가 이익을 보게 됩니다. 반대로 환율이 떨어지면 손해를 보게 되지요.

예를 들어 어떤 기업이 미국에 1억 달러짜리 건물을 가지고 있다고 합시다. 현재 환율이 1,000원이면 그 건물의 가치는 원화로 1,000억 원이 됩니다. 그런데 환율이 올라 1,500원이 되면 건물의 가치가 1,500억 원이 되는 것입니다. 환율이 떨어져 800원이 되면 건물의 가치는 800억 원으로 떨어지는 손해를 입습니다.

외화부채를 가진 입장에서 본다면 환율이 올라가면 외화의 가치 상승으로 외화부채도 상승하게 되니 손해입니다. 반대로 환율이 떨어지면 이득을 보게 됩니다.

미국으로부터 100만 달러를 빌린 경우를 생각해봅시다. 현재 환율이 1,000원이면 그 빚을 갚기 위해 10억 원이 있으면 됩니다. 환율이 올라 1,500원이 되면 빚을 갚기 위해 5억 원이 더 필요하지만, 환율이 떨어져 800원이 되면 빚을 청산하는 데 8억 원만 있으면 되는 것입니다.

환율과 주가는 어떤 관계가 있나요?

일반적으로 가치가 상승하는 통화를 강세통화라고 하고, 가치가 하락하는 통화를 약세통화라고 부릅니다. 국제자본시장에서 자본의 흐름은 강세통화국으로 흘러들어간다는 점을 잊어서는 안 됩니다. 왜냐하면 통화도 하나의 상품으로 볼 수 있기 때문입니다. 그러면 통화의 가치가 상승할 경우 그 통화를 매수해서 가치가 더 상승한 이후에 팔아버리면 환차익이 생깁니다.

예를 들어 우리나라의 환율이 달러당 1,000원이었다가 800원으로 떨어졌다고 가정해봅시다. 과거에는 1,000원을 줘야 1달러를 살 수 있었는데, 이제는 800원만 주면 1달러를 살 수 있으니 200원의 이익을 봅니다. 이를 환차익이라고 합니다.

이러한 이유로, 원화가 강세를 보일 때 외국인 매수자금이 주식시장으로 물밀듯이 밀려들어오는 경향이 있습니다. 이를 반대로 생각해보면 환율이 올라가고 원화가 약세를 보이는 경우에는 환차손을 우려한 외국인투자자들의 자금이 시장에서 썰물처럼 빠져나간다는 것도 생각해볼 수 있습니다.

주식시장 전체로 볼 때 단기적으로는 환율이 상승하면 주가가 하락하고, 환율이 하락하면 주가가 상승할 가능성이 큽니다. 그러나 장기적으로는 환율이 상승하면 무역수지 흑자를 일으켜 주가가 상승하고, 환율이 하락하면 무역수지 적자를 일으켜 주가가 하락할 가능성이 크지요.

앞의 내용을 표로 정리해보겠습니다.

	환율상승(원화가치 하락)	환율하락(원화가치 상승)
국제자본시장의 자금동향	외국자본 유출	외국자본 유입
수출시장에 미치는 영향	무역수지 흑자	무역수지 적자
수출기업에 미치는 영향	수출 증가(매출증가)	수출 감소(매출감소)
수입기업에 미치는 영향	수입단가 상승(비용상승)	수입단가 하락(비용하락)
해외자산 보유기업	해외 자산가치 상승(이익)	해외 자산가치 하락(손실)
해외부채 보유기업	해외 부채가치 상승(손실)	해외 부채가치 하락(이익)

무엇이 환율에 영향을 미칠까요?

국내 금리

일반적으로 금리가 상승하면 이자율 차이를 이용해서 이익을 얻으려고 외국자본이 유입되기 때문에 환율이 하락한다고 판단합니다. 하지만 실제로는 이자율의 상승 원인이 무엇인가에 따라 상황이 달라집니다. 먼저 이자율의 상승이 실질이자율의 상승에 의한 것이라면 국내자산에 대한 수요 증가로 환율이 하락합니다. 그러나 이자율의 상승이 인플레이션에 의한 것이라면 금리가 상승했음에도 불구하고 외국자본이 빠져나가 환율은 상승하는 모습을 보일 것입니다.

통화공급

통화공급이 늘어나면 단기적으로 실질화폐량이 증가하여 국내 금리를 떨어뜨립니다. 이는 국내자산에 대한 수요를 감소시켜 환율을 상승하게 합니다. 그러나 장기적으로는 물가상승에 따른 실질화폐량의 변화가 없으면 금리도 변하지 않습니다. 다만, 물가상승에 대한 기대가 높아지면 환율은 상승합니다.

성장 격차

우리나라의 경제성장률이 다른 나라보다 높을 경우 우리 경제에 대한 신뢰도가 높아지기 때문에 원화의 가치도 높아져 환율이 떨어집니다. 반대로 우리나라의 경제성장률이 떨어지면 원화의 가치도 낮아져 환율이 상승합니다.

중앙은행의 외환시장 개입

환율하락 시 수출경쟁력이 둔화될 것을 우려해 한국은행이 외환시장에서 달러를 사면 환율은 올라갑니다. 또한 수입물가의 상승을 우려해 외환시장에서 달러를 팔면 환율은 떨어집니다.

국내 정치상황

정치상황이 불안정해지면 불안을 느낀 외국자본이 빠져나가서 환율이 상승합니다. 반대로 정치가 안정되면 외국자본이 유입되어 환율이 하락합니다.

환율은 앞의 요인들을 포함해 정치, 경제, 사회의 모든 요소들이 반영되는 것으로, 그 방향을 예측하는 것은 대단히 어렵습니다. 그러나 최근 우리시장에서는 국제금융시장의 단기 자본 유출입으로 인해 환율이 하락할 때 주가가 상승하고, 환율이 상승할 때 주가가 하락하는 모습을 보입니다.

08

물가와 주가는
어떤 관계가 있나요?

물가란 시장에서 거래되는 모든 상품의 가격을 일정한 기준에 따라 평균한 종합적인 가격 수준을 의미합니다. 그리고 **물가지수**란 물가의 움직임을 한눈에 알아볼 수 있게 숫자로 나타내는 것을 말합니다. 지수는 통상 비교의 기준이 되는 시점의 수치를 100으로 하여 산출하는 것이지요. 어느 특정 시점에서 물가지수가 120이라면 이는 기준시점보다 물가가 20% 오른 것을 의미하며, 물가지수가 95라면 기준시점보다 물가가 5% 내린 것을 의미합니다.

일반적으로는 물가가 상승하면 기업이 보유하고 있는 자산의 가격을 상승시키는 측면이 있습니다. 하지만 물가가 지속적으로 상승하는 인플레이션이 발생할 경우, 기업의 원가비용이 상승하고 높은 자산가격으로 인해 투자가 위축됩니다. 또한 정부에서도 물가를 안정시키기 위해 이자율을 인상함으로써 기업의 이익이 감소하여 주가가 하락하는 모습을 보입니다.

투자자의 측면에서도 물가가 올라가면 상대적으로 구매력 손실이 발생하는 금융자산보다 부동산이나 금과 같은 실물자산에 투자를 늘리게 됩니다. 이로 인해 주식 매수의 수요가 떨어져서 주가가 하락합니다.

그러나 경기호황기에는 실물경기의 상승에 동반해서 일반적으로 완만하게 물가가 오르고 이로 인해 단기적으로 기업의 수익이 개선됩니다. 왜냐하면 물가상승으로 인해 기업이 판매하는 제품의 가격이 올라 매출액이 증가하기 때문입니다. 그러나 물가상승이 장기간 지속되면 이자율의 상승으로 기업의 이자비용이 증가하여 수익성이 떨어집니다. 소비자 입장에서도 실질소득이 감소하여 소비를 줄이게 됨으로써 기업의 수익이 떨어지는 결과를 불러옵니다.

그렇다면 물가는 어떤 요인에 의해 변동하는 건가요?

물가도 하나의 가격이므로 수요와 공급요인에 의해 영향을 받습니다. 이를 수요견인형 인플레이션Demand Pull Inflation이라고 합니다. 또한 비용상승의 영향을 받는 경우도 있는데 이를 비용상승형 인플레이션Cost Push Inflation이라고 합니다. 흔히 수요견인형 인플레이션은 경기호황기에 나타나 주가를 상승시키는 경우가 많고, 비용상승형 인플레이션은 경기침체기에 나타나 주가를 하락시키는 경우가 많습니다. 수요견인형과 비용상승형이 각각 어떤 요인들에 영향을 받는지 살펴봅시다.

수요견인형 인플레이션에 영향을 주는 요소

▎ **통화량** ▎ 통화량이 늘어나면 사람들의 수중에 돈이 풍족해져서 과거에는 사고 싶어도 못 사던 물건을 구입하려는 수요가 늘어나게 됩니다. 이때는 공급이 모자라면 돈을 더 주고서라도 사려는 사람들이 많아서 물가의 상승으로 이어질 가능성이 커집니다.

▎ **소득** ▎ 소득이 증가하면 소비도 늘어나게 마련입니다. 제품 구입이 많아지면 가격이 비싸져 물가를 상승시킵니다.

▮ 생산기술의 진보와 설비 증설 ▮ 생산기술이 혁신적으로 발전하거나 생산설비가 늘면 생산량이 늘어납니다. 그러므로 제품의 공급이 증가하여 물가는 하락하게 됩니다.

비용상승형 인플레이션에 영향을 주는 요소

▮ 원자재가격 ▮ 우리나라는 자원이 부족해 원자재의 상당 부분을 해외에서 수입하고 있습니다. 따라서 국제 원자재가격이 상승하면 물가가 오르게 됩니다.

▮ 환율 ▮ 외국으로부터 상품을 수입하는 경우 달러를 비롯한 외국통화로 결제하게 됩니다. 이때 환율이 변동하면 원화로 환산된 국내 수입가격도 변동하게 되어 국내 물가에 영향을 미칩니다. 환율이 하락하여 원화가 강세를 보이는 경우에는 수입가격이 하락하지만, 환율이 상승하여 원화가 약세를 보이는 경우에는 수입가격이 상승합니다.

▮ 근로자의 임금 ▮ 임금은 근로자 입장에서는 소득이지만 기업의 입장에서는 제조원가를 구성하는 지출항목입니다. 그래서 임금의 상승은 제품원가의 상승으로 이어집니다. 물론 단순히 임금이 증가한다고 해서 나쁜 것은 아닙니다. 임금을 올림으로써 생산성이 훨씬 높아진다면 기업의 입장에서는 제품가격을 인상하지 않아도 무방합니다. 하지만 임금상승률에 비해 생산성이 낮다면 제조원가 상승만큼 제품가격을 올려서 물가를 상승시키는 요인이 됩니다.

▮ 기타 ▮ 세율 인상에 따른 세금 부담의 증가, 금리상승에 따른 금융비용의 증가, 유통비용의 증가, 부동산 임차비용의 증가 등도 기업의 제조원가를 상승시켜 결과적으로 물가를 오르게 합니다.

인플레이션을 알아보는 물가지수

인플레이션Inflation이란 물가가 지속적으로 상승하는 현상을 말합니다. 그래서 인플레이션을 물가상승으로 말하기도 합니다. 인플레이션이 계속되면 화폐의 구매력이 감소합니다. 화폐의 구매력이 감소하면 국민들의 소비여력이 줄어듭니다. 월 100만 원을 버는 사람이 자동차 연료비로 월 20만 원을 지출한다고 합시다. 국제유가가 상승하면서 연료비가 2배로 오른다면 이 사람이 월 40만 원의 연료비를 지출하기는 힘들 것입니다. 연료비 지출 이외에도 꼭 필요한 소비 항목들이 많기 때문에 연료비를 줄일 수밖에 없습니다. 이것이 바로 소비여력이 감소된 예입니다. 즉, 같은 돈의 양으로 예전보다 적은 소비를 하게 되는 것입니다.

인플레이션에 반해 디플레이션Deflation은 물가가 계속 하락함과 동시에 경기후퇴나 경기불황을 동반하는 상태를 말합니다. 일반적으로 디플레이션은 소비위축에서 시작된 경기침체와 물가하락이 기업수지를 악화시켜 기업도산을 심화시킵니다. 이는 다시 실업증가와 임금감소를 불러 소비가 더욱 위축되는 악순환을 일으키면서 경제가 불황에 잠기게 합니다.

한국은행 홈페이지에 가면 '물가안정'이라는 표어가 가장 크게 눈에 들어옵니다. 한국은행뿐만 아니라 각국의 중앙은행을 인플레이션 파이터Inflation Fighter라고 부르기도 합니다. 어느 나라에서나 물가안정은 매우 중요한 정책적 과제이기 때문입니다. 따라서 물가에 대해 이해하는 것은 국가경제와 정책을 이해하는 데 꼭 필요합니다.

그럼 물가가 오르면 경제에 어떤 현상이 발생하는지 알아볼까요?

실질소득의 감소 물가가 오르면 실질소득이 감소하는 것과 같은 효과가 발생하여 수입이 고정되어 있는 사람들의 살림이 어려워집니다. 반면 토지나 건물 등 부동산을 소유한 사람들은 부동산가격 상승으로 이익을 누림에 따라 근로의 욕이 감퇴합니다. 소득의 격차가 생겨 계층 간 갈등이 커짐으로써 국민경제의 체질을 약화시키는 현상이 나타납니다.

소득 및 부의 재분배 인플레이션은 소득 및 부의 재분배에 악영향을 미칩니다. 예금, 채권 등의 금융자산을 가지고 있는 사람은 물가가 오른 만큼 그 가치가 떨어지게 되므로 손해를 봅니다. 반면 채무자는 갚아야 할 부담이 줄기 때문에 이익을 보게 됩니다. 그런데 금융자산을 보유하고 있는 것은 주로 가계이고 이들 자산에 대한 채무자는 주로 기업과 정부이기 때문에, 인플레이션은 가계의 부를 기업과 정부로 재분배하는 부정적인 경제효과를 유발시키는 것입니다.

국제수지에 미치는 영향 인플레이션은 국제수지에도 좋지 않은 영향을 미칩니다. 왜냐하면 국내 물가가 오르면 해외시장에서 우리나라 상품가격이 외국 상품보다 비싸지므로 가격경쟁력이 떨어져 수출이 어려워집니다. 반면 국내시장에서는 수입상품의 가격이 상대적으로 저렴해지므로 수입은 증가하여 경상수지가 나빠지게 됩니다.

09

통화량과 주가

돈이 많아지면
주가는 어떻게 움직이나요?

통화량이란 시중에 돌아다니는 돈의 양을 말합니다. 보통 한국은행에서 매월 단위로 경제성장과 물가, 금리 등을 감안해 측정하여 돈의 공급량을 결정합니다.

통화량의 변동은 중앙은행이 어떤 통화정책을 수행하느냐에 따라 달라집니다. 기본적으로 통화정책의 궁극적인 목표는 물가안정과 경제성장, 그리고 고용 증대와 국제수지 균형에 있습니다. 이러한 목표들을 달성하기 위해 정부는 단기 금리를 변동시킨다든지 통화량을 증감시킴으로써 시중의 통화량을 조절합니다.

통화량 변동이 경제에 미치는 영향

금리 경로 통화량을 늘림으로써 실질금리가 하락하고 그 결과 투자의 증가를 통해 제품이나 서비스의 생산이 늘어납니다.

환율 경로 통화량을 늘림으로써 실질금리가 하락함에 따라 국내로부터 자본유출이 발생하여 환율을 상승시킵니다. 환율상승은 수출 증가에 기여하게 됩니다.

┃ 신용 경로 ┃ 은행의 예금 및 대출이 증가하여 투자가 늘어나고 상품 및 서비스생산이 늘어나는 데 기여합니다. 이는 특히 은행으로부터 대출이 어려운 중소기업들이 눈여겨봐야 하는 경로입니다.

┃ 현금흐름 경로 ┃ 통화량이 늘어나면 명목금리가 떨어지고 이로 인해 기업들의 현금사정이 좋아집니다.

통화량 변동이 주가에 미치는 영향

첫째, 실물경제에 영향을 미쳐 기업가치가 향상되면서 주가가 상승하는 경우입니다. 통화량이 늘어나면 유동성이 풍부해지고 경제규모가 확대됩니다. 이에 따라 기업이 설비투자를 늘리고 이것이 실질생산량의 증가로 이어져 경기상승을 유발합니다. 이렇게 기업가치가 향상하면 주가가 상승하게 됩니다. 그러나 통화량이 늘어나는데도 실질생산량이 증가하지 않을 경우에는 물가를 상승시켜 오히려 주가가 떨어질 수 있습니다.

둘째, 통화량이 늘어나면 실질이자율이 하락하게 됩니다. 은행에 예금을 하는 대신 주식투자로 수요가 몰리는 현상이 벌어집니다. 이렇게 주식에 대한 수요기반이 확대되면 주가가 상승할 가능성이 커집니다.

셋째, 통화량이 늘어나면 시중의 유동성이 늘어나 증권시장의 유동성을 풍부하게 함으로써 주가가 상승하는 현상이 나타납니다.

10

원자재가격과 주가는
어떤 관계가 있나요?

우리나라는 해외경제에 대한 의존도가 크고 자원이 부족합니다. 따라서 원자재가격이 상승하면 곧바로 경제에 큰 충격을 주게 됩니다. 특히 원유 등의 가격동향은 기업의 실적에 결정적으로 영향을 미칩니다.

원자재가격의 상승 ⋯ 제조원가의 상승 ⋯ 기업 수익성의 악화 ⋯ 주가하락

원자재가격의 하락 ⋯ 제조원가의 하락 ⋯ 기업 수익성의 호전 ⋯ 주가상승

문제는 이때 기업의 제조원가 상승을 제품가격에 반영하여 소비자에게 얼마나 전가할 수 있느냐의 정도에 따라 기업 수익이 달라진다는 것입니다. 즉, 원자재가격이 상승할 때 제조원가가 올라가는 만큼 제품가격을 바로 올릴 수 있는 기업이 있는 반면, 제조원가는 올랐음에도 불구하고 제품가격을 올리지 못하는 기업도 있는 것입니다. 전자의 경우 기업 수익성에 별나른 영향이 없을 테지만, 후자의 경우 매출액은 그대로더라도 제조원가가 올랐기 때문에 이익이 떨어져 수익성도 악화됩니다. 일반적으로 경쟁이 치열한 산업에서는 후자처럼 원자재가격에 따라 수익의 변동성이 커집니다.

174

원자재가격에 영향을 주는 요소

원자재의 수요공급 동향 원자재의 수요가 많아지면 원자재가격이 올라가는데 이는 세계경제가 성장을 지속하는 경우에 나타나게 됩니다. 세계적으로 경제가 활황을 보이면 기업들이 너 나 할 것 없이 원자재를 확보해야 하기 때문에 가격이 상승할 수밖에 없습니다. 그러나 세계경제가 불황을 겪으면 상대적으로 원자재에 대한 수요가 줄어들 것이므로 원자재가격은 하락하게 됩니다.

달러화의 가치 대부분 원자재의 결제는 달러로 이루어집니다. 이때 달러의 가치가 오르느냐 떨어지느냐에 따라 원자재가격도 영향을 받게 됩니다.

거시경제지표와 주가의 관계

거시지표	주가에 대한 영향	비고
경기변동	주가는 경기에 선행 회복기 : 주가↑, 활황기 : 주가↗ 후퇴기 : 주가↓, 침체기 : 주가↘	경기선행지수로 예측하고 동행지수 및 후행지수로 확인
경제성장률	경제성장률↑ ⇒ 주가↑	성장의 내용이 중요 (실질성장인가 명목성장인가)
통화량	완만한 통화 증가 ⇒ 주가↑ 급격한 통화 증가 ⇒ 주가↓	통화량은 주가에 직접 영향을 주기도 하지만 채권시장의 이자율을 통해 영향을 주기도 함
물가	물가안정 ⇒ 주가↑ 물가불안 ⇒ 주가↓	주식은 인플레이션 헤지 기능이 약한 금융상품
금리	금리↑ ⇒ 주가↓	주식과 채권의 대체관계에서 본 상황. 경기 측면에서 본다면 주가와 금리가 동행하는 경우도 있음
환율	완만한 통화가치 상승 ⇒ 주가↑	최근 외환시장은 단기자금의 유출입으로 영향을 받음
경상수지	경상수지 흑자 ⇒ 주가↑	경상수지 규모 및 추세가 중요
부동산	부동산가격↑ ⇒ 주가↓	단기적 : 상호대체관계 장기적 : 동반관계
원자재가격	원자재가격↑ ⇒ 주가↓	원가상승으로 인한 기업실적 축소에 주목

달러화의 가치도 달러의 발행규모에 좌우됩니다. 예를 들어볼까요? 달러의 발행규모가 총 100만 달러일 때 유가가 배럴당 100달러였다고 합시다. 달러의 발행규모가 총 200만 달러로 늘어나 상대적으로 달러의 가치가 희석되었을 때 유가가 배럴당 100달러를 유지한다면, 이는 상대적으로 유가가 절반으로 떨어진 셈이 됩니다. 이를 방지하고 그 가치를 유지하기 위해서는 달러의 발행규모가 200만 달러로 늘어나면 유가도 배럴당 200달러가 되어야 합니다. 이렇듯 원자재가격은 달러의 가치에 결정적으로 영향을 받게 됩니다.

지정학적 위험 ｜ 지정학적 위험이란 각 지역별 긴장관계를 말합니다. 예를 들어 중동지방에 전쟁이 일어나면 유조선의 움직임이 줄어들 테고, 그러면 원유의 공급이 줄어들어 유가가 상승하는 것이지요.

환율 ｜ 국내적으로는 환율에 영향을 받게 됨은 물론입니다. 환율이 상승하여 원화가 약세를 보이면 상대적으로 수입원자재가격이 상승하고, 환율이 하락하여 원화가 강세를 보이면 상대적으로 수입원자재가격이 하락합니다.

일광씨의 Level UP

01 일광 씨는 최근 주식투자를 시작한 회사 동료인 쾌남 씨와 점심시간을 이용해서 잠시 이야기를 나누고 있습니다. 쾌남 씨가 궁금한 것이 있습니다. 세계적인 금융위기 이후 경제지표들이 일제히 좋지 않았음에도 불구하고 주가가 상승했던 것을 떠올리면 의아하다는 것입니다. 주가는 경제상황을 반영하는 것이라고 하는데, 경제지표가 좋지 않았는데도 어떻게 주가가 오를 수 있었을까? 이때 일광 씨는 어떤 논리로 설명이 가능할까요?

Answer 피터 오펜하이머의 투자시계모형에 따르면, 현재 지표가 좋지 않더라도 미래 경기회복에 대한 기대가 충만하면 주가는 먼저 움직일 수 있습니다. 특히 주가는 경기상황보다 약 6개월가량 선행하는 성질이 있다는 것을 기억해야 합니다.

02 일광 씨는 경기지표에 대해 공부하기로 마음먹고 통계청 홈페이지(www.kostat.go.kr)를 방문했습니다. 그곳에서 경기선행지수를 살펴봤는데 다음과 같은 수치를 얻었습니다.

출처: 통계청

	2020년 01월	2020년 02월	2020년 03월	2020년 04월	2020년 05월	2020년 06월	2020년 07월	2020년 08월	2020년 09월
선행지수 순환변동치(P)	100.7	100.7	100.0	99.7	99.4	99.9	100.3	100.9	101.3
선행지수 전년동월비(%)	3.8	3.8	3.3	2.9	2.7	3.1	3.4	4.0	4.4

그런데 한 가지 이상한 점이 있었습니다. 2018년부터 미국과 중국 간 무역 갈등으로 전년보다 경기가 더 좋지 않았다고 알고 있는데, 경기선행지수 전년동월비 상승률이 계속해서 좋아지는 것으로 나타났습니다. 왜 이런 일이 생겼을까요?

이유를 찾아봅시다.

Answer 바로 기저효과 때문입니다. 2018년 이후 미국과 중국 간 무역 갈등이 심화되면서 경기상황이 워낙 좋지 않았기 때문에 경기가 조금만 좋아져도 큰 폭의 상승을 보입니다. 따라서 경기선행지수 전년동월비만으로 해석해서는 안 되고, 경기동행지수와 경기후행지수를 통해 경기를 확인해야 합니다.

03 기업경기실사지수BSI는 산업현장에서 체감으로 느끼는 경기동향을 조사하는 것입니다. 일광 씨는 다음과 같은 BSI 자료를 얻었는데요, 업황이 보다 긍정적으로 좋아지는 쪽은 어디일까요? 반도체와 자동차일까요, 아니면 전자와 철강일까요?

1. 반도체(119 → 141), 자동차(110 → 126)
2. 전자(92 → 104), 철강(93 → 108)

Answer 반도체와 자동차는 기존의 호조세를 보이던 업황이 더 좋아진 것으로 해석할 수 있습니다. 하지만 전자와 철강은 수치가 100 이하, 즉 업황이 좋지 않다고 봤던 것에서 업황이 좋아지고 있다는 생각으로 전환되었으므로 전자와 철강 쪽이 더 좋아졌다고 해석하는 것이 좋습니다.

04 일광 씨는 최근 신문기사를 통해 "글로벌 금융위기 이후 침체되었던 경기가 점차 호전될 것으로 보인다"라는 제목의 기사를 읽었습니다. 그래서 쾌남 씨와 앞으로 어떤 업종에 투자를 할 것인가를 놓고 의견을 나눠보았습니다. 이 두 사람은 어떤 결론에 도달하는 것이 합리적일까요?

Answer 경기회복기 초에는 건설주, 수출 관련 중화학공업, 철강 같은 소재 관련주 등 경기선행성이 강한 경기 관련주의 실적이 우선적으로 좋아지므로 이런 주식을 찾는 것이 좋습니다. 또한 경기 확산이 지속된 이후에는 뒤늦게 실적이 호전되는 내수 관련 업종에 투자 비중을 높여야 합니다.

05 쾌남 씨가 일광 씨에게 미국의 경기가 지금 좋아지고 있는지, 아니면 아직까지 회복을 못하고 있는지를 물어보기 위해 다음과 같은 그래프를 하나 가져왔습니다.

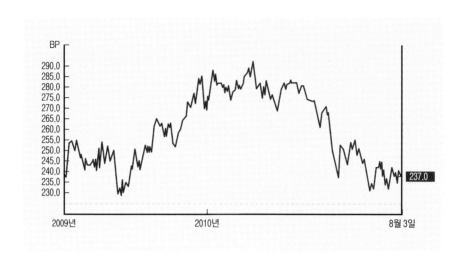

이 그래프는 만기 10년짜리 미국 국채와 만기 2년짜리 미국 국채의 금리스프레드를 보여주는 것입니다. 일광 씨는 이 그래프를 통해 미국의 경기상황을 어떻게 해석해서 답해줘야 할까요?

Answer 금리스프레드 중 만기스프레드는 경기상황을 반영하는 것입니다. 만기스프레드가 확대되면 경기회복으로, 축소되면 경기침체로 판단하게 됩니다. 현재 그래프를 보면 만기스프레드의 반등이 이루어지지 못하고 있어, 아직은 경기가 회복되지 못하고 있는 상황으로 판단해야 합니다.

절대 놓치면 안 되는 경제뉴스 10가지

새로운 절세상품에 대한 기사는 반드시 챙겨야 합니다.

주식투자는 재테크 방법 중 하나입니다. 재테크의 기본적인 아이디어는 안정성, 유동성, 수익성을 목표로 하고 관련 상품으로 적절한 포트폴리오를 구성하는 것이죠. 특히 미래의 불확실한 수익보다는 현재에 보다 확실하고 보다 높은 수익을 얻기 위해 우선적으로 절세상품의 포트폴리오의 비중을 높여야 합니다. 절세상품은 이자 또는 배당소득세가 비과세 되는 상품, 낮은 세율을 적용하여 세금우대를 해주는 상품, 그리고 소득공제상품 등이 있습니다. 이 상품들은 눈에 보이는 것보다 더 높은 실질수익률을 가져다줍니다. 따라서 섣불리 주식투자를 하기 전에 우선 절세상품을 자신의 한도까지 채우는 것이 필요합니다. 일반적으로 정부의 세수가 많이 걷히면 절세상품이 많이 나오고 세수가 부족해지면 이를 확보하기 위해 절세상품을 줄이게 됩니다. 즉, 매년 고정된 상품으로 나오는 것이 아니지요. 따라서 이들 절세상품에 대한 기사는 반드시 챙기고 여유가 있다면 우선적으로 절세상품에 투자하는 것이 좋습니다.

국내외 경제지표에 대한 기사는 반드시 챙겨야 합니다.

주가는 경제의 거울이고 또 경기보다 선행하는 습성이 있습니다. 물론 신문에서 발표되는 경제지표가 경제상황을 온전히 반영하는 것은 아닙니다. 생산 관련 지표, 소비 관련 지표, 물가 관련 지표, 금융 관련 지표 등 킹제지표들의 움직임을 신문기사를 통해 추적하고 있다면 경기의 변곡점을 제대로 파악할 수 있게 됩니다. 미국의 연방준비제도이사회 의장을 지낸 앨런 그린스펀은 경제의 마에스트로라고 불린 적이 있습니다. 그가 경제정책의 명장에 오를 수 있었던 것은 일찍

부터 오케스트라의 지휘를 맡을 정도로 하모니를 중시했기 때문이라고 합니다. 신문에서 발표되는 각종 지표 역시 악보와 같이 화음이 맞는 경우와 불협화음이 나타나는 경우를 구분하여 경기를 판단할 필요가 있습니다.

중앙은행의 통화정책에 관한 내용은 반드시 챙겨야 합니다.
시중에 돈이 풀리는지 묶이는지는 중앙은행의 통화정책에 의해 결정됩니다. 우리나라는 한국은행 금융통화위원회에서 매월 기준금리를 결정합니다. 이때 기자회견을 통해 한국은행 총재가 통화정책의 운용방안에 대해 의견을 피력합니다. 통화량의 조절권한은 결국 중앙은행에 있기 때문에 이들이 어떤 정책을 펴고 있는가는 매우 중요한 판단기준이 됩니다. 금리가 오를 것인지 떨어질 것인지, 시중에 자금사정이 넉넉해서 주식투자 자금이 풀리고 기업들의 자금사정도 좋아질 것인지, 아니면 시중에 자금사정이 빡빡해져 주식투자 자금이 고갈되고 기업들이 재무적인 곤경에 빠질 것인지 등을 판단하는 근거가 바로 통화정책에 있습니다.

시중자금의 움직임에 관한 내용은 반드시 챙겨야 합니다.
투자처를 찾지 못하고 시중을 떠돌아다니는 돈을 부동자금이라 합니다. 2019년 9월 말 기준으로 단기부동자금은 887조 6,000억 원을 기록했습니다. 종합주가지수가 2,000포인트대에서 투자자 예탁금이 약 25조 원이라는 점을 감안하면, 900조 원에 가까운 부동자금 규모가 얼마나 큰지 알 수 있습니다.

부동자금의 특징은 휘발성이 매우 강한 돈이라는 것입니다. 만약 어느 시장으로 이 돈의 쏠림현상이 일어나면 엄청난 가격상승이 나타납니다. 주식시장으로 흘러들어가면 주가가 폭등하고, 부동산시장으로 흘러들어가면 부동산가격이 폭등합니다. 이들은 돈이 되는 곳은 어디든지 달려갈 수 있는 매우 민첩한 돈이라고 할 수 있습니다. 따라서 이들 자금의 움직임에 대한 기사는 매우 중요합니다.

직접 주식시장에 들어오기도 하지만 만약 부동산시장으로 움직인다면 건설 관련 주가의 상승을 예상해볼 수 있고, 금이나 석유와 같은 실물자산으로 움직인다면 상품 관련주의 상승을 예상해볼 수 있습니다. 따라서 돈의 흐름은 언제나 눈을 부릅뜨고 살펴봐야 합니다.

국제자본의 움직임과 관련된 내용은 반드시 챙겨야 합니다.
국제자본시장에서 돈의 움직임은 국경을 초월합니다. 우리나라와 같은 개방된 소규모 경제에 국제자본의 유출입은 경제에 심한 충격을 줄 수 있습니다. 또한 국제자본은 금리가 높고 통화의 가치가 높아지는 통화강세국으로 움직이는 경향이 뚜렷합니다. 특히 헤지펀드를 필두로 하는 국제자본은 해당 국가의 주가에 결정적인 영향을 미치게 되므로 이들 자본의 움직임을 관찰하는 것이 필요합니다.

최근 일본에서 대출을 받아 다른 나라에 투자를 하는 엔케리 트레이드 또는 미국에서 싼 자금으로 돈을 빌려 다른 나라에 투자하는 달러케리 트레이드와 같이 국제자본시장에서 유동성을 증대시켜 자산가격을 부풀게 하는 등의 현상들이 벌어지는 것도 국제자본시장의 동향을 살펴야 하는 이유입니다. 소규모 경제에 외국자본이 밀려들어왔다가 갑자기 썰물처럼 빠져나가는 경우 심한 혼란이 발생할 수 있습니다. 이미 그런 경험을 외환위기를 통해서 절감했기 때문에 국내의 자본이동과 함께 국제자본의 움직임도 빼놓지 않고 챙겨야 합니다.

국제통화기금IMF, 국제결제은행BIS, 금융안정위원회 FSB 등 국제금융기구에서 발표하는 정책 내용에도 관심을 기울여야 합니다. 특히 국제결제은행은 자기자본비율 조정을 통해 금융기관의 자본건전성을 규제하고 있습니다. 과거 1990년대 일본과 외환위기 당시 동아시아 국가 은행들이 이 비율을 맞추지 못해 도산한 경험을 통해 볼 때, 이들의 정책은 국가의 신용도를 좌지우지할 중요한 정보가 됩니다.

환율의 변화와 관련된 내용은 반드시 챙겨야 합니다.

국제화된 시대에 빠지지 않는 것이 바로 환율의 움직임입니다. 환율은 각국 통화 가치의 척도가 되는 것으로 이는 국제무역시장에서 상품가격을 결정하는 매우 중요한 요소입니다. 만약 원화가 약세를 보인다면, 즉 환율이 올라간다면 우리나라 입장에서는 수출이 늘어나고 수입이 감소해서 경상수지 흑자가 나타날 것입니다. 반대로 원화가 강세를 보인다면, 즉 환율이 하락한다면 우리나라 입장에서는 수출이 감소하고 수입이 늘어나 경상수지 흑자폭이 줄어들거나 적자가 날 수도 있습니다.

　대부분의 자원을 수입에 의존하는 우리나라 경제의 특성상 환율의 상승은 수입 물가를 상승시켜 인플레이션을 야기시킬 수도 있습니다. 또한 금융위기 이후에 보았듯이 기업들이 환위험을 관리하는 과정에서 파생상품을 사용함으로써 환율의 변화가 기업의 실적에 결정적으로 영향을 주는 경우도 발생할 수 있습니다. 이토록 중요한 환율의 동향과 그 예상을 담은 기사를 놓칠 수는 없지요.

정부의 경제정책과 관련된 내용은 반드시 챙겨야 합니다.

한 국가의 경제를 이끌어가는 것은 바로 정부의 몫입니다. 정부는 일반 기업에 비해 더 많은 정보를 보유하고 있으며 더 많은 권한을 가지고 있습니다. 따라서 정부는 앞으로의 경제발전에 발맞춰 어느 산업을 집중적으로 육성할 것인지를 판단합니다. 이런 것을 산업구조정책이라 하지요. 정책적으로 앞으로 가장 바람직한 산업구조를 설정해놓고 그러한 구조에 맞춰 기업들이 조정해줄 것을 유인하기도 하고 강제하기도 합니다. 그 결과 정부의 정책에 따라 잘되는 산업과 빛을 잃는 산업이 생기게 됩니다. 잘되는 산업에 속한 기업들은 매출과 순이익이 늘어날 것이고, 빛을 잃는 산업에 속한 기업들은 수익성이 떨어지거나 결국 구조조정을 해야 하는 처지에 놓이게 될 것입니다. 이것이 정부의 산업정책이 중요한 까닭입니다.

그리고 정부는 스스로 재정투입을 통해 사업을 영위하기도 합니다. 정부가 하는 사업은 안전한 사업입니다. 자금결제가 늦어지는 법이 없으며 중도에 사업을 폐기하는 경우도 드물지요. 이 때문에 정부가 발주하는 사업을 수주하는 기업들이 어디인지 꼭 알아야 합니다.

산업의 변화와 관련된 기사는 반드시 챙겨야 합니다.
산업의 변화는 앞서 살펴본 바와 같이 정부의 산업정책에 의해서 달라질 수 있습니다. 그러나 반드시 정부의 의도대로 되는 것은 아닙니다. 산업의 변화는 새로운 시장에서 수요가 발생함으로써 생기는 경우와 새로운 기술의 발전으로 공급에 변화가 발생함으로써 생기는 경우로 나눠볼 수 있습니다.

　　1990년대 초반에는 개인 간에 연락수단으로 삐삐를 사용했는데, 이제는 휴대폰으로 연락을 합니다. 휴대폰 기술이 점점 진보하며 통신산업의 틀을 바꿔놓기도 합니다. 이처럼 산업의 성장은 시대에 따라 그 모습을 달리하는 것이 특징입니다. 우리나라의 경우 가내수공업, 건설업, 중화학공업, 조선업, 자동차산업, 통신업, IT산업 등으로 성장이 나타났지요. 앞으로는 녹색산업의 성장이 예상되고 중국의 개발과 관련된 산업들도 수익성을 확보할 수 있을 것입니다. 또한 고령화시대에 맞는 헬스케어 산업 등은 여전히 촉망받는 산업입니다. 이렇듯 산업의 움직임을 파악하는 것이 필요합니다.

부동산과 관련된 기사는 반드시 챙겨야 합니다.
부동산시장은 우리나라 자산시장에서 주식시장과 더불어 양대 축을 형성하고 있는 매우 중요한 시장입니다. 일반적으로 주식과 부동산은 단기적으로는 대체관계에 있지만 장기적으로는 동반관계에 있다고 합니다. 즉 경제가 돌아가는 과정에서 개인신용이 풀리면 시중에 자금이 넘쳐서 부동산과 주가가 동시에 올라갑니다. 반대로 개인신용이 위축되면 시중에 자금이 회수되어 부동산과 주가가 동시에 떨어지기도 합니다. 이런 점에서 본다면 부동산시장 시황은 중앙은행과 시중은행의 신용정책을 가늠할 수 있는 중요한 잣대가 될 것입니다.

특히 우리나라는 개발제한구역이나 신도시개발 등을 하는 경우 천문학적 수준의 보상금이 지급됩니다. 바로 이러한 자금들이 시중의 부동자금을 형성하게 됩니다. 그리고 부동산 관련 정보를 이용하여 주택건축이 잘되는지 토목이 잘되는지를 알 수 있다면 건설주 투자에 이용할 수 있습니다. 또 주택의 재건축이나 리모델링을 하는 경우 특정 유행이 나타난다면, 이것도 관련 산업에는 매우 중요한 정보가 될 것입니다.

박스기사는 반드시 주목해야 합니다.

신문은 대략 3가지 정도의 기사 유형으로 구분해볼 수 있습니다. 첫째, 사실보도를 위주로 하는 일반적인 기사로 사건사고의 내용을 중심으로 보도됩니다. 둘째, 그 언론사의 의견을 대변하는 사설로 정책에 대한 찬반이나 사회현상에 대한 논평을 싣지요. 앞의 두 기사는 취재기자들이 현장에서 느꼈던 감상을 표현하는 것이 매우 어렵습니다. 그러나 셋째, 박스기사는 다릅니다. 취재기자들이 본인의 의견을 간략하게 피력할 수 있는 기사가 바로 박스기사입니다.

기자수첩, 취재여록 등의 이름을 달면서 나오는 박스기사는 매우 재미있는 기사들이 많이 있습니다. 기자들은 취재 일선에서 움직이기 때문에 정책이 입안되고 진행되는 과정에서 일어나는 일들의 일면을 박스기사를 통해 내보내기도 합니다. 그 가운데에는 짧은 기간 안에 헤드라인 기사로 탈바꿈해서 나오는 기사들도 더러 있습니다. 따라서 기자를 직접 만나지 못하는 일반인들의 입장에서 박스기사는 기자들의 속내를 살짝 들여다볼 수 있는 매우 중요한 통로가 될 수 있습니다. 관심 있는 박스기사를 모아서 읽어보는 것이 필요합니다.

04

종목 선정하기

좋은 기업을 찾아내고 알아보기 위해
기업을 꼼꼼히 분석하고
스스로 가치를 판단하는 법을 길러줍니다.

"

돈을 주고 물건 하나를 사기 위해서 당신은 무엇을 따지나요?

돈을 내기까지 얼마나 고민하나요?

사소한 것 하나를 사더라도 따져보고 고민하면서

주식은 소문만 듣고 사도 될까요?

그 누구보다 스스로 먼저 기업을 분석하고 판단해야

진짜 좋은 주식을 찾을 수 있습니다.

"

당신은 이미 모든 것에서 가치를 판단하고 있습니다

경제를 읽는다는 것, 이를 위해 시장을 살펴본다는 것은 결국 사람살이를 살펴봐야 한다는 것입니다. 생활 곳곳에 숫자들이 모여 있고 그 숫자들이 모여서 흘러가며 시장을 이루고 경제사를 만들지요.

슈퍼개미: 그러니 컴퓨터만 보지 말고 시장의 의미와 흐름을 깨닫기 위해 애써야 하는 것입니다.

일광 씨: 맞는 말입니다. 그런데 너무 막연하지 않습니까? 저는 당장 어떤 주식을 사야 할지가 고민인데, 이렇게 해서는 언제 찾을까요?

슈퍼개미: 투자 고수들은 물가가 어떤지, 사람들의 푸념이 어떤지, 외식을 많이 하는지 등을 세심하게 헤아립니다. 한 가지 예를 들려줄까요?

일광 씨는 슈퍼개미를 따라 공원으로 들어섰습니다. 그때 주변의 날씨와 사람들의 옷차림이 마치 과거로 돌아간 듯 다른 풍경으로 변했습니다. 2006년으로 돌아가 있었습니다. 멍하니 있는 일광 씨 옆을 자전거 한 대가 아슬아슬하게 지나갔습니다. 띠링띠링! 조심해야죠! 일광 씨는 버럭 성질을 냈습니다. 문득 주위를 둘러보니 공원에는 자전거를 탄 사람들이 가득했습니다.

슈퍼개미: 이 자전거 때문에 큰 수익을 올릴 수 있었던 한 슈퍼개미의 이야기를 들려줄게요.

가치투자의 귀재라고 불리는 슈퍼개미가 있습니다. 어느 날 한강둔치에 갔다가 그는 문득 깨달았습니다. '자전거 타는 사람이 굉장히 늘었구나!' 그래서 바로 선진국 사례를 찾아봤다고 합니다. 당시 선진국은 자전거 보급률이 40%가 넘는 데 반해 우리나라는 4%에 불과했습니다. 자전거는 보통 자동차 보급률이 멈춘 다음에 발전한다고 합니다. 앞으로 우리나라에서도 자전거 보급률이 높은 수치로 올라가겠다는 생각이 들었겠지요.

그다음에 뉴스나 신문을 보고 정부정책도 살펴봅니다. 아니나 다를까, 당시에 자전거 전용도로, 서울시의 공영 자전거사업 등이 추진되고 있었습니다. 그러면 곧바로 자전거 업체들을 찾아야지요. 그리고 시장점유율 55%로 독점기업이나 다름없는 삼천리자전거의 가치를 알아본 것입니다.

그의 안목은 단일종목 최대 수익이라는 엄청난 결과를 이뤄냈고, 삼천리자전거를 매매함으로써 30억 원에 가까운 수익을 올렸습니다.

슈퍼개미: 이제 알겠지요? 시장을 먼저 보고 어떤 방향으로 흘러갈지 생각해보는 게 중요하다는 것을.

일광 씨: 아 그렇군요. 흠⋯. 그럼 예전에 메르스(MERS: 중동 호흡기 증후군)가 유행했을 때 손 씻기가 중요시되고 생활화되었잖아요. 그때 손 씻기용 세균세척제가 엄청 많이 팔렸다던데, 그런 기업의 주가를 바로 매매하면 되나요?

슈퍼개미: 시장 흐름에 부응한다고 모두 가치 있는 기업, 가치 있는 주식은 아닙니다. 그 시장에 맞는 업종을 분석하고, 그 업종 중 탄탄한 업체를 찾고, 그 업체의 미래가치를 가늠해봐야 하는 것이지요. 자전거 같은 경우 지구온난화로 겨울이 따뜻해지고 있다는 점 등도 매매에 고려한 요소입니다. 이렇듯 한 가지 상황만 보지 말고 다양하게 분석하여 기업의 가치를 평가해야 합니다.

일광 씨는 종목을 찾는 방법을 이제야 조금 알 것 같습니다. 먼저 시장을 보고 산업을 파악하고 기업을 찾은 후 그 기업의 다양한 내재가치를 분석하는 것. 주식투자란 좋은 기업의 주식을 가격이 낮을 때 사서 가치가 올라 가격이 높아질 때 팔아 수익을 남기는 것. 사실 좋은 기업의 가치를 따져보는 것이 무엇보다도 중요한 일이었습니다.

일광 씨: 하지만 제가 어떻게 그 기업의 가치를 알 수 있을까요? 가치를 따져본다는 것은 굉장히 어려운 일 같은데 제가 과연 할 수 있을까요?

슈퍼개미: 우리가 집을 고를 때 어떤 생각들을 하나요? 그 집의 구조가 좋은가, 잘 지어졌나, 그리고 얼마나 오랫동안 살 수 있을까, 몇 년 후에는 얼마가 될까 하는 생각들을 하지 않습니까? 차를 살 때도 마찬가지죠. 궁극적으로는 이 차가 튼튼한가, 오래 탈 수 있을까. 시간이 지나면 가격이 어떻게 될까 등 우리는 비단 집이나 차처럼 크고 거창한 것뿐만 아니라 돈을 주고 구매하는 모든 것 앞에서 이런 것들을 따지죠. 그것의 가치를 말입니다. 당신은 이미 스스로 가치를 판단할 수 있는 사람입니다.

일광 씨: 그럼 어서 어서, 어떤 기업이 좋은 기업인지 분석하는 법을 알려주세요! 신중하게 가치를 판단할 수 있게!

일광 씨는 마음 깊이 고개를 끄덕였습니다. 모든 주식투자자는 가치판단자다!

01

가치투자, 저평가 종목 찾기

가치투자가
정확히 뭔가요?

본격적인 투자를 위해 종목을 선정할 때 막연히 가치투자를 하고 싶다는 사람들이 많습니다. 현재 우리 시장에서 가치투자는 어떻게 인식되고 있을까요?

가치투자를 하는 사람들은 흔히 기업의 가치를 성장가치, 배당가치, 자산가치 등으로 구분하고 있습니다. 이것을 한마디로 표현하면, 현재 기업이 보유하고 있는 가치에 비해 저평가되어 있는 것(주가가 매우 싸게 형성되어 있는 것)을 골라 투자하는 것이라고 정의할 수 있습니다. 기업의 가치를 따져서 투자하는 것을 모두 가치투자라고 해도 무방할 것입니다. 하지만 가치투자의 기본은 역시 가치 있는 주식을 찾아 그 가치가 유지되는 동안 보유함으로써 수익을 얻는 것이라고 봐야 합니다. 따라서 진정한 의미의 가치투자는 기업 수익력의 **모멘텀**을 따라다니는 것과는 약간의 차이가 있다는 생각입니다.

> 모멘텀이란 상승하든 하락하든 한 방향으로 지속적으로 움직이려는 주가의 성향을 말합니다.

기업 수익의 모멘텀은 경우에 따라서 급변할 수 있습니다. 급변 가능성 자체가 하나의 위험요소가 됨은 물론입니다. 그래서 많은 가치투자자가 기업의 과거 재무데이터의 평균치를 투자의 기준으로 삼고 있는지도 모릅니다. 모든 사회적 현상은 평균으로 회귀하려는 습성을 가진다는 통계학적 관점에서 본다면, 가치투자란 평균적인 복리수익률을 극대화하는 방향으로 투자하는 것이라고 이해하면 됩니다. 따라서 가치투자는 대단한 인내를 요구하는 투자방법입니다. 높은 이자율로 가급적 길게 투자하면 이익이 불어나서 시간이 흐른 후 엄청난 수익으로 돌아오는 복리의 마술을 최대한 이용하는 것이 가치투자이기 때문입니다.

진정한 가치투자는 장기간 복리수익을 노리는 것

재미있는 예가 하나 있습니다. 1626년에 인디언들은 뉴욕시의 맨해튼을 24달러 상당의 장신구 및 구슬과 맞바꾸었다고 합니다. 지금 생각해보면 인디언들이 몹시 어리석다고 여겨집니다. 하지만 그 24달러를 복리로 투자했다고 생각하면 어떨까요? 만약 그들이 연리 8%로 투자가 가능했다면 약 380년이 지난 현재를 기준으로 그 가치는 120조 달러가 조금 넘는 금액이 됩니다. 연리 6%로 투자했다면 992억 달러가 되고, 연리 4%로 투자했다면 7,126만 달러에 그칠 것입니다. 이렇듯 복리는 처음 시작할 때 단 2%의 차이라도 그 차이가 누적될수록 훗날 금액의 차이는 엄청난 결과로 나타납니다.

보다 명확한 예를 들어보겠습니다. 만약 지금 1억 원의 원금을 가진 사람이 연리 5%, 10%, 15%, 20%로 투자했을 때 10년 후, 20년 후, 30년 후의 원금은 얼마가 되어 있을까요? 이를 계산해보면 다음과 같습니다.

▼ 1억 원에 대한 복리 계산   (단위: 원)

	5%	10%	15%	20%
10년	162,889,463	259,374,246	404,555,774	619,173,642
20년	265,329,771	672,749,995	1,636,653,739	3,833,759,992
30년	432,194,238	1,744,940,227	6,621,177,196	23,737,631,380

앞의 계산에서 보는 바와 같이 1억 원을 5%의 이자율로 10년 투자하면 1억 6,288만 9,463원이 되지만, 이를 30년 동안 투자하면 4억 3,219만 4,238원이 됩니다. 또 같은 1억 원을 20%로 10년 투자하면 6억 1,917만 3,642원이 되지만, 30년 동안 투자하면 237억 3,763만 1,380원이 되는 것을 알 수 있습니다.

이처럼 가치투자라고 하는 것은 얼마나 높은 복리수익률로 얼마나 긴 시간 동안 투자할 수 있는가의 문제로 귀착된다고 할 수 있습니다. 복리수익률을 극대화하는 것이야말로 가치투자의 기본 목적이 되는 것입니다.

가치투자를 다시 한 번 생각해봅시다. 사업전망이 좋은 기업을 고르고 그중에서 복리수익률을 극대화시킬 수 있는 기업에 투자하는 것, 즉 가장 높은 복리수익률로 가급적 장기간에 걸쳐 투자하는 것이 진정한 가치투자입니다. 그럼 가장 높은 복리수익률이란 무엇을 의미하는 것일까요? 주식투자는 주주들에게 높은 수익을 안겨주는 기업을 찾는 일입니다. 바로 **자기자본이익률** ROE 이 높은 종목을 골라내는 것입니다. 그리고 그 사업의 지속가능성 여부를 따져서 투자하면 그게 바로 진정한 가치투자의 기본이자 첫걸음이 됩니다. 투자를 하다 보면 가끔 기본을 망각하는 경우가 있습니다. 자신의 생각이 흔들릴 때는 항상 기본으로 돌아가야 합니다.

> 자기자본이익률에 대해서는 제4장 7절(220쪽)에서 자세히 나옵니다.

주도주와 테마주를 가치투자로 삼으면 되나요?

시장에서는 주도주, 테마주 등을 고르는 것이 가치투자라고 생각하는 경우도 있습니다. 당시 상황에 맞는 주도주나 테마주는 시장에서 뛰어난 수익률을 거둬주기도 합니다. 그러나 이는 대부분 가치투자 의미와 맞지 않는 경우가 많습니다. 예를 들어 4대강사업 관련 테마주, 항공우주 관련 테마주, 원자력발전 테마주 등이 시장을 주도하던 때가 있었습니다. 이런 종목들이 실제로 수익을 발생시키는지 현재 시장에서 확인해보면, 그다지 좋은 실적이 수반되지 못하고 있음을 알 수 있습니다. 따라서 테마주들이 시장을 주도하는 경우 이는 가치투자와는 다소 거리가 있는 것으로 봐야 합니다.

물론 아직 시장에서 제대로 평가받지 못하고 있던 종목들이 시장을 주도하는 경우, 실제로 가치투자의 측면에서 서로 부합되는 면이 있다는 점은 분명히 부인할 수 없는 사실입니다.

주도주란 어떤 특징을 가지고 있나요?

일반적으로 시장에서는 주도주에 투자하라고 합니다. 가장 중요한 주도주 판단기준은 시장 내에서 가장 높은 수익률을 올리는 종목들입니다. 또한 시장의 관심이 많아지기 때문에 거래량도 더 많은 종목이라고 볼 수 있습니다. 이런 종목들에 투자하는 것이 유리한 이유는 상대적으로 더 높은 수익률을 거둘 수 있기 때문입니다. 그 외에도 주가가 하락하는 경우에는 다른 주식에 비해 주가하락폭이 작고 쉽게 반등을 보여 언제든지 주식을 원활하게 매도하고 빠져나올 수 있는 가능성이 큰 종목이라는 이유도 있습니다. 주도주는 쉽게 꺾이지 않고 또 쉽게 반등이 나온다는 점을 기억해야 합니다.

02

기업의 능력, 주력 상품, 재무제표

어떤 기업을
골라야 하는 걸까요?

주식투자는 간단히 말하자면 '어떤 종목을 어느 시점에 사서 어느 시점에 파느냐'에 모든 것이 달려 있습니다. 그런데 이 간단한 말에서 성공을 끌어내기가 참 어려운 것이 주식투자입니다. 앞에서 우리는 시장을 파악하는 법을 배웠습니다. 여기서는 어떤 종목을 고를 것인가, 즉 어떤 기업의 주식을 살 것인가에 대해 배우겠습니다. 기업 선택은 굉장히 중요하면서도 쉽지 않습니다. 하지만 기본을 알면 누구나 좋은 기업을 찾아낼 수 있습니다. 자, 기업 종목을 선택할 때 최소한 확인해야 하는 것은 무엇인지 찬찬히 살펴봅시다.

기업의 능력을 파악하세요

기업이 투자할 만한 가치를 지녔는지 알기 위해서는 얼마만큼의 능력을 가지고 있는지 파악해야 합니다. 기업의 능력을 평가하기 위해서는 일반적으로 어떤 요소들을 살펴봐야 할까요?

우선 **경영진의 능력을 살펴보세요.** 기업이 지속적인 성장을 하도록 이끌어갈 수 있는 경영진의 능력은 무엇보다 중요한 요소입니다. 보통 경영진의 능력은 신문 등을 통해 나타나는 시장의 평판으로 판단합니다. 경영진뿐만 아니라 노사관계의 안정성 등도 따져봐야 합니다.

다음 신제품 개발능력을 따져보세요. 기업이 하나의 제품만 팔고 사라지지 않고 영속적으로 사업을 유지하기 위해서는 계속해서 신제품을 만들어내고 시장에서 판매를 해야 합니다. 이를 위해서는 소비자들이 관심을 가지고 지속적으로 사줄 수 있는 신제품의 개발능력이 매우 중요합니다.

마지막으로 시장점유율을 파악하세요. 최근 경제의 흐름은 승자독식 현상이 벌어진다는 점에서 가장 먼저 살펴야 하는 것이 시장점유율입니다. 시장점유율이 높은 기업일수록 높은 수익성을 기록할 가능성이 크기 때문에 이들 기업의 경쟁력이 상대적으로 높다고 판단할 수 있습니다.

소비자들의 상표에 대한 충성도가 어느 정도인지 살펴보는 것도 중요합니다. 상표에 대한 충성도가 높은 기업은 그만큼 안정적인 매출과 수익성을 확보할 수 있다는 점에서 매우 유리합니다.

그런데 이와 같은 것들은 사실 기업가치를 따지는 과정에서 매우 중요한 요소임에도 불구하고 값으로 따지기가 매우 어렵습니다. 예를 들어 우리나라 최고의 기업으로 손꼽히는 삼성그룹의 후계자 이재용 부회장의 리더십이 어느 정도 가치를 가질까요? 통신업종의 선두주자인 SK텔레콤의 시장점유율은 어느 정도의 가치를 갖는 걸까요? 이처럼 정확한 수치를 산정할 수 없는 요소들이 분명 존재합니다. 하지만 돈으로 따질 수 없다고 해서 절대 이러한 요소들을 간과해서는 안 됩니다.

기업의 주력 상품을 확인하세요

해당 기업의 주력 상품이 무엇이고 그 제품이 지금 잘 팔리고 있는지 확인해야 합니다. 또 전체 매출에서 차지하는 비중이 얼마나 되는지 알아보는 것도 중요합니다. 예를 들어 사물인터넷IoT; Internet of Things 시대가 오면 정보를 축적할 수 있는 데이터센터의 설립 등으로 반도체에 대한 수요가 커진다고 합니다. 우리나라 반도체 생산기업은 삼성전자와 SK하이닉스가 대표적입니다. 반도체가 잘 팔린다면 두 기업 중 누가 더 수혜를 받는지 매출비중 차원에서 비교해봅시다.

HTS에서 매출구성 보기

HTS에서 [기업분석] 메뉴로 들어가면 매출구성 비율을 확인할 수 있습니다.

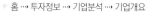

▽ 홈 ···→ 투자정보 ···→ 기업분석 ···→ 기업개요

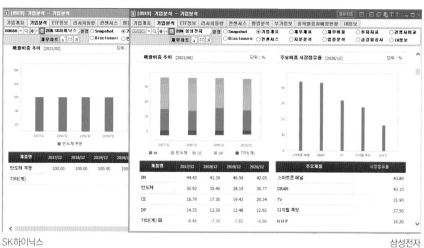

SK하이닉스   삼성전자

SK하이닉스의 매출구성은 100% 반도체 관련 제품입니다. 그러나 삼성전자의 전체 매출에서 반도체가 차지하는 비중은 2020년 기준 30.77%에 불과합니다. 앞으로 반도체에 대한 수요가 급증한다면, 삼성전자보다 SK하이닉스의 이익증가율이 더 커질 가능성이 높다는 점을 유추해볼 수 있습니다.

기업의 재무제표는 필수입니다!

기업은 자신들의 재무 상태나 경영 성과 그리고 현금흐름 상태 등에 대해 기록하고 공시해야 하는 의무가 있습니다. 따라서 재무제표라는 장부를 반드시 작성해야 합니다. 기본적인 재무제표로 포괄손익계산서, 재무상태표, 현금흐름표가 있습니다.

HTS에서 재무제표 보기

기업을 검색하여 포괄손익계산서와 재무상태표, 현금흐름표를 파악할 수 있습니다. 각각의 재무제표는 적어도 3년 이상 비교를 해놓았고, 주요 재무항목과 지표는 그래프로 처리되어 있어 시각적인 파악도 가능합니다.

▼ 홈 ⋯ 투자정보 ⋯ 기업분석 ⋯ 재무제표

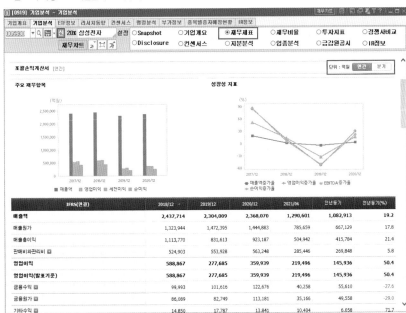

03

포괄손익계산서

포괄손익계산서는
어떻게 보는 건가요?

종목을 선택하기 전에 가장 먼저 봐야 하는 것이 그 기업의 포괄손익계산서입니다. 포괄손익계산서란 일정 기간(일반적으로 1년, 반기, 분기로 구분) 동안 기업이 거둔 영업 성과, 즉 기업의 이익을 계산한 표입니다.

▼ 아모레퍼시픽 포괄손익계산서 요약   (단위: 억 원)

IFRS(연결)	2020/09	2020/12	2021/03	2021/06	전년동기	전년동기(%)
매출액	10,886	11,569	12,528	11,767	10,557	11.5
매출원가	3,133	3,398	3,444	3,228	3,001	7.6
매출총이익	7,754	8,171	9,084	8,539	7,556	13.0
판매비와관리비 ⊞	7,193	8,264	7,321	7,627	7,204	5.9
영업이익	560	-92	1,762	912	352	158.9
영업이익(발표기준)	560	-92	1,762	912	352	158.9
금융수익 ⊞	24	34	24	30	32	-3.8
금융원가 ⊞	44	29	28	25	52	-52.1
기타수익 ⊞		768	53			
기타비용 ⊞	356	1,461		36	145	-75.1
종속기업,공동지배기업및관계기업관련손익 ⊞	9	-2	2	1	-0	적자지속
세전계속사업이익	193	-783	1,813	881	187	370.5
법인세비용	122	-194	436	289	120	141.2
계속영업이익	70	-589	1,376	592	67	778.4
중단영업이익						
당기순이익	70	-589	1,376	592	67	778.4
지배주주순이익	96	-572	1,352	611	110	454.7
비지배주주순이익	-26	-17	25	-19	-43	적자지속

포괄손익계산서는 해당 연도 회계기간의 성과를 나타낼 뿐만 아니라 미래의 현금흐름과 수익창출능력 등을 예측하는 데 유용한 정보를 제공합니다. 포괄손익계산서를 통해 그 기업의 영업 성과가 어떤 항목으로부터 발생했는지 구체적으로 살펴볼 수 있습니다.

영업이익을 꼭 확인하세요

포괄손익계산서에서 중요하게 봐야 하는 지표가 바로 영업이익입니다. 영업이익이란 그 회사가 수익을 내고 있는지 보여주는 매우 중요한 지표입니다. 기업이 주된 영업활동으로부터 어느 정도의 성과를 거두었는지 나타내는 것으로, 이자와 세금을 공제하기 전의 이익이라고 할 수 있습니다.

　영업이익이 흑자라면 장사를 잘해서 돈을 벌고 있다는 것이고, 적자라면 돈을 제대로 벌지 못한다는 것입니다. 그러므로 영업이익이 흑자인지 첫 번째로 확인해야 합니다. 영업이익은 매출액에서 매출원가를 빼고 제품을 판매하기 위한 판매관리비를 빼서 구합니다.

영업이익 = 매출액 − 매출원가 − 판매관리비

기업이 제대로 돌아가려면 주된 영업이 잘되고 있어야 합니다. 특히 본업의 경쟁력은 영업이익을 통해서 알아볼 수 있습니다. 기업이든 개인이든 자신의 본업에서 경쟁력을 상실한다면 지속적으로 성과를 내는 것이 불가능하기 때문입니다.

HTS에서 포괄손익계산서 보기

HTS에서는 과거 4년간 포괄손익계산서를 같이 비교할 수 있는 자료가 제공되고 있어, 실제로 실적이 어떤 추이를 보이는지 확인할 수 있습니다.

포괄손익계산서를 통해 영업이익이 흑자인지 적자인지 확인하는 것도 중요하지만, 증가하는 추세인지 감소하는 추세인지를 확인하는 것도 매우 중요합니다. 앞으로 그 기업의 수익성이 더 좋아질 것인지 나빠질 것인지를 확인하는 매우 중요한 잣대가 되기 때문입니다.

대체로 미국처럼 안정적인 경제흐름을 보이는 곳에서는 최근 10년간의 영업이익을 살펴보는 경향이 있지만, 우리나라처럼 경기변동성이 큰 경우에는 최근 5년 정도의 자료를 비교하는 것으로도 충분합니다. 이렇게 영업이익의 증감 추이를 살펴볼 수 있는 가장 좋은 방법은 바로 그래프를 통해 보는 것입니다.

홈 ···› 투자정보 ···› 기업분석 ···› 재무제표

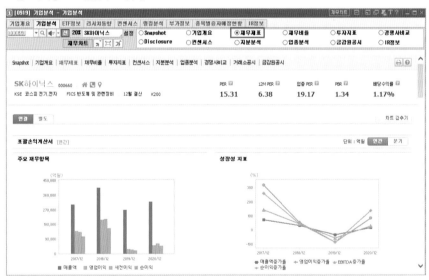

앞의 표를 통해 재무항목의 매출액, 영업이익 등의 추이와 영업이익 증가율을 확인할 수 있습니다. 이때 영업이익이 지속적으로 증가하는지 알기 위해서는, 우측으로 갈수록 영업이익이 점점 커지는지 확인하면 됩니다.

또한 기업들 중 실적이 '계절성'을 갖는 기업이 있습니다. 예를 들어 학생들의 졸업과 입학이나 휴가시즌에 맞춘 여행산업, 여름에 수요가 커지는 빙과류업체 등과 같은 계절성을 갖는 기업들처럼 계절에 따른 실적변동이 있는지도 살펴봐야 합니다. 만약 계절성을 갖는 기업이 있다면 실적을 분석할 때 분기실적을 이용해야 합니다. 그리고 '전분기 대비'보다는 '전년동기 대비'로 비교하는 것이 바람직합니다. 예를 들어 빙과류와 유제품을 생산하는 빙그레를 통해 계절성을 확인할 수 있습니다.

▼ 계절에 따른 실적 변동 확인

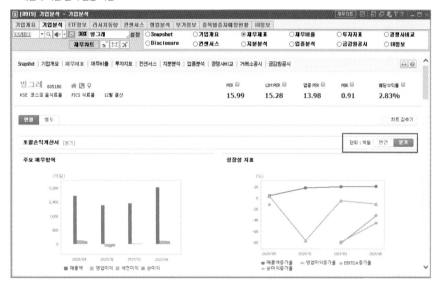

04

재무상태표

재무상태표는
어떻게 보는 건가요?

재무상태표란 일정 시점에서 기업의 자산, 부채, 자본 등 재산 상태를 나타낸 표를 말합니다. 투자자들은 재무상태표를 통해서 기업의 유동성, 재무적 탄력성, 수익성과 위험성 등을 평가하는 데 유용한 정보를 찾아볼 수 있습니다.

▽ 삼성전자 재무상태표 　　　　　　　　　　　　　　　　　　　　　　　　　　(단위: 억 원)

IFRS(연결)	2018/12	2019/12	2020/12	2021/06
자산	3,393,572	3,525,645	3,782,357	3,847,777
유동자산	1,746,974	1,813,853	1,982,156	1,911,185
비유동자산	1,646,598	1,711,792	1,800,201	1,936,591
기타금융업자산				
부채	916,041	896,841	1,022,877	1,024,534
유동부채	690,815	637,828	756,044	724,615
비유동부채	225,226	259,013	266,834	299,920
기타금융업부채				
자본	2,477,532	2,628,804	2,759,480	2,823,243
지배기업주주지분	2,400,690	2,549,155	2,676,703	2,741,605
비지배주주지분	76,842	79,649	82,777	81,637

유동자산의 규모를 살펴보세요

우선 **자산**의 구성을 살펴봅시다. 자산은 유동자산과 비유동자산으로 나눠볼 수 있습니다. 유동자산이란 기업이 1년 내에 현금화할 수 있는 자산을 말합니다. 대표적으로는 현금과 단기예금, 유가증권, 매출채권, 재고자산 등이 있습니다. 현금과 단기예금은 은행에 예치하고 있는 돈을 말하고 매출채권은 외상매출금이나 받을 어음을 말하는데, 이들 모두가 1년 내에 현금화할 수 있는 것이지요. 물론 재고자산도 마찬가지입니다. 하지만 재고자산은 제품으로 만들어져서 매출이라는 과정을 거쳐야 비로소 현금화할 수 있기 때문에 유동자산 중에서도 유동성이 떨어집니다.

기업이 유동자산을 많이 보유하고 있다는 것은 부도위험이 매우 낮다는 의미로 해석할 수 있습니다. 하지만 1년 이내에 현금화되는 자산 대부분은 그 수익률이 매우 낮으므로 필요 이상으로 많은 유동자산을 보유하는 것도 그리 좋은 것만은 아닙니다.

비유동자산에서는 감가상각비에 관심을 가지세요

비유동자산은 기업이 1년 내에 현금화할 수 없는 자산을 말합니다. 대표적인 것으로 건물, 토지, 기계장치 등이 있습니다. 기업이 다른 기업에 투자한 투자유가증권, 그리고 장기금융상품들도 비유동자산에 속합니다.

비유동자산과 관련하여 나타나는 중요한 용어가 바로 감가상각비라는 항목입니다. 감가상각비는 건물이나 기계장치 등이 제공한 용역의 대가를 원가화하는 작업일 뿐만 아니라 이들에 투자된 재원을 회수하는 과정으로 볼 수 있습니다. 기업에서 사용하는 기계 등은 시간이 지나면 노후되어 새로 교체해야 하는 경우가 있습니다. 아무런 준비도 없는 상태에서 이런 일이 벌어지는 것을 막기 위해 매년 일정한 규칙에 의해 원가를 회수하는 작업을 합니다. 예를 들어 1억 원짜리 기계에 대해 10년간 감가상각을 실시한다고 합시다. 1년에 1,000만 원씩을 감가상각비로 털어버리면 10년 후 그 기계의 장부가치는 0원이 됩니다. 그리고 당기 순이익 계산과정에서 감가상각비가 비용 처리됩니다. 이익을 줄여 회사 내부에 그 자금이 쌓이게 되는 것이 감가상각비입니다.

문제는 이 감가상각비는 비용은 비용이되 실제로 현금이 회사 외부로 유출되지 않는다는 점에서 장부상의 비용으로 볼 수 있다는 것입니다. 그래서 더욱 관심을 가지고 봐야 하는 항목입니다.

유동부채의 규모를 꼭 확인하세요!

다음으로 **부채**를 살펴봐야 합니다.

재무상태표를 보면 이 회사가 어떻게 자금을 조달해서 어떻게 투자를 하고 있는지를 파악할 수 있습니다. 관심 있는 기업이 부채, 즉 타인의 자본으로 자금을 조달하였는지 아니면 자기자본으로 자금을 조달하였는지 알아보기에 좋습니다. 일반적으로 자기자본으로 자금을 조달한 경우를 더 좋은 것으로 보고 있습니다. 이를 위해서는 부채비율을 따져보면 됩니다.

우리나라에서는 부채비율이 200% 미만이 되어야 좋은 것으로 판단합니다. 비율이 낮을수록 좋은 회사라고 봐도 됩니다.

$$부채비율 = 부채총계 ÷ 자본총계$$

부채 역시 유동부채와 비유동부채로 나눠볼 수 있습니다. 유동부채는 1년 내에 갚아야 하는 부채를 말합니다. 대표적인 것으로 단기차입금, 매입채무(외상매입금, 지급어음 등) 같은 항목이 있습니다. 비유동부채는 1년 내에 갚지 않아도 되는 것들입니다. 회사가 발행한 사채, 장기차입금 등이 있습니다.

여기서 한 가지 꼭 기억해야 하는 것이 있습니다. 유동부채가 유동자산 규모보다 커지면 회사의 부도위험이 매우 커진다는 것입니다. 유동부채를 1년 내에 상환해야 하는데, 만약 1년 내에 현금화할 수 있는 유동자산이 부족하다면 회사는 부도 가능성을 항상 안고 있는 것이나 다름없습니다. 이는 달리 말하면 비유동자산에 대한 투자는 비유동부채나 자기자본의 한도 내에서 이뤄져야 한다는 것이지요. 그렇지 않으면 자산과 부채 사이에 만기 불일치현상이 나타나게 됩니다.

가치투자의 원조라고 할 수 있는 벤저민 그레이엄의 투자법을 예로 들어볼까요? 그는 초기에 좋은 기업을 고르는 기준으로, 유동자산으로 모든 부채를 갚을 수 있는 기업을 고르는 데 열중했다고 합니다.

증자 유무를 확인하세요

최근 그 회사가 증자를 통해 자금을 조달했는지 확인하면 좋습니다. 기업이 부채를 통해 자금을 조달하지 않았다고 해서 다 좋은 것은 아닙니다. 대부분 증자를 통해 자금을 조달하면 좋은 것으로 알고 있는데, 증자 자금을 조달해도 문제가 있습니다. 대체로 증자를 하면 소위 말하는 주당순이익 같은 주당가치가 희석됩니다. 즉, 주식수가 늘어나게 되어 기업가치가 떨어지는 것입니다.

또한 회사 주가가 생각보다 높다고 판단되면 기업의 이사회가 증자를 결정하는 경우도 많습니다. 따라서 증자를 한 기업의 주가가 탄력적으로 상승하기는 어렵다는 것을 알아두세요.

자본잉여금을 통해 무상증자 가능성을 살펴보세요

마지막으로 **자본** 항목에 대해 살펴봅시다. 자본금은 '발행주식수 × 액면가'로 구성됩니다. 자본금과 함께 자본잉여금과 이익잉여금에 대해서도 살펴봐야 합니다. 자본잉여금은 기업의 자본거래로부터 발생한 잉여금을 말합니다. 예를 들어 액면가 5,000원짜리 주식을 1만 원에 공모했다고 할 때, 5,000원은 자본금으로 나머지 5,000원은 자본잉여금으로 계산됩니다.

이 자본잉여금은 회사의 결손을 메우는 용도와 무상증자재원 이외에는 사용할 수 없습니다. 그러므로 회사의 자본잉여금 규모로 그 회사의 무상증자 실시 가능성을 살펴볼 수 있습니다.

이익잉여금은 기업의 영업활동을 통해 벌어들인 이익을 배당하지 않고 회사에 유보해놓은 잉여금을 말합니다. 여기서 유보율이라는 단어를 살펴봐야 합니다. 유보율은 잉여금 총계를 자본금으로 나눈 것이므로 유보율이 높은 기업은 재무적으로 상당히 안정된 기업이라고 판단할 수 있습니다.

05

현금흐름표

현금흐름표는
어떻게 보는 건가요?

기업이 부도위험 없이 원활하게 돌아가기 위해서는 현금이 잘 관리되어야 합니다. 만약 현금이 제대로 관리되지 않는다면 늘 부도의 위험에 노출될 수밖에 없습니다. 일정 기간 동안 기업의 현금이 어떻게 변동되었는지를 보여주는 것이 현금흐름표입니다. 현금흐름표에서는 기업의 활동을 영업활동, 투자활동, 재무활동으로 구분하고 각각의 활동에서 현금이 어떤 변화를 보였는지 파악할 수 있습니다.

기업활동에 따른 현금흐름

영업활동의 현금흐름이 (+)의 흐름을 보였다는 것은 영업을 통해 현금이 기업으로 들어왔다는 뜻입니다. 여기에 현금유출이 없는 비용, 즉 대표적으로 감가상각비를 더해줍니다. 현금유입이 없어서 수익에서 차감하는 대표적인 것으로는 사채상환이익 등이 있습니다.

투자활동의 현금흐름은 말 그대로 기업의 투자와 관련된 것입니다. 이 항목이 (−) 수치를 보였다는 것은 투자를 해서 돈이 기업 밖으로 빠져나갔다는 뜻입니다.

투자가 활발하게 이뤄졌다는 것이죠. 반대로 (+)의 흐름을 보였다면 투자했던 돈을 회수하게 된 것입니다. 예를 들어 투자했던 주식이나 부동산을 매각하는 경우를 들 수 있습니다.

재무활동의 현금흐름의 경우 (–)의 수치를 보인 것은 회사가 채무를 상환하여 돈이 회사 밖으로 빠져나갔다는 것입니다. 즉, 부채를 활발하게 상환하고 있다는 뜻이 됩니다. 만약 재무활동 현금흐름이 (+)의 수치를 보였다면 이는 부채가 추가되었다는 의미입니다.

▼ 삼성전자 현금흐름표 (단위: 억 원)

IFRS(연결)	2018/12	2019/12	2020/12	2021/06
영업활동으로인한현금흐름	670,319	453,829	652,870	258,895
당기순이익	443,449	217,389	264,078	167,762
법인세비용차감전계속사업이익				
현금유출이없는비용등가산	484,356	424,268	461,933	240,510
(현금유입이없는수익등차감)	48,310	49,842	45,747	21,185
영업활동으로인한자산부채변동(운전자본변동)	-99,244	-25,458	1,224	-79,071
*영업에서창출된현금흐름	780,251	566,358	681,488	308,016
기타영업활동으로인한현금흐름	-109,932	-112,529	-28,618	-49,120
투자활동으로인한현금흐름	-522,405	-399,482	-536,286	-57,470
투자활동으로인한현금유입액	9,213	63,008	155,517	248,577
(투자활동으로인한현금유출액)	531,617	462,489	691,803	306,046
기타투자활동으로인한현금흐름				
재무활동으로인한현금흐름	-150,902	-94,845	-83,278	-196,429
재무활동으로인한현금유입액	117	8,658	22,139	2
(재무활동으로인한현금유출액)	49,082	7,111	8,649	40,668
기타재무활동으로인한현금흐름	-101,937	-96,392	-96,768	-155,763

이런 관점에서 살펴본다면 현금흐름표에서 적어도 영업활동 현금흐름은 (+), 재무활동 현금흐름은 (–)의 수치를 보이는 것이 정상적이고 안정된 흐름일 것입니다. 투자활동 현금흐름은 기업의 상황에 따라 달리 해석할 수 있습니다. 하지만 추가적인 투자 없이도 이익을 발생시킬 수 있는 기업이 있다면, 그 기업은 알짜 기업으로 볼 수 있다는 것을 기억하면 됩니다.

06

재무비율

재무비율을 통해
종목을 선정한다고요?

가치 있는 주식을 찾는 것은 직관으로부터 시작한다고 볼 수 있습니다. "길거리에서 겉보기에 뚱뚱한 사람을 만났다면, 그 사람의 몸무게를 달아보지 않아도 뚱뚱하다는 것을 알 수 있다." 워런 버핏이 한 말입니다. 마찬가지로 그 회사가 좋은 회사인지 그렇지 않은 회사인지는 앞에서 배운 것처럼 몇 가지 사항만 짚어보면 금방 알 수 있습니다. 그러나 일단 좋은 회사라고 판단되는 기업을 선택하면 그 기업의 실제 가치가 얼마나 되는지 따져봐야 합니다.

그렇다면 과연 어떤 기업이 가치 있는 기업일까요? 기업의 가치는 다음과 같이 여러 가지로 따져볼 수 있습니다. 그리고 이 각각의 가치를 판단할 수 있는 근거는 바로 재무비율을 통해서 찾을 수 있습니다.

수익가치	자산가치
수익성이 다른 기업에 비해 뛰어난 기업	자산가치가 다른 기업에 비해 뛰어난 기업
배당가치	성장가치
배당률이 다른 기업에 비해 뛰어난 기업	성장잠재력이 다른 기업에 비해 뛰어난 기업

재무비율은 재무제표를 바탕으로 의미 있는 자료를 생산해놓은 것입니다. 기업

의 재무 유동성, 안정성, 수익성, 성장성, 활동성 등의 파악이 가능하여 매우 유용하게 활용할 수 있지요. 다양한 재무비율을 이용한 분석으로 주요 재무비율이 담고 있는 의미를 되새겨봅시다.

▽ 홈 ⋯▶ 투자정보 ⋯▶ 리서치 ⋯▶ 기업분석 ⋯▶ 재무비율

그림에서 '⟦?⟧' 아이콘을 누르면 재무비율의 계산식이 나타나고 '⟦+⟧' 아이콘을 누르면 계산식에 사용되는 각 항목의 수치가 나타납니다.

유동성비율

유동성지표는 기업이 부담하고 있는 단기부채를 얼마나 쉽게 상환할 수 있는지 살펴보는 지표입니다. 유동비율과 당좌비율로 나눠볼 수 있습니다.

▍ **유동비율** ▍ 기업의 단기부채를 상환할 수 있는 능력을 측정하는 지표입니다. 일반적으로 200% 이상이 되어야 합니다.

$$유동비율 = \frac{유동자산}{유동부채} \times 100$$

▍ **당좌비율** ▍ 일시적인 재무위기에 처해 있을 때 현금을 동원할 수 있는 능력을 측정하는 지표입니다. 당좌비율이 높을수록 기업이 긴박한 상황에서도 쉽게 현금을 동원할 수 있다는 뜻입니다.

$$당좌비율 = \frac{당좌자산}{유동부채} \times 100$$

다음 도표를 보면서 몇 가지 중요한 포인트를 살펴봅시다.

(단위: 만 원)

	민정기업	민주상사	동화기업
유동자산	100	700	300
비유동자산	900	300	700
자산총계	1,000	1,000	1,000
유동부채	400	200	200
비유동부채	300	500	500
부채총계	700	700	700
자본총계	300	300	300
부채와 자본	1,000	1,000	1,000

민정기업, 민주상사, 동화기업은 모두 자본금이 300만 원이고 부채가 700만 원씩 있는 기업들입니다. 먼저 민정기업을 봅시다. 총 1,000만 원의 자산 중에서 유동자산이 100만 원으로 현저하게 적다는 것을 알 수 있습니다. 그런데 유동부채는 400만 원입니다. 1년 이내에 현금화할 수 있는 돈은 100만 원뿐인데, 1년 내에 갚아야 할 부채는 400만 원이나 되는 것입니다. 이런 경우 외부로부터 자금조달이 원활하지 않으면 자칫 부도가 날 수 있음을 알아야 합니다.

민주상사는 유동자산이 700만 원이고 유동부채가 200만 원으로 부도위험은 거의 없어 보입니다. 그러나 이 회사의 문제는 비유동자산에 비해 유동자산이 지나치게 많다는 것입니다. 가진 돈으로 건물도 사고 기계도 사는 등의 투자가 이루어지고 있지 않으니 미래의 성장동력이 부족해질 수 있다는 위험성을 파악해야 합니다. 즉 지나치게 유동자산이 많은 경우에는 자칫 수익성이 떨어질 위험이 있습니다.

반면에 동화기업은 비교적 자산구성이 잘되어 있습니다. 적절한 유동성 확보를 통해 기업의 부도위험이 낮고 비유동자산에 투자도 잘되어 있다고 판단할 수 있습니다.

안정성비율

안정성비율은 기업의 중장기적인 재무이행능력을 나타내는 지표입니다. 부채비율, 이자보상비율로 판단합니다.

부채비율 기업이 자기자본에 비해 얼마나 많은 부채를 사용하는지 측정하는 지표입니다. 이 비율이 지나치게 높아지면 기업의 위험이 증가하는 것으로 판단할 수 있습니다. IMF 외환위기 이후 당국에서는 기업들의 부채비율을 200% 이하로 유지할 것을 권고하고 있습니다.

$$부채비율 = \frac{총부채}{총자본} \times 100$$

▎ **이자보상비율** ▎ 기업이 자신의 본업으로 벌어들인 영업이익으로부터 이자를 얼마나 갚을 수 있는지 측정하는 지표입니다. 이 비율이 높을수록 채권자들이 안심할 수 있고 주주들 입장에서도 기업이 안정적임을 확인할 수 있습니다. 특히 이자보상비율은 부도 가능성을 측정하는 데 매우 중요하게 사용됩니다.

$$이자보상비율 = \frac{영업이익}{이자비용}$$

다음의 도표 예를 통해 기업의 재무건전성을 판단해볼까요?

(단위: 만 원)

항목	A기업	B기업	C기업	D기업
영업이익	200	300	200	100
당기순이익	90	120	100	50
이자비용	160	200	75	250
이자보상비율	1.25배	1.5배	2.67배	0.4배

각 기업의 이자보상비율을 계산하면 C기업이 2.67배로 가장 높고 D기업이 0.4배로 가장 낮습니다. D기업의 경우 영업이익으로 이자비용을 모두 갚을 수 없음을 말해주고 있습니다. 이것은 곧 D기업이 재무적으로 곤경을 겪을 가능성이 크다는 점을 시사해줍니다.

수익성비율

수익성비율은 기업의 수익성이 어느 정도인지 측정하는 지표입니다. 자기자본이익률과 매출액순이익률, 주당순이익 등으로 파악할 수 있습니다.

▎ **자기자본이익률** ▎ 자기자본이익률ROE은 주주들의 투자자본인 자기자본 총액을 얼마나 효율적으로 활용했는지를 측정하는 지표입니다. 특히 주주자본에 대한 이익률을 의미한다는 점에서 주식투자자가 반드시 확인해야 합니다.

▎ **매출액순이익률** ▎ 기업의 매출액 중에서 이익률이 차지하는 비율을 말하는 것으로 기업이 어느 정도의 가격결정력을 가지고 있는지 확인할 수 있는 지표입니다. 만약 매출액순이익률이 낮다면 이는 기업이 가격경쟁을 치열하게 하고 있다는 반증입니다. 반대로 매출액순이익률이 높으면 독점적인 이익을 얻을 수 있는 능력이 있다는 것으로 판단할 수 있습니다.

$$매출액순이익률 = \frac{순이익}{매출액} \times 100$$

▎ **주당순이익** ▎ 주당순이익EPS: Earning per Share은 기업이 발행한 주식 1주당 어느 정도의 이익을 얻었는지 측정하는 지표입니다. 이는 서로 다른 기업 간에도 주식 1주의 수익력을 통해 비교할 수 있다는 점에서 유용합니다.

$$주당순이익 = \frac{순이익}{발행주식수}$$

활동성비율

활동성비율은 보유하고 있는 자산을 기업이 얼마나 잘 활용하고 있는지 보기 위해 그 효율성을 측정하는 것입니다. 총자산회전율, 매출채권회전율, 재고자산회전율 등으로 알 수 있습니다.

▍ **총자산회전율** ▍ 기업이 투자한 자산에 의해 생기는 매출액을 측정하는 지표입니다. 이 비율이 높을수록 자산을 활용한 매출액이 높다고 판단하여 기업이 더욱 효율적으로 영업을 수행하고 있다는 의미로 해석합니다. 그러나 이 비율이 지나치게 높은 경우에는 총자산에 대한 투자가 부족하다는 것으로 해석할 수도 있습니다. 따라서 적정 수준의 회전율을 유지하는 것이 필요합니다.

$$총자산회전율 = \frac{매출액}{총자산}$$

▍ **매출채권회전율** ▍ 매출액을 현금으로 전환시키는 속도를 측정하는 지표입니다. 매우 효율적인 대금회수정책과 자산 활용도를 파악할 수 있습니다. 일반적으로 이 비율이 높을수록 기업이 효율적으로 영업을 수행하고 있다는 것입니다.

$$매출채권회전율 = \frac{매출액}{매출채권}$$

▍ **재고자산회전율** ▍ 기업이 보유하고 있는 재고자산의 판매속도를 측정하는 지표입니다. 이 지표가 높을수록 기업의 재고자산 관리 상태가 매우 효율적이라고 할 수 있습니다. 그러나 지나치게 높으면 재고가 부족하다는 의미로 해석되어,

추가적인 매출의 기회를 충분히 누리지 못하는 상황으로도 판단할 수 있습니다.

$$재고자산회전율 = \frac{매출액}{재고자산}$$

총자산회전율을 비롯해 각종 기업 재무분석 지표의 기업규모별 또는 업종별 평균치를 확인

하기 위해서는 한국은행의 경제통계시스템(http://ecos.bok.or.kr/)에서 기업경영분석 항

목을 찾아보면 자세한 정보를 찾을 수 있습니다.

성장성비율

성장성비율은 기업의 외형이 전년에 비해 어느 정도 증가하였는지 측정하는 지표입니다. 총자산증가율, 매출액증가율, 주당순이익증가율 등으로 파악합니다.

총자산증가율 총자산이 어느 정도 증가하였는지 측정해주는 지표입니다.

$$총자산증가율 = \left(\frac{당기총자산}{전기총자산} - 1 \right) \times 100$$

매출액증가율 매출액이 전년에 비해 어느 정도 증가하였는지 측정하는 지표입니다. 매출액증가율이 높게 나타나면서 순이익이 증가한다면, 기업이 빠른 속도로 성장하고 있다고 판단할 수 있습니다.

$$매출액증가율 = \left(\frac{당기매출액}{전기매출액} - 1 \right) \times 100$$

주당순이익증가율 기업의 주당순이익이 증가하는 정도를 보여주는 지표입니다. 기업이 지속적으로 이익을 증가시킨다는 것은 그만큼 수익성을 확보하고 있다는 것으로 판단할 수 있습니다.

$$주당순이익증가율 = \left(\frac{당기주당순이익}{전기주당순이익} - 1 \right) \times 100$$

07

자기자본이익률 ROE

경영 성과가 좋은 종목은
어떻게 찾나요?

증권투자는 크게 채권에 투자하는 경우와 주식에 투자하는 경우로 나눌 수 있습니다. 채권에 투자하면 주로 그 기업의 재무 상태에 주목하게 됩니다. 채권투자자는 기업의 이익이 많이 나도 추가적으로 이자를 더 받는 것이 아니고 애초에 정해진 이자만 받기 때문입니다. 그래서 그 기업의 재무 상태를 살피고 부도를 낼 위험은 없는지에 대해 관찰하면 되지요. 그러나 주식에 투자한다면 채권투자자와 다른 곳에 관심을 둬야 합니다. 바로 기업의 수익성입니다.

기업의 수익성을 알기 위해서 반드시 주목해야 할 것이 자기자본이익률인 ROE Return On Equity 입니다. ROE는 기업에 투자된 자본금으로 어느 정도 수익을 올리고 있는지 나타내는 지표입니다. 즉 기업의 이익창출능력을 알 수 있는 지표이지요.

$$자기자본이익률 = \frac{순이익}{자기자본} \times 100$$

ROE는 높을수록 좋습니다. 자기자본에 비해 이익을 많이 낸다고 해석할 수 있기 때문입니다. 기업의 경영실적을 정확하게 알아보기 위해서는 주당순이익인 EPS는 ROE를 살펴봐야 합니다. ROE는 단순히 기업의 수익성만 나타내는 것이 아닙니다. 기업이 보유하고 있는 자산이 얼마나 효율적으로 사용되고 있는지, 또 기업의 부채활용도가 어느 정도인지 등 종합적으로 살펴볼 수 있습니다. 따라서 ROE가 높다는 것은 기업의 수익성이 좋다는 것뿐만 아니라 자산과 부채를 적절히 잘 활용하고 있다는 것을 의미합니다. 이렇듯 ROE는 기업의 종합검진과도 같습니다.

이런 점에서 ROE는 주주들에게 평가를 받는 핵심지표라고 볼 수 있습니다. 주식투자의 수많은 대가들이 ROE에 대해 많은 관심을 보입니다. 워런 버핏은 ROE가 적어도 15% 이상인 기업에, 월가의 최고 전략가로 평가받고 있는 윌리엄 오닐은 ROE가 적어도 17% 이상을 기록하는 기업에 투자하라고 권하고 있습니다. 그러니 좋은 종목을 찾으려면 ROE를 확인하는 것부터 시작하세요.

ROE의 함정

ROE는 일반적으로 비율이 높을수록 기업경영을 잘하고 있다는 증거로 받아들여지고 있습니다. 그런데 ROE를 구하는 산식을 확장해보면 반드시 ROE가 높은 것이 좋은 것만은 아니라는 것을 알 수 있습니다.

$$자기자본이익률 = \frac{순이익}{자기자본} \times 100$$

이 간단한 수식은 다음과 같이 분해할 수 있습니다.

$$자기자본이익률 = \frac{순이익}{매출액} \times \frac{매출액}{총자산} \times \frac{총자산}{자기자본} = 매출액이익률 \times 총자산회전율 \times (1+부채비율)$$

수식을 통해서 본다면 ROE가 높아지기 위해서는 먼저 매출액이익률이 높아져야 합니다. 제품을 하나 팔 때 판매수익률이 높아야 한다는 겁니다. 둘째, 총자산회전율이 높아져야 합니다. 총자산회전율이 높다는 것은 그만큼 자산을 효율적으로 운용하고 있다는 뜻이 됩니다.

그리고 마지막으로는 부채비율이 높아져도 ROE가 높아진다는 겁니다. 이는 기업들이 단기적으로 ROE를 개선시킬 필요가 있을 때 흔히 사용하는 방법입니다. 그러나 부채를 사용해서 ROE를 높이는 방법은 경기가 침체국면에 빠지게 되면 과중한 금융비용 때문에 도산할 우려가 있습니다. 결국 좋은 회사는 부채를 늘리지 않더라도 높은 ROE를 유지하는 기업입니다. 만약 부채를 늘려야만 ROE가 높아지는 기업이라면 조심해야 합니다.

HTS에서 기업별 ROE 살펴보기

HTS에서는 기업의 업종별 순위와 지표별 순위를 검색할 수 있으며, 이를 엑셀 파일로 내려받을 수 있습니다. 업종별 순위에서는 자산총계, 자본금, 매출액, 영업이익, 당기순이익 등의 순서로 정렬이 가능하므로 각 업종 내에서 종목들을 정렬해서 확인할 수 있습니다. 또한 다음 그림에 나오는 지표별 순위에서 ROE를 통해 KOSPI200 기업들을 정렬한 결과 SK케미칼, SKC, 지누스, 키움증권, 한솔케미칼 순서로 나오고 있습니다.

HTS에서 ROE를 볼 때 주의할 점이 있습니다. 여기의 ROE는 과거 지표여서, 현재의 주가를 실시간으로 정확하게 반영하는 것이 아니라는 점입니다. 또한 ROE가 높더라도 기업의 가치나 실적에 비해 주가가 고평가되어 있을 수노 있습니다. 따라서 단순히 ROE만으로 판단하지 말고 다음에 배울 PER와 PBR를 함께 확인해야 합니다.

▼ 홈 ⋯⋯ 투자정보 ⋯⋯ 기업분석 ⋯⋯ 랭킹분석

08

이익가치가 높은 종목은
어떻게 찾나요?

주가수익비율 PER: Price Earning Ratio 이란 기업의 주가를 주당순이익으로 나눈 것을 말합니다. 즉, 기업의 주식 1주가 벌어들이는 수익력이 시장에서 얼마만큼의 가격으로 평가받고 있는지 알 수 있는 지표입니다.

$$주가수익비율 = \frac{주가}{주당순이익}$$

PER의 수치가 낮을수록 회사가 버는 이익금에 비해 주가가 저평가되어 있다는 뜻입니다. 따라서 주식시장에서는 PER가 낮은 주식에 투자하면 상대적으로 높은 수익을 얻습니다. 왜 그럴까요? 주식시장에서 관심을 받지 못하거나 우수하지 못한 실적을 거둔 기업들은 가격을 제대로 평가받지 못하기 때문에 PER가 과소평가되는 경우가 발생합니다. 그런데 시장은 이렇게 과소평가된 PER를 정상수준으로 상승시키는 습성이 있습니다. 이 과정에서 PER가 낮은 종목이 PER가 높은 종목의 주가에 비해 더 높은 수익률을 가져오는 것입니다.

예를 들어봅시다. 2008년 12월 결산기에 삼성전자 주당순이익이 5만 1,005원이었는데, 당시 삼성전자의 주가는 최고 59만 4,000원에서 최저 24만 2,000원이었습니다. 앞의 자료를 토대로 삼성전자의 PER를 구해보면 최고 11.65배에서 최저 4.74배가 됩니다.

그럼 PER는 어떤 경우에 낮아지고 어떤 경우에 높아지게 되나요?

앞의 수식을 들여다보면 PER가 낮아지기 위해서는 주당순이익이 같을 경우 주가가 낮아져야 합니다. 즉, 같은 주당순이익 수준에서 기업의 주가가 상대적으로 낮을 경우 저PER주가 되는 것입니다. 반대로 주가 수준이 같다면 주당순이익이 높은 기업의 주가가 낮은 기업의 주가에 비해 저PER주가 됩니다. 정리해보면 저PER주는 기업의 수익력은 높지만 상대적으로 주식시장에서 저평가받고 있는 주식입니다.

▽ 홈 ···▶ 투자정보 ···▶ 리서치 ···▶ 기업분석 ···▶ 투자지표

IFRS 연결	2017/12 최고	2017/12 최저	2018/12 최고	2018/12 최저	2019/12 최고	2019/12 최저	2020/12 최고	2020/12 최저	2021/06 최고	2021/06 최저
주가 (원)	57,220	35,560	53,000	38,250	56,700	37,450	81,000	42,500	91,000	78,500
시가총액	4,142,750	2,791,338	3,786,284	2,541,828	3,767,509	2,486,253	5,441,168	2,833,397	6,099,040	5,280,404
PER	10.55	6.56	8.80	6.35	17.91	11.83	21.09	11.06		
PBR	1.98	1.23	1.50	1.08	1.51	1.00	2.06	1.08	2.25	1.94

기업가치 지표 (단위 : 억원, 주, %, 배)

IFRS 연결		2017/12	2018/12	2019/12	2020/12	2021/06
Per Share						
EPS	(원)	5,421	6,024	3,166	3,841	2,435
EBITDAPS	(원)	9,934	11,717	8,445	9,765	5,562
CFPS	(원)	8,321	9,659	7,523	8,307	4,766
SPS	(원)	31,414	33,458	33,919	34,862	19,000
BPS	(원)	28,971	35,342	37,528	39,406	40,361
Dividends						
DPS(보통주,현금)(원)		850	1,416	1,416	2,994	722
DPS(1우선주,현금)(원)		851	1,417	1,417	2,995	722
배당성향(현금)(%)		14.09	21.92	44.73	77.95	

PER에도 함정이 있습니다

1992년에 우리나라 증권시장이 외국인투자자들에게 개방된 이후 저PER주 혁명이 일어났습니다. 외국인투자자들이 PER가 낮은 종목들을 집중적으로 사들여 이 주식들의 주가가 하늘 높은 줄 모르고 올라간 것입니다. 이렇게 주가가 단기간 2배 이상으로 뛰어오르자, 시장에서는 모두 저PER주 찾기에 혈안이 되었습니다. 당시의 중요한 상황을 엿볼 수 있는 기사를 하나 살펴봅시다.

> 증시 개방 이후 기업가치에 비해 현재의 주가가 낮게 평가된 저PER(주가수익비율) 종목의 오름세가 지속되면서 PER 수준에 따라 주가가 크게 재편된 것으로 나타났다. 증시 관계자는 증시 개방과 함께 저PER종목에 대한 투자자들의 관심이 부쩍 높아졌으며 효율적인 투자판단을 위해서는 주당순이익(EPS)의 변화로 대폭적인 PER 변화가 이루어질 12월 결산법인의 실적발표에 관심을 기울여야 할 것이라고 지적했다. 그러나 연초에 부도를 냈던 신한인터내쇼날, 양우화학의 경우 PER 수준이 시장평균에 비해 훨씬 낮았다는 점에 비추어 PER지표가 투자판단의 절대적인 지표는 아니라고 강조했다.
>
> 1992. 2. 한국경제신문

기사에서와 같이 저PER주 중에서도 부도가 나는 회사가 있습니다. 즉 단순히 PER가 낮다고 해서 주식을 매수해서는 안 된다는 것입니다. PER지표는 분명 투자를 할 때 매우 유용합니다. 하지만 PER가 낮다는 측면에서만 접근한다면 매우 위험한 투자가 될 수도 있습니다. 그 이유가 바로 PER가 가지고 있는 성질 때문입니다. 저PER는 부도와 같은 위험계수가 큰 경우에 주가가 하락해서 나타날 수도 있습니다. 또한 기업의 성장가능성이 낮은 경우에도 PER는 낮아질 수 있습니다. 그러므로 PER지표를 투자에 적용하려고 한다면 많은 것을 종합적으로 판단할 수 있는 지혜가 필요합니다.

PER에 영향을 주는 요인들

▎ **배당성향** ▎ 저PER가 되기 위해서는 먼저 기업의 배당성향이 낮아져야 합니다. 배당성향은 당기순이익에서 얼마나 배당을 주느냐 하는 지표입니다. 만약 어떤 기업이 배당을 많이 주지 않는다면 사람들은 실망해서 주식을 사지 않을 겁니다. 그럴 경우 주가가 하락해서 PER가 낮아집니다. 그러나 기업의 배당성향이 낮다는 것은 기업이 내부적으로 유보자금을 많이 쌓는다는 말이 됩니다. 이때는 배당성향이 낮은 것에 주목하기보다 유보율이 높아지는 것에 주목해야 합니다.

▎ **위험계수** ▎ 위험이 높아지면 사람들이 주식을 매도합니다. 이 때문에 주가가 하락하여 PER가 낮아집니다. 반대로 기업의 위험이 낮으면 사람들이 주식을 매수하게 되고 이는 주가상승으로 이어져 상대적으로 PER 수준이 높아집니다.

▎ **이익성장률** ▎ 성장률은 어떻게 판단할 수 있을까요? 성장률이 낮은 기업은 PER가 낮아지고, 성장률이 높은 기업은 PER가 높아집니다. 시장에서 기업의 성장률이 높아지면 이를 반영하여 주가가 높게 올라가기 때문입니다. 그러므로

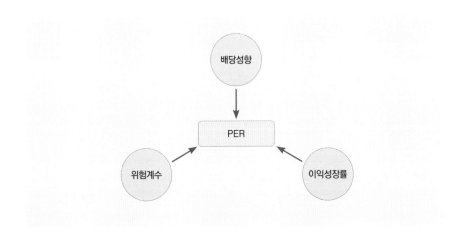

PER는 성장산업에 속한 기업의 경우 높아지는 경향이 있고, 그렇지 못한 산업에 속한 기업의 경우에는 낮아지는 경향이 있음을 기억하면 됩니다.

결론적으로 말하면 PER는 투자에서 매우 중요한 지표임에는 분명하지만, 이를 단순히 높거나 낮다는 것만으로 투자에 적용해서는 안 됩니다. PER가 낮은 경우 이 기업이 실제로 저평가되어 있는지, 아니면 기업의 위험이 높아서인지, 그렇지 않으면 더 이상 성장할 수 없는 상황이기 때문인지 꼼꼼히 분석하는 지혜가 필요합니다.

PER로 주가를 예측해봅시다

가끔 신문기사에서 국가 간 PER를 단순히 비교하는 경우를 볼 수 있습니다. 미국이나 일본 등 선진국에 비해 우리나라의 PER 수준이 낮기 때문에 우리나라 주가 수준이 저평가되어 있다는 논리를 펴는 기사입니다. 그런 기사를 보면 이제는 반박할 수 있어야 합니다. 우리나라가 실제로 저평가되어 있을 수도 있지만, 우리가 안고 있는 위험이 반영되어 있을 수도 있고 성장잠재력이 현저하게 떨어져서 그럴 수도 있다고 판단해야 합니다.

그렇다면 PER지표를 이용해서 미래 주가를 예측할 수 있는 방법은 없을까요? 사실 미래의 주가를 정확하게 산정하는 것은 매우 힘든 일입니다. 하지만 힘들다고 해서 연구하지 않는다면 아무것도 얻을 수 없습니다. PER지표를 이용해서 주가를 예측하는 방법을 생각해봅시다. 생각보다 간단한 아이디어에서 출발할 수 있습니다.

$$PER = \frac{주가}{주당순이익}$$ 이라고 했으니 이는 다시 표현하면, 주가 = 주당순이익 × PER

앞에 나온 것처럼 주당순이익에 PER를 곱해서 주가를 구할 수 있습니다. 예를 들어볼까요? 어느 회사의 주당순이익이 2,000원인데 PER가 15배라고 한다면 이 회사의 주가는 '2,000원×15배=3만 원'이 됩니다. 즉, 이 주식은 3만 원이 될 수 있는데 현재 그보다 훨씬 낮다면 매수해서 수익을 기대해보는 것입니다. 그런데 여기서 궁금한 점이 있을 겁니다. '과연 PER에 어떤 값을 대입할 것인가?' 하는 점입니다.

일반적으로 다음과 같은 것들을 사용하고 있습니다.

▎ **해당 기업의 과거 평균 PER** ▎ 과거의 평균적인 PER를 해당 기업의 PER로 보는 방법입니다. 모든 지표는 평균으로 모인다는 것을 감안한 것이지요.

▎ **산업의 평균 PER** ▎ 해당 기업이 속한 동종 산업의 PER를 이용하는 방법입니다. 금융업종이면 금융업종의 평균 PER를, 조선업종이면 조선업종의 평균 PER를 사용하면 됩니다.

▎ **같은 위험을 갖는 기업들의 평균 PER** ▎ 앞서 살펴봤듯이 PER는 분명 위험요인에 영향을 받습니다. 위험이 높으면 주가가 하락해서 PER가 낮아지고, 위험이 낮으면 주가가 상승해서 PER가 높아지는 경향이 있습니다. 그렇기 때문에 각 기업들의 위험요인을 반영하는 것도 좋은 대안이 될 수 있습니다.

09

이브이에비타 EV/EBITDA

현금흐름이 좋은 종목은
어떻게 찾나요?

앞에서 기업의 가치, 즉 주식의 가치를 평가하기 위한 지표들을 살펴봤습니다. 하지만 몇몇 지표들은 기업이 계속적으로 손실을 발생시킨다든지 자본잠식 상태에 들어간다든지 하면, 가치평가를 위한 지표로 쓸모가 없어집니다. 특히 PER지표의 경우 주당순이익을 구해야 하는데, 우리나라 회계 관행상 주당순이익을 구하기가 매우 까다롭습니다. 주당순이익을 구하기 위해서는 매출총이익, 영업이익, 경상이익, 세전이익, 당기순이익을 순차적으로 구해야 하기 때문입니다. 그러다 보니 영업외비용, 특별손실, 세금 등에 영향을 받아 자칫 당기순손실이 발생하는 경우가 종종 있었습니다. 따라서 주당순이익을 통해서 기업을 평가하는데 문제가 있을 수 있습니다.

사실 기업을 평가할 때는 그 기업의 주된 영업이 얼마나 잘되는지를 중심으로 평가하는 것이 적절한 방법입니다. 그래서 세전영업이익에 현금의 유출이 없는 비용인 감가상각비 등을 더한 지표를 바탕으로 기업을 평가하고자 하는 욕구가 시장에 나타나게 되었습니다. 그 지표가 바로 이브이에비타 EV/EBITDA 입니다. 그럼 각각의 지표의 의미와 구하는 방법을 살펴봅시다.

EV와 EBITDA의 의미

먼저 EV^{Enterprise Value}는 기업가치를 말합니다. 경우에 따라 FV^{Firm Value}라고 부르기도 합니다. 이론적으로 EV는 기업 자기자본의 시장가치와 부채의 시장가치를 더해서 구합니다.

EBITDA^{Earning Before Interest Tax Depreciation and Amortization}는 영업이익에 감가상각비와 감모상각비를 더해서 구합니다. 여기서 감가상각비는 유형비유동자산에 대한 감가상각을 말하고 감모상각비는 무형비유동자산에 대한 감가상각을 말합니다. 이 지표는 기업이 영업활동을 통해 벌어들이는 현금흐름지표로 생각할 수 있습니다.

EV = 우선주를 포함한 시가총액 + 순부채

시가총액: 발행주식수 × 주가

순부채: 총차입금 − 현금예금

EBITDA = 영업이익 + 감가상각비 + 감모상각비

EV/EBITDA의 의미는 곱씹어볼 필요가 있습니다. 이 비율은 기업이 자기자본과 타인자본을 이용하여 어느 정도의 현금흐름을 창출할 수 있는지 나타내는 지표입니다. 이 비율이 높을수록 주가가 과대평가된 것으로 판단합니다. 기업이 벌어들이는 이익에 비해 기업의 총가치가 높게 평가되고 있다는 것이기 때문입니다.

만약 EV/EBITDA가 5배인 주식을 매수하면, 5년 후에는 기업이 영업으로 벌어들이는 현금으로 원금을 회수할 수 있다는 의미입니다. 만약 10배라면 10년 후에 원금 회수가 가능하다고 해석할 수 있습니다.

EV/EBITDA에도 함정이 있을까요?

PER지표는 많은 이점이 있습니다. 하지만 손실이 지속적으로 발생하는 기업의 경우 PER 자체가 (−)로 나타나게 되어 적용이 불가능합니다. 또한 당기순이익은 계산과정에서 회계 조작의 가능이 큽니다. 요즘 문제되고 있는 분식회계로부터 자유로울 수 없습니다.

EBITDA는 영업이익에서 감가상각 관련 부분만 더해주는 것이기 때문에 회계 조작 가능성이 상당히 감소한다는 이점이 있습니다. 따라서 당기순이익에 비해서는 보다 투명한 자료가 될 수 있습니다. PER지표의 단점을 보완해줄 수 있는 지표가 바로 EV/EBITDA지표입니다. 기업가치 대 영업현금흐름의 비율을 나타내는 지표이므로 비율이 낮을수록 주가가 저평가되었다고 판단할 수 있습니다.

하지만 EBITDA에도 주의할 점이 있습니다. 기업의 제반 위험이 증가되면서 주가가 떨어질 때도 이 비율이 낮게 나타날 수 있으니 주의해야 합니다.

분식회계가 뭔가요?

분식회계는 기업이 재무 상태나 경영실적을 실제보다 좋아 보이게 할 목적으로, 부당한 방법을 통해 자산이나 이익을 부풀리거나 부채나 비용을 축소하여 회계처리하는 것을 말합니다. 이는 주주와 채권자들의 판단을 왜곡시켜 손해를 끼치기 때문에 법으로 금지되어 있습니다.

분식회계 수법은 여러 가지인데, 아직 창고에 쌓여 있는 재고의 가치를 장부에 과대계상하거나 팔지도 않은 물품의 매출전표를 끊어 매출채권을 부풀리는 방법 등이 주로 이용됩니다. 특히 불황기에 이러한 분식회계 수법이 자주 이용되는데, 주주·채권자들에게 손해를 끼침은 물론이고 탈세와도 관련이 있어 상법 등 관련 법규에서도 금지하고 있습니다.

분식회계가 갖는 가장 큰 문제는 신뢰도 하락입니다. 외부 투자자들은 회사가 공시한 내용을 믿고 투자를 하는데, 만약 공시한 내용이 매출이 부풀려지거나 자산이 과대계상되거나 하게 되면 기업실적을 믿을 수 없게 되고, 믿고 있던 회사가 갑자기 부실회사가 되는 겁니다. 투자자 입장에서는 주식을 매도하게 될 것이고, 경영인 입장에서는 투명성에 문제가 생겨 법적조치의 대상이 될 수 있습니다.

10

주가순자산비율 PBR

자산가치가 높은 종목은
어떻게 찾나요?

PER가 기업의 수익력에 대한 시장의 평가를 측정한 것이라면, 주가순자산비율PBR; Price Book-value Ratio은 기업의 순자산가치가 시장에서 얼마만큼의 평가를 받고 있는지 측정하는 지표입니다.

기업의 순자산은 '총자산-총부채', 즉 기업의 자기자본을 말하는 것입니다. 다음의 재무상태표를 봅시다. 자산에서 부채를 뺀 나머지 자본항목이 행복주식회사의 순자산이 되는데, 이는 다른 쪽에서 생각해볼 수 있습니다. 만약 지금 당장 회사를 청산한다고 가정한다면 자산으로 먼저 부채를 상환해야 할 것입니다. 이렇게 부채를 상환하고 남은 것이 기업의 주주들이 나눠 갖게 되는 잔여재산인데, 이 잔여재산의 크기가 바로 순자산이 되는 것입니다.

행복주식회사	재무상태표	2014년 12월 31일 현재
자산		부채
		자본

이렇게 구해진 순자산을 발행주식수로 나눈 것을 주당순자산BPS: Book-value Per Share이라고 합니다. 이는 기업이 청산할 경우 주식 1주가 가지고 있는 자산가치를 말합니다. 이 BPS가 시장에서 얼마만큼 가치를 인정받고 있는가를 나타낸 것이 바로 PBR입니다.

$$주가순자산비율 = \frac{주가}{주당순자산}$$

BPS가 일정하다고 가정할 경우 주가가 낮으면 PBR도 낮게 나타납니다. 또한 주가가 일정한 수준인 데 반해 BPS가 높게 나타나면, 역시 PBR가 낮게 나타납니다. 결국 PBR 수준이 낮은 주가는 기업의 순자산가치에 비해 시장에서 저평가되어 있다고 판단해야 합니다.

예를 들어 가장 대표적인 자산주인 태광산업의 경우 2021년 6월 말 기준 주당순자산이 356만 3,000원이었습니다. 2021년 중 태광산업의 주가가 78만 7,000원에서 130만 원 사이에서 움직였으므로, PBR는 0.22배~0.36배 사이에서 형성되었습니다. 이는 태광산업의 주가가 청산할 경우의 청산가치에도 미치지 못하는 상태였음을 의미합니다.

반면에 대표적인 2차전지 소재업체인 천보의 경우 2021년 6월 말 기준 주당순자산이 2만 4,707원이었는데 주가는 15만 5,000원에서 20만 5,000원 사이에서 형성되었으므로, PBR는 6.27배~8.33배 사이에서 형성되었음을 알 수 있습니다. 다시 말해 천보의 경우 청산가치를 훨씬 웃도는 수준에서 주가가 형성되었던 것입니다.

IFRS 연결	2017/12		2018/12		2019/12		2020/12		2021/06	
	최고	최저	최고	최저	최고	최저	최고	최저	최고	최저
주가 (원)	1,328,000	883,000	1,699,000	1,170,000	1,749,000	974,000	1,079,000	496,000	1,300,000	787,000
시가총액	14,786	9,831	18,917	13,027	19,473	10,845	12,014	5,522	14,474	8,762
PER	10.65	7.08	8.84	6.08	14.31	7.97	11.35	5.22		
PBR	0.50	0.33	0.56	0.39	0.56	0.31	0.33	0.15	0.36	0.22

기업가치 지표 　　　　　　　　　　　　　　　　　　　　　　　　　단위 : 억원, 주, %, 배

IFRS 연결		2017/12	2018/12	2019/12	2020/12	2021/06
Per Share						
EPS	(원)	124,662	192,300	122,200	95,038	180,182
EBITDAPS	(원)	363,657	426,367	289,219	107,960	210,077
CFPS	(원)	271,691	320,922	238,944	154,910	197,719
SPS	(원)	2,618,846	2,792,134	2,030,465	1,563,309	1,063,662
BPS	(원)	2,671,790	3,013,073	3,110,701	3,225,004	3,563,000

PBR에 영향을 주는 요인들

PER와 함께 자산주 개념의 PBR지표도 주식시장에서 중요한 위치를 차지하고 있는 것은 분명한 사실입니다. 하지만 PBR지표도 PER지표와 마찬가지로 단순히 그 배수가 낮다고 무조건 투자하면 낭패를 볼 수 있습니다. 따라서 PBR지표의 성질에 대해 면밀히 검토해야 합니다.

　그렇다면 PBR지표는 어떤 요인들에 의해 결정되는지 살펴볼까요?

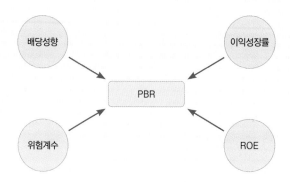

▌ **배당성향** ▌ 주식이 저PBR가 되기 위해서는 먼저 기업의 배당성향이 낮아져야 할 것입니다. 앞서 PER지표에서 살펴본 바와 같이 기업의 유보율이 높아지면 그렇지 못한 기업에 비해 PBR가 낮아집니다.

▌ **위험계수** ▌ 저PBR가 되기 위해서는 기업의 위험요인이 높아져야 합니다. 기업의 위험이 높아지면 주가가 떨어져서 상대적으로 저PBR가 됩니다.

▌ **이익성장률** ▌ 저PBR가 되려면 성장률은 낮아져야 합니다. 성장률이 높다는 것은 기업의 주가를 상승시키는 요인이 되어 PBR 수준을 높이게 됩니다.

▌ **ROE** ▌ 저PBR가 되기 위해서는 ROE가 낮아져야 합니다. 만약 ROE가 높으면 시장에서 이를 알게 된 투자자들이 주식을 매수하여 수가가 상승하게 될 것입니다. 이에 따라 PBR가 높아집니다. 반대로 ROE가 낮은 기업은 투자자들이 주식을 매도해 주가가 떨어지므로 PBR가 낮아집니다.

PBR를 이용한 투자전략

PBR를 이용하여 투자를 결정하는 한 가지 방법이 있습니다. 바로 PBR 수준과 ROE를 이용하여 분석하는 방법입니다. ROE가 높으면 PBR도 높아지고 반대로 ROE가 낮으면 PBR는 낮아집니다.

▼ PBR-ROE 모형을 통한 과대 · 과소 판단

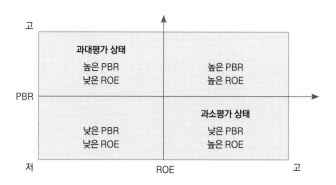

그림에서 ROE는 낮은 데 반해 PBR가 높은 경우는 분명히 자산가치에 비해 주가가 과대평가되어 있는 것입니다. 이런 주식은 매도해서 위험을 막아야 합니다. 반대로 ROE는 높은데 PBR가 낮은 경우는 실제로 회사의 자산가치에 비해 주가가 저평가되어 있는 것입니다. 이런 주식을 시장에서 골라내어 매수한다면 투자 성과는 좋을 것입니다.

　PBR지표는 기업의 장부가치를 바탕으로 주가를 판단한다는 점에서 상당히 객관적인 지표입니다. 물론 이 지표를 사용하기 위해서는 기업의 회계 관행이 투명해야 합니다.

　PBR지표를 사용할 때는 신문이나 분석보고서에 나오는 것처럼 단순히 지표의 높고 낮음에 기초해 투자를 결정해서는 안 됩니다. 이 지표도 기업의 유보율, 위험, 성장률, 그리고 자기자본이익률 등 매우 복잡한 상황이 얽혀서 나타납니다. 그렇기 때문에 무엇보다 그 기업에 대한 정확한 판단이 선행되어야 합니다.

11

주가매출액비율 PSR

매출가치가 높은 종목은
어떻게 찾나요?

기업 중에는 가끔 PER나 PBR를 이용하여 기업가치를 평가할 수 없는 경우가 있습니다. PER의 경우 '주가÷주당순이익'으로 계산되는데, 만약 기업이 적자를 내고 있다면 PER가 (−)로 나와서 분석을 할 수 없기 때문입니다. PBR도 자본잠식으로 기업의 순자산가치가 (−)를 기록하고 있는 기업이나 새로 창업한 기업의 경우, 그 자산가치를 제대로 평가하기가 어렵습니다.

또 한 가지 생각해볼 문제는 기업들의 회계 조작 가능성입니다. 2000년대 들어와서 국내외에서 대규모 분식회계 사건이 불거진 것에서 알 수 있듯이, 기업들은 회계를 자신들의 입맛에 맞도록 처리하는 경향이 있습니다. 그런 점에서 본다면 당기순이익을 바탕으로 주가를 평가하는 PER지표의 경우 회계 조작이 많을 수 있습니다. 이를 보완해줄 수 있는 지표가 바로 주가매출액비율PSR; Price Sales Ratio 입니다.

매출액은 기업의 이익지표에 비해 그 변동성이 크지 않고 기업의 순수한 영업활동 결과를 나타내는 보다 객관적인 지표입니다. 그래서 PSR지표는 PER지표를 보완할 수 있는 지표로 인식되고 있습니다.

PSR지표는 코스닥시장이 개장되고 세계적으로 IT열풍이 불면서 각광을 받은 지표입니다. 이 지표는 벤처기업들의 기업가치를 평가하는 데 많이 사용되었습니다. 지금도 PSR지표는 저평가된 비인기종목을 발굴하기 위한 방법으로 사용되고 있습니다.

$$주가매출액비율 = \frac{주가}{주당매출액}$$

이러한 PSR지표를 이용하여 투자할 경우를 생각해보겠습니다. 만약 주가가 같은 수준이라면 주당매출액이 높은 기업은 PSR가 낮아집니다. 즉, 주가는 동일하지만 상대적으로 매출능력이 뛰어난 기업이 바로 저PSR기업이 되는 것입니다. 또 주당매출액이 같은 수준에서 주가가 내려가더라도 저PSR종목이 됩니다. 그렇다면 저PSR종목이 시장에서 상대적으로 저평가된 종목이라고 판단할 수 있을 것입니다.

PSR에 영향을 주는 요인들

PSR도 앞서 살펴본 PER나 PBR와 마찬가지로 기업의 위험이 증가하여 주가가 하락한 경우에는 낮아지는 현상을 보입니다. 이를 해결하기 위해 PSR지표가 어떤 요인들에 의해 결정되는지 살펴봅시다. PSR는 기업의 배당성향, 위험계수, 성장률 외에도 매출순이익률인 마진Margin의 영향을 받습니다.

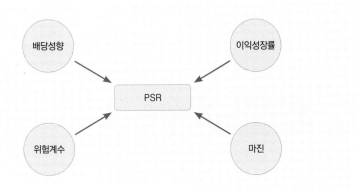

▌ **배당성향** ▌ 주식이 저PSR가 되기 위해서는 먼저 기업의 배당성향이 낮아져야 합니다. 즉, 유보율이 높아져야 한다는 것입니다. 이는 불황에도 견딜 수 있을 만큼 내성이 강한 기업을 말합니다. 기업의 유보율이 높아지면 그렇지 못한 기업에 비해 PSR가 낮아지게 됩니다.

▌ **위험계수** ▌ 저PSR가 되기 위해서는 기업의 위험요인이 높아져야 합니다. 기업의 위험이 높아지면 주가가 떨어지고 상대적으로 저PSR가 됩니다.

▌ **이익성장률** ▌ 성장률이 높다는 것은 기업의 주가가 높아지게 하는 요인이 되어 PSR를 높이게 됩니다.

▌ **마진** ▌ 저PSR가 되기 위해서는 매출순이익률인 마진이 낮아져야 합니다. 만약 마진이 높으면 시장에서 이익률이 높다는 것을 알게 된 투자자들이 주식을 매수하여 주가가 상승하게 될 것입니다. 그러므로 마진이 높은 기업의 주가가 상승하여 PSR가 높아집니다. 반대로 마진이 낮은 기업은 투자자들이 주식을 매도해 주가가 떨어지게 되므로 PSR가 낮아집니다.

PSR를 이용한 투자전략

PSR를 이용하여 투자를 결정하는 방법은 무엇일까요? 바로 PSR 수준과 마진을 이용하여 분석하는 방법입니다. 앞에서 살펴본 바와 같이 마진이 높으면 PSR도 높아지고 반대로 마진이 낮으면 PSR는 낮아지게 됩니다. 이런 관계를 그림으로 나타내면 다음과 같습니다.

▼ PSR–마진 모형을 통한 과대·과소 판단

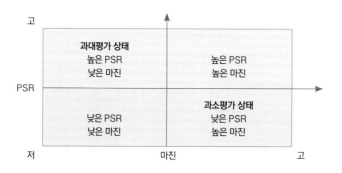

마진은 낮은데 PSR가 높은 경우는 분명히 회사의 매출능력에 비해 주가가 과대 평가되어 있는 것입니다. 이런 주식은 매도해서 위험을 막아야 합니다. 반대로 마진은 높은데 PSR가 낮은 경우에는 실제로 회사가 매출능력에 비해 주가가 저평가되어 있는 것입니다. 이런 주식을 골라내어 매수하면 좋습니다.

요즘처럼 신경제기업들이 새로 생겨나는 상황에서 PSR는 매우 중요한 지표임에는 분명합니다. 하지만 PSR 역시 단순히 높고 낮음으로 투자에 적용해서는 안됩니다. 마진과 PSR의 관계를 꼼꼼히 따져 투자결정에 올바른 지표로 삼아야 할 것입니다.

242

HTS에서는 다양한 투자지표들이 제공되는데, 그중에서 PER, EV/EBITDA, PBR, PSR 지표는 기본적으로 계산되는 지표들입니다. 각 지표들을 잘 활용하여 투자전략을 세우기 바랍니다.

▼ 홈 ┄▶ 투자정보 ┄▶ 리서치 ┄▶ 기업분석 ┄▶ 투자지표

IFRS 연결		2017/12	2018/12	2019/12	2020/12	2021/06
Per Share						
EPS	(원)	5,421	6,024	3,166	3,841	2,435
EBITDAPS	(원)	9,934	11,717	8,445	9,765	5,562
CFPS	(원)	8,321	9,659	7,523	8,307	4,766
SPS	(원)	31,414	33,458	33,919	34,862	19,000
BPS	(원)	28,971	35,342	37,528	39,406	40,361
Dividends						
DPS(보통주,현금)(원)		850	1,416	1,416	2,994	722
DPS(1우선주,현금)(원)		851	1,417	1,417	2,995	722
배당성향(현금)(%)		14.09	21.92	44.73	77.95	
Multiples						
PER		9.40	6.42	17.63	21.09	
PCR		6.12	4.01	7.42	9.75	
PSR		1.62	1.16	1.65	2.32	
PBR		1.76	1.10	1.49	2.06	2.00
EV/Sales		1.56	1.09	1.64	2.33	
EV/EBITDA		4.94	3.10	6.60	8.33	

12

HTS로 종목관리하기

종목관리를
쉽게 할 수 없을까요?

주식시장은 하루에도 수천 수만 가지의 정보가 생성되고 소멸되는 곳입니다. 그래서 주식투자를 시작하고 나면 정보가 곧 돈임을 뼈저리게 느끼고 정보의 소중함을 알게 됩니다. 그런데 시장에 돌아다니는 정보가 실제로 돈이 되는 정보인지 거짓 정보인지를 판단하는 것은 대단히 어려운 일입니다. 주식시장은 수많은 사람들이 수익을 내기 위해 무한경쟁을 하는 곳이기 때문에, 때로는 거짓 정보를 퍼트려 남을 속이면서 돈을 벌려고 하는 사람들도 매우 많습니다. 제대로 된 정보는 그냥 주어지는 것이 아닙니다. 투자자 스스로가 검증하고 또 확인할 수 있는 능력을 길러야 합니다.

정보 중 가장 기본적인 것이 바로 기업 관련 정보입니다. 투자하려는 기업이 도대체 어떤 기업인지, 최근 수년간의 실적은 어떠했는지, 그리고 애널리스트들의 평가는 어떠한지를 한눈에 알아볼 수 있는 방법이 있습니다. 바로 우리가 매일 사용하고 있는 HTS를 꼼꼼히 들여다보는 것입니다.

HTS는 투자정보의 보물창고입니다. 자신이 투자하고 있는 종목의 시세조회 정도로만 사용하면 그 활용도가 떨어집니다. 따라서 매일 일정 시간을 할애해 HTS를 살펴보면 많은 투자정보를 거머쥘 수 있습니다.

기업정보를 알아볼 때 주로 봐야 하는 것은 어떤 것일까요? HTS에서 제공되는 기업정보는 어떤 것이 있는지 알아봅시다. 먼저 기업개요를 보기 위해 투자정보 ⋯› 기업분석 ⋯› 기업개요로 가면 간단한 기업의 내용을 알 수 있습니다.

▼ 홈 ⋯› 투자정보 ⋯› 기업분석 ⋯› 기업개요

주 소	경기도 수원시 영통구 삼성로 129 (매탄동)		
설 립 일	1969/01/13	대표이사	김기남, 김현석, 고동진
상 장 일	1975/06/11	종업원수	111,683
결 산 월	12	전화번호	031-200-1114
그 룹 명	삼성	주거래은행	우리은행
업 종	통신 및 방송 장비 제조업		
주요상품	DRAM, NAND Flash, 모바일AP 등/HHP, 네트워크시스템, 컴퓨터 등/TV, 모니터, 냉장고, 세		

주주명	주권의 수(주)	지분율(%)	주주형태	주주수	지분율(%)
삼성생명보험(외 17	1,262,644,773	21.15	기관투자자	4	19.93
국민연금공단	578,352,347	9.69	개인/법인	246	10.94
BlackRock Fund Ad	300,391,061	5.03	주요외국인주주	16	5.03
이병철	408,650	0.01			
서병삼	70,300	0			

❚ **홈 ⋯› 투자정보 ⋯› 기업분석 ⋯› 기업개요** ❚ 여기서는 기업의 주소, 설립일, 상장일, 주거래은행과 대체적인 지분관계를 알 수 있습니다. 특히 주목해야 하는 것은 기업의 설립일입니다. 설립한 지 오래된 기업은 매우 큰 강점이 있습니다. 흔히 매년 100개의 기업이 창업하면 95개는 망하고 나머지 5개만 살아남는다는 통계를 인용합니다. 그만큼 창업 이후 사업을 궤도에 올리는 것이 쉽지 않다는 뜻입니다. 설사 사업이 본 궤도에 올랐다 하더라도 경기의 부침에 따라 도산하는 기업이 수없이 많습니다. 연구된 자료에 따르면 우리나라 상장기업의 평균 상장연수가 약 18년이라고 합니다. 즉, 상장된 기업조차도 영속적으로 살아남기

어렵다는 것입니다. 그런데 설립된 이후 매우 긴 업력을 보여주는 것은 그만큼 불황에 견딜 수 있는 능력이 있다는 것이므로 높은 점수를 줘야 합니다.

매출과 관련된 내용들도 기업개요에서 그래프와 수치를 통해 쉽게 파악할 수 있습니다. 기업이 증자했는지의 여부는 자본금 변동현황을 보거나 최근 공시내용을 보고 알 수 있습니다. 그리고 투자주체별로 누가 매입하고 있는지는 투자자별 매매동향을 통해서 알아볼 수 있습니다.

▎**홈 ⋯ 투자정보 ⋯ 리서치 ⋯ 기업분석 ⋯ Snapshot** ▎ 다음은 기업개요 옆에 있는 기업분석 중 'Snapshot'을 클릭해봅시다. 여기에는 주가추이는 물론이고 시세현황, 운용사별 보유현황, 신용등급현황, 애널리스트들의 투자의견과 목표주가 그리고 주요 재무항목과 투자지표 등을 한눈에 파악할 수 있습니다. 그리고 그 옆에 있는 기업개요를 눌러보면 최근 연혁과 매출구성, R&D 투자현황, 인원현황 등 많은 정보들이 수록되어 있습니다.

홈 ⋯ 투자정보 ⋯ 리서치 ⋯ 기업분석 ⋯ Snapshot

‖ **홈 ⋯› 투자정보 ⋯› 리서치 ⋯› 기업분석 ⋯› 투자지표** ‖ 투자지표는 재무비율과 함께 투자를 할 때 반드시 챙겨봐야 하는 항목들입니다. 여기에는 PER, PBR 같은 주가 관련 지표, 기업가치지표들이 수록되어 있습니다.

▽ 홈 ⋯› 투자정보 ⋯› 리서치 ⋯› 기업분석 ⋯› 투자지표

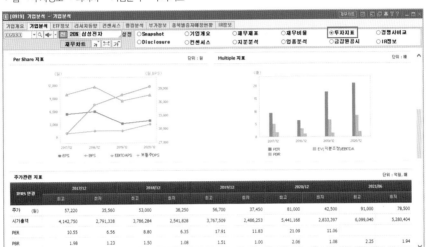

HTS에서 기업공시 확인하기

상장기업은 기업을 공개함으로써 많은 주주들로부터 자금을 유치합니다. 수많은 주주를 위해 자신들의 경영상황 정보를 빠짐없이 공개하는 것을 **공시**라고 합니다. 그래서 기업의 공시내용은 해당 기업의 현황과 계획을 파악하는 데 매우 중요한 정보가 됩니다.

공시는 증권을 발행할 때 하는 발행시장공시, 주식시장에서 일상적으로 일어나는 유통시장공시로 나눠집니다. 발행시장공시에는 증권신고서와 사업설명서 등이 있습니다. 유통시장공시에는 사업보고서, 반기 및 분기보고서 등의 **정기공시**가 있고 기업의 주요 경영사항에 대한 **수시공시**가 있습니다. 그리고 합병을 한

다든지 영업의 양수도, 공개매수가 있는 경우에는 **특수공시**를 해야 합니다. 정기 공시는 주로 재무제표를 공시합니다.

이 밖에도 거래소가 주권상장법인의 기업내용에 관한 풍문이나 보도내용의 사실 여부를 확인하기 위해 해당 기업에 공시를 요구하는 경우가 있는데, 이를 **조회공시**라고 합니다. 기업이 조회공시를 요구받은 경우 오전에 받았으면 오후까지, 오후에 받았으면 다음 날 오전까지 공시해야 합니다. 또한 IR^{Investor Relations}라 불리는 기업설명회도 중요한 공시행위로 볼 수 있습니다. 상장기업이 경영내용, 사업계획 및 향후 전망에 대해 설명회를 통해 공시하게 됩니다.

공정공시제도

공정공시제도는 기업이 공시되지 않은 중요 정보를 어느 특정인에게 선별적으로 제공하고자 하는 경우, 모든 시장참여자들이 이를 알 수 있도록 그 특정인에게 정보를 제공하기 전에 거래소에 신고하여 이를 공시하는 것을 말합니다.

기업이 공시하는 내용, 특히 기업의 실적이나 미래의 계획에 관한 내용은 주가에 매우 민감한 영향을 미칩니다. 예를 들어 적자를 기록하던 기업이 흑자로 전환했다든지 아니면 반대로 흑자를 기록하던 기업이 적자로 돌아섰다든지 하는 경우, 주가가 급등 또는 급락할 가능성이 있습니다. 이들 정보를 어느 특정인에게 먼저 제공한다면, 그 정보를 받은 사람은 다른 사람보다 먼저 매매를 함으로써 큰 이익을 보거나 큰 손실을 피할 수 있게 됩니다. 따라서 어느 누구도 먼저 정보를 받는 일이 있어서는 안 됩니다. 이를 제도화한 것이 바로 공정공시제도입니다.

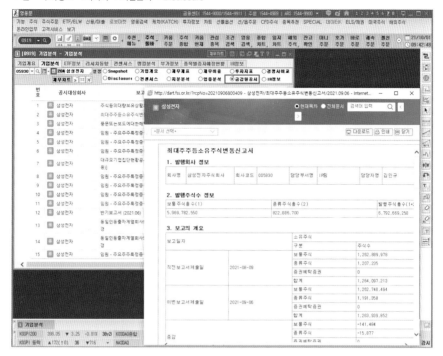

HTS에서 종목리포트 확인하기

기업에 대해 더 알고 싶다면 애널리스트들이 써놓은 종목리포트를 확인하면 좋습니다. 그럼 종목리포트에는 어떤 내용들이 담겨 있을까요? HTS에서 확인해봅시다.

일반적으로 종목리포트를 통해서 알 수 있는 것은 각 종목이 현재 처해 있는 경영환경의 주요 포인트와 기업의 투자지표, 그리고 담당 애널리스트의 투자의견 및 목표주가 등입니다. 일반적으로 첫 페이지에는 핵심키워드를 중심으로 리포트가 구성되고 그다음 페이지부터는 키워드의 세부내용이 나타납니다.

투자정보 ∨		리서치 ∨		기업/산업분석 ∨		기업분석 ∨			

번호	종목명	투자의견 (추천연혁)	제목	첨부	애널리스트	작성일	조회수	스크랩
8967	LG디스플레이	Buy(Mainta in)	LG디스플레이 (034220): LCD 업황 우려 지속	📎	김소원	2021.09.30	200	🔖
8966	삼성전기	Buy(Mainta in)	삼성전기 (009150): FC-BGA 장기 호황, 기판 가치 재평가 필요	📎	김지산	2021.09.30	292	🔖
8965	씨에스윈드	Buy(Mainta in)	씨에스윈드 (112610): 계속되는 성장, 신재생에너지 바람을 타고	📎	이종형 외1명	2021.09.28	446	🔖
8964	한국가스공사	Buy(Mainta in)	한국가스공사 (036460): 수소 및 신사업 확대로 성장성 강화	📎	이종형	2021.09.28	286	🔖
8963	삼성SDI	Buy(Upgra de)	삼성SDI (006400): 원형전지 호황 인상적	📎	김지산	2021.09.27	435	🔖
8962	한화에어로스페이스	Buy(Mainta in)	한화에어로스페이스 (012450): 화려했던 상반기, 숨 고르는 하반기	📎	김지산	2021.09.23	448	🔖
8961	효성화학	Buy(Mainta in)	효성화학(298000): 투자가 제한되었던 비 PP/DH부문의 경쟁력 강화	📎	이동욱 외1명	2021.09.17	671	🔖
8960	덱스터	Not_Rated (Not_Rate d)	덱스터(206560): 착실히 밟아가는 비즈니스 견고함	📎	이남수 외1명	2021.09.17	711	🔖

다음에 나오는 LG디스플레이에 대한 리포트를 살펴봅시다. 리포트를 작성하게
된 계기는 실적전망Preview에 대한 것으로, 키워드는 'LCD 업황 우려 지속'입니다.
이때 애널리스트가 주장하고 싶은 것을 간단히 말하면 다음과 같습니다.

① 2021년 3분기 영업이익은 6,914억 원으로 전망되며, 이는 시장의 컨센서스
를 밑돌 것으로 예상된다.
② 그러나 현재 주가는 LCD업황 우려를 반영하고 있는 수준이다.
③ 투자의견은 매수를 하는 데 부담 없는 수준이다.

포털사이트에서 보고서를 찾아보세요.

포털사이트의 증권정보에서 각 증권사 애널리스트들의 분석보고서를 찾아볼 수 있습니다. 네이버는
'홈 → 증권 → 투자전략'에, 다음은 '홈 → 증권 → 투자정보'에서 각종 보고서들을 한눈에 찾아볼 수 있
습니다.

그러면서 현재 주가는 1만 9,050원이지만 목표하는 주가는 2만 8,000원으로 제시했습니다. 그리고 투자의견은 매수를 유지한다는 내용입니다. 리포트 본문 좌측에는 기업의 주가, 기업개요 그리고 투자지표들이 일목요연하게 구성되어 있습니다. 그리고 그다음 페이지는 앞서 요약한 3가지 핵심 주장을 뒷받침하는 내용들로 구성되어 있습니다. 종목에 대한 리포트를 확인하는 것도 중요하지만, 그 종목이 속한 업종에 대한 리포트를 찾아보는 것도 대단히 중요하다는 것을 기억하세요.

HTS를 이용하면 투자자들이 생각하고 있는 복수의 지표를 만족시키는 종목을 손쉽게 검색해서 투자에 이용할 수 있습니다. 이를 위해서는 HTS의 조건검색창을 활용하면 됩니다. 조건을 검색할 수 있는 항목은 먼저 유가증권시장과 코스닥시장 등을 구분한 후 시가총액, 자본금 등의 범위를 지정하고 그중에서 재무제표 요소를 조건에 넣으면 됩니다. 예를 들어 유가증권시장에서 PER 10배 이하, PBR 1.0배 이하, ROE가 20% 이상인 종목을 고르는 작업을 해봅시다. 그러면 먼저 다음에 나오는 화면처럼 조건을 지정해야 합니다.

검색을 클릭하면 다음과 같이 설정된 조건을 만족하는 결과를 얻을 수 있습니다. 검색결과 유수홀딩스, LX인터내셔널, DL건설, 코오롱, 신풍제지 등 15개 종목이 검색되었습니다. 그리고 조건식은 자신이 원하는 대로 지표를 추가할 수 있습니다.

▽ 홈 ⋯▸ 주식 ⋯▸ 조건검색

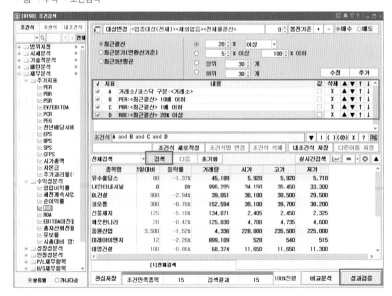

영웅문4에서는 '성과검증'이란 기능이 추가되어 본인이 설정한 조건식을 만족시키는 종목들이 어떤 성과를 냈는지 알아볼 수 있습니다. 성과검증을 해본 결과는 다음과 같습니다.

▼ 성과검증

검색된 조건식을 만족하는 종목들이 과거 6개월 동안 나타낸 성과를 검증해보는 내용입니다. 현재 검색된 종목들의 개별적인 성과와 더불어 이들을 포트폴리오로 보유했을 경우 같은 기간 종합주가지수 수익률 대비 16.55%의 초과수익을 거둔 것을 볼 수 있는데 이로써 지금의 조건식이 어느 정도 유효성을 갖는 것으로 판단해볼 수 있습니다.

HTS에서 나만의 관심종목 설정하기

주식투자를 할 때 보통 시장의 모든 종목을 매수대상으로 선정하는데, 이는 잘못된 방법입니다. 우선 투자할 종목들을 선정해놓고 그중에서 실제로 매매하고자 하는 종목을 선정해야 합니다. 그러기 위해서는 관심을 가지고 지속적으로 지켜볼 관심종목을 구성하는 것이 필요합니다. 관심종목은 실제 매수 외에도 업종별 종목을 한눈에 보거나 테마주를 한눈에 보는 용도로 사용할 수 있습니다. 관심종목 화면 설정하는 과정을 살펴봅시다. 홈에서 [관심종목] 메뉴를 클릭하여 화면을 불러옵니다.

관심종목 초기화면

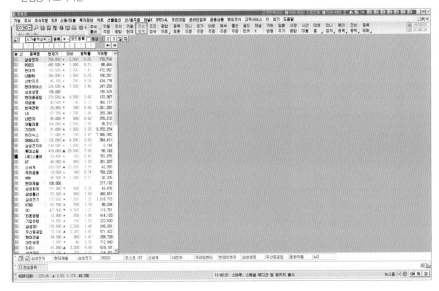

다음으로 관심종목 화면을 몇 개로 분할할 것인지를 결정합니다. 가로와 세로를 몇 개로 만들 것인지를 정하면 됩니다. 가로와 세로를 설정하는 예를 살펴보면 다음과 같습니다.

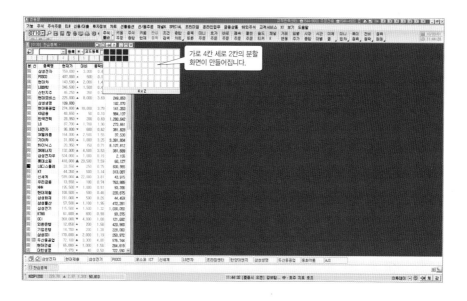

가로 4칸 세로 2칸의 분할
화면이 만들어집니다.

가로와 세로가 분할되면 화면 좌측 상단의 등록화면을 눌러서 관심종목을 화면에 등록합니다. 종목 등록을 위해서 좌측 상단의 등록 가능한 종목을 보면 거래소 업종별, 코스닥 업종별, 테마종목별, 그룹사별 또는 거래소와 코스닥시장의 순위별 종목들을 골라 분할된 각 화면에 배치할 수 있습니다.

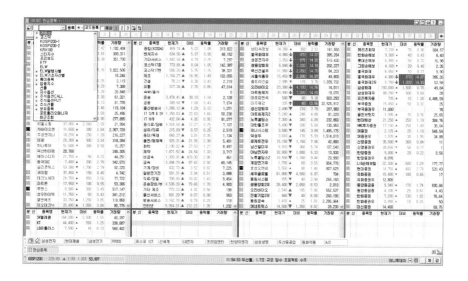

01 일광 씨는 최근 대표적인 소비 관련주로 떠오른 게임주에 관심을 가지고 있습니다. 게임주 중 대표종목은 엔씨소프트와 넷마블이라고 생각해서 이들 두 종목에 집중해서 종목을 찾아볼 생각을 하고 있습니다. 그런데 최근 모바일환경이 더욱 확대될 것으로 예상돼, 상대적으로 수익성과 안정성에서 강점을 가질 수 있는 종목을 선택하기로 했습니다. 두 회사의 매출구성은 다음과 같습니다. 수익성과 안정성에 대해 일광 씨는 어떤 결론을 내려야 할까요?

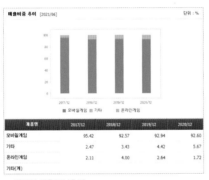

제품명	2017/12	2018/12	2019/12	2020/12
모바일게임	95.42	92.57	92.94	92.60
기타	2.47	3.43	4.42	5.67
온라인게임	2.11	4.00	2.64	1.72
기타(계)				

⬝ 넷마블 매출구성추이

제품명	2017/12	2018/12	2019/12	2020/12
모바일게임	56.59	53.25	58.71	69.46
로열티	11.53	16.42	11.61	9.02
리니지	8.76	8.73	10.23	7.27
리니지II	3.74	3.72	5.50	4.32
기타(계)	19.36	17.88	13.94	9.92

⬝ 엔씨소프트 매출구성추이

Answer 수익성 측면에서는 모바일게임의 매출이 증가할 경우 넷마블의 이익이 급격히 증가할 것으로 예상할 수 있습니다. 왜냐하면 넷마블의 모바일게임 매출점유율이 92.6%에 달하고 엔씨소프트는 69.46%에 그치기 때문입니다.

그러나 안정성 측면에서는 제품 포트폴리오가 그나마 잘 짜인 엔씨소프트가 더 낫다고 볼 수 있습니다. 만약 모바일게임 업황이 좋지 않을 경우 넷마블은 큰 낭패를 볼 수 있지만, 엔씨소프트는 상대적으로 로열티나 PC게임과 같은 다른 부분에서 수익이 발생할 경우 손실을 줄일 수 있기 때문입니다.

02 일광 씨와 함께 주식투자에 재미를 붙여가고 있는 쾌남 씨는 종목을 선택하는 기준으로 PER를 마음에 두고 있었습니다. HTS를 통해서 PER가 낮은 종목을 검색해 다음과 같은 결과를 얻었습니다.

순위	종목명	PER	주가	전일대비	등락률	거래량	매도호가	매수호가
1	솔브레인홀딩	0.37	38,200 ▼	1,400	-3.54	124,611	38,250	38,200
2	혜성산업	0.60	14,900 ▼	250	-1.65	85,910	14,950	14,900
3	성도이엔지	0.93	5,390 ▼	70	-1.28	106,257	5,390	5,380
4	윙익	1.04	4,550 ▼	85	-1.83	45,082	4,550	4,530
5	GRT	1.24	951	0	0			
6	SGC이테크건	1.28	67,400 ▼	2,400	-3.44	12,657	68,400	67,400
7	유성티엔에스	1.68	3,010 ▼	55	-1.79	42,112	3,010	3,005
8	휴림로봇	1.88	887 ▼	13	-1.44	681,424	887	886
9	넥스트아이	2.72	1,515 ▼	30	-1.94	741,669	1,515	1,510
10	케이엠	2.74	8,340 ▼	220	-2.57	32,672	8,400	8,340
11	셰원물산	2.86	6,280	0	0			
12	리더스코스메	3.01	3,755 ▼	245	-6.13	94,557	3,755	3,750
13	골든센츄리	3.15	390 ▼	9	-2.26	999,718	391	390
14	인화정공	3.17	10,750 ▼	500	-4.44	25,787	10,750	10,700
15	이지홀딩스	3.18	5,190 ▲	180	+3.59	4,980,635	5,190	5,180

[0171] 고PER/저PER | ○전체 ○코스피 ⦿코스닥 저PER 코스닥평균 70.74 조회

그리고 일광 씨에게 와서 흥분된 목소리로 말했습니다. "일광 씨! 지금 코스닥시장의 평균 PER가 70.74배인데 솔브레인홀딩스의 PER가 겨우 0.37배에 지나지 않아요. 이렇게 저평가된 종목을 본 적이 있나요?" 이 모습을 보고 일광 씨는 어떤 조언을 해줄 수 있을까요?

Answer PER는 분명 저평가된 종목을 찾는 데 매우 유용한 도구입니다. 그러나 단순히 PER가 낮다는 것만으로 저평가 여부를 속단하기는 어렵습니다. 왜냐하면 PER는 실제로 저평가된 경우도 있겠지만, 위험이 매우 높아지든지 아니면 향후 성장성이 현저하게 떨어지는 경우에도 낮아질 수 있기 때문입니다. 따라서 이러한 조건들을 모두 따져본 후 결론을 내리는 것이 필요합니다.

03 구슬 씨가 일광 씨에게 와서 기업이 이익을 많이 내는 것도 중요하지만, 부도가 나지 않는 것이 전제가 되어야 하지 않겠느냐고 질문을 해 왔습니다. 그러면서 기업이 부도가 발생할지 여부를 알기 위해서는 어떤 지표를 보는 것이 좋을까 고민하고 있다고 했습니다. 구슬 씨도 어느덧 주식투자에 푹 빠져 있군요. 구슬 씨의 고민을 해결해주기 위해 일광 씨는 어떤 지표를 추천해주면 좋을까요?

Answer 기업의 부도 발생 가능성을 알아볼 수 있는 지표는 많이 있습니다. 그러나 그중에서도 유동비율과 부채비율을 보는 것이 좋습니다. 일반적으로 유동비율은 높을수록, 부채비율은 낮을수록 부도 가능성이 낮아집니다.

다음은 HTS에서 유가증권시장 중 부채비율이 낮은 기업을 랭킹분석한 것입니다. 참고해보세요.

04 일광 씨는 기업분석을 위해 재무제표를 공부하고 있습니다. 기업이든 개인이든 자신만의 핵심 역량을 보유하는 것이 필요합니다. 그런데 회사의 핵심 역량이 얼마나 발휘되고 있는지를 알아볼 지표는 무엇인지 궁금해졌습니다. 기업의 핵심 역량의 실현 정도를 파악할 수 있는 지표는 과연 무엇일까요?

Answer 영업이익을 살펴봐야 합니다. 영업이익은 기업의 주된 사업에서 발생한 이익으로, 그 기업이 보유하고 있는 역량의 발휘 정도를 볼 수 있습니다. 그러나 단순히 영업이익 크기만을 확인해서는 안 되고 영업이익률도 동시에 고려하는 것이 좋습니다.

다음은 유가증권시장에서 영업이익 크기순으로 종목을 정렬한 것입니다. 참고해보세요.

저평가 종목을 고르는 원칙 10가지

10년 이상 꾸준한 배당을 기록하고 있으면서 유보율이 높은 기업을 찾으세요.

배당은 수익이 있어야 가능합니다. 기업이 10년 이상 꾸준히 배당을 기록한다는 것은 그만큼 경기변동에 적절히 대응하는 능력이 있다는 것입니다. 더구나 배당을 꾸준히 하고 있음에도 유보율이 높다는 것은 앞으로 닥칠 불황에도 잘 견딜 수 있는 기업임을 의미하기도 합니다. 만약 이런 기업의 주가가 떨어진다면 이는 저평가된 주식으로 판단할 수 있습니다.

회사 주력 제품의 매출이 증가하고 PER가 합리적인 수준인 기업을 찾으세요.

일반적으로 기업에는 여러 종류의 제품이 있습니다. 그런데 별로 매출비중이 크지 않은 종목이 날개 돋친 듯이 팔린다고 해서 그 기업이 좋아지는 것은 아닙니다. 시장에서 인기를 끌면서 팔려나가는 제품이 그 회사의 주력 상품이라면 이는 회사의 가치를 바꿀 수 있는 부분이 됩니다. 이때 기업의 PER가 합리적인 수준이라면 이는 분명 저평가된 주식입니다. 왜냐하면 현재 매출로 벌어들인 순이익으로 인해 예상순이익을 이용한 PER가 많이 낮아져 있을 것이기 때문입니다.

구조조정을 통해 새로운 기업으로 탈바꿈하는 주식을 찾으세요.

일반적으로 구조조정은 사양기업을 대상으로 진행합니다. 구조조정을 제대로 해내는 기업을 찾기는 힘들지요. 만약 구조조정을 통해 비용을 절감하고 신기술 또는 신제품을 만들어 환골탈태하는 기업이 있다면 놓치지 말아야 합니다. 아울러 이런 기업들은 대체로 기업이 정상화되기 전까지 부도가 나서는 안 되므로, 유동비율 등을 통해 재무적인 안정성이 얼마나 되는지도 확인해야 합니다.

모회사로부터 분리 독립한 기업을 주목하세요.

기업이 인적·물적 분할을 통해 모기업으로부터 자회사나 사업부를 분리 독립시키는 경우가 있습니다. 대체로 새롭게 독립한 기업에 대해서는 제대로 알려진 것이 없어 쉽게 접근하기 어렵지요. 그러나 모기업은 자회사 내지는 사업부가 분리된 이후 영업적으로나 재무적으로 곤경에 처하는 것을 원하지 않습니다. 따라서 이러한 회사들은 건실한 재무구조, 경영진의 창의적인 경영추진 등과 맞물려 매우 큰 가치 상승을 기대할 수 있습니다.

잉여현금흐름이 많은 종목을 선택하세요.

잉여현금흐름이란 기업이 벌어들인 영업현금흐름에서 비유동자산에 투자하는 것과 같은 자본적 지출을 뺀 나머지 현금흐름을 말합니다. 잉여현금흐름이 많다는 것은 앞으로 높은 배당을 받을 수 있다는 것이지요. 만약 배당을 하지 않는다면, 분명 생산성 있는 새로운 투자를 시도할 것입니다. 그러나 배당도 하지 않고 생산성 있는 새로운 투자도 하지 않는다면, 종국에는 M&A의 대상이 될 것입니다. 그러므로 잉여현금흐름이 많은 종목은 이래저래 눈여겨볼 필요가 있습니다.

상승하는 물가를 자유롭게 제품가격에 이전시키는 기업을 찾으세요.

물가상승은 기업의 제품원가를 높이는 요인입니다. 그런데 기업들은 소비자들 때문에 제품의 가격을 쉽게 올리지 못합니다. 소비자들로부터 가격저항을 받기 때문이지요. 이렇게 되면 자연히 기업의 수익성이 떨어질 가능성이 커집니다. 그러나 제품가격을 자유롭게 인상할 수 있는 기업이라면 원가상승으로 인해 수익이 줄어드는 현상은 나타나지 않을 것입니다. 이런 기업이 바로 알짜기업입니다.

경제적 부가가치가 지속적으로 창출되는 기업을 찾으세요.

경제적 부가가치란 기업이 영업을 통해 벌어들인 돈으로 자본비용을 지불하고도 남는 돈입니다. 만약 기업이 지속적으로 경제적 부가가치를 창출하고 있다면, 이런 기업은 언제든지 새로운 평가를 받을 것입니다.

ROE가 지속적으로 높아지는 기업을 매수하세요.

ROE가 높다는 것은 결국 주주자본에 대해 꾸준히 높은 보상이 이루어진다는 뜻입니다. 특히 지속적으로 높아진다는 것은 일시적인 현상이 아니라 추세적으로 상승하는 것입니다. ROE가 높음에도 불구하고 낮은 PBR를 유지하고 있다면, 이는 분명 저평가된 종목으로 판단할 수 있습니다.

벌어들인 수익으로 부채를 줄이는 기업을 매수하세요.

경영자들은 가끔 주주의 이익과는 반대되는 의사결정을 하여 주주들과 갈등을 일으키기도 합니다. 사실 경영자는 부채를 통해 레버리지를 높여 많은 돈을 벌면 그에 따른 보상을 받기 때문에 본인에게는 좋습니다. 부채를 쓰다가 망해버려도 다른 회사에 가서 또 경영을 하면 된다고 생각하는 경우도 있고 말입니다. 그러나 만약 경영자가 수익이 나는 대로 부채를 상환하는 곳에 쓴다면, 이는 안전한 투자가 될 것이고 주주와 경영자 간에 문제도 생기지 않을 것입니다. 재무적으로 건실한 기업의 주가가 떨어진다면, 이는 분명 저평가 국면으로 들어갑니다.

숨겨진 자산이 있는 기업을 고르세요.

최근에는 기업공시가 잘 되어 있지만 신기술이나 특허권과 같은 숨겨진 자산가치를 보유한 기업들이 존재할 수 있습니다. 그러나 이러한 것들은 가치평가가 어렵기 때문에 신중하게 접근해야 합니다.

05

차트 분석하기

어려운 그래프를 제대로 읽어내고
주가흐름을 예측하기 위해
적절한 기술적 분석방법을 안내합니다.

"

차트의 복잡한 숫자들은 무엇을 가리킬까요?

차트의 불규칙한 선들은 무슨 의미일까요?

초보자에게 가장 어려워 보이는 것이 차트이지만

그 속에도 원리가 있습니다.

시간의 기록인 차트, 그 속에 깃든 이야기를 이해하면

주가의 흐름을 이해할 수 있습니다.

"

주식은 시간여행입니다

일광 씨는 기업분석을 통해 가치투자주를 찾아 장기적인 투자를 먼저 시작했습니다. 그런데 요즘 부쩍 차트 분석에 대한 궁금증이 몰려옵니다. 차트에도 기업을 알아보는 비밀이 숨어 있지 않을까? 하지만 너무 복잡해 보입니다. 일광 씨는 슈퍼개미에게 다짜고짜 차트 잘 보는 법을 물었습니다.

슈퍼개미: 차트가 어떻게 왜 시작되었는지, 먼저 차트의 역사부터 알아보죠.

고대의 원시인들은 무턱대고 아무 때나 사냥을 나갔을까요? 농사문화가 정착되던 초기에 농사꾼들은 아무 때나 파종을 하고 추수를 했을까요? 그들에게도 나름대로 시기를 판단하는 기준이 있었을 겁니다. 예를 들면 별자리의 움직임을 보고 사냥하기 좋은 때를 고르는 것처럼 말입니다.

　그리고 그들은 그 시기를 알아보는 방법을 기록으로 남겨 계속 사용하였을 테고, 기록을 후손들에게 물려줬겠죠. 이렇듯 기록이 쌓이면 역사가 되고 후대의 역사가들은 그 기록을 토대로 과거를 추적하고 미래를 예측하는 판단기준으로 삼습니다.

일광 씨: 그럼 주식투자도 과거를 추적할 필요가 있는 건가요? 지금까지는 현재의 가치를 분석하고 미래의 가치를 가늠해보는 것이 주였는데요.
슈퍼개미: 주식은 시간여행입니다. 미래 예측뿐만 아니라 과거 탐방이기도 하지요. 미래 예측은 반드시 과거 분석을 토대로 이루어져야 하니까요. 주식투자에 있어서 종목의 과거 흐름을 파악하는 것은 매우 중요합니다.

주식시장에도 주가 데이터가 남아 있습니다. 물론 우리나라의 경우 그 역사가 짧기 때문에 데이터로 주가를 분석하는 것이 쉽지는 않습니다. 우리나라에서 사용하는 종합주가지수는 불과 30년 전인 1980년 1월 3일 기준을 100포인트로 삼고 있습니다. 게다가 이 종합주가지수가 사용되기 시작한 것은 1983년부터라고 합니다. 그러나 미국이나 영국 등 자본주의 선진국의 경우에는 과거 수백 년간의 자본시장 역사가 기록되어 있어 100년 또는 150년 동안의 자료를 쉽게 구해 볼수 있습니다. 이렇게 남아 있는 데이터들은 단순히 과거 자료로 그치는 게 아니라 미래를 향한 새로운 정보가 되어줍니다.

일광 씨: 아, 그런데 저는 인문학도라 숫자에 너무 약해요.
슈퍼개미: 숫자를 보지 말고 선을 보세요.

데이터는 잘 활용할 때 그 효과를 최대치로 올릴 수 있는 것입니다. 자료를 가지고 있다고 해도 이것을 적절한 형태로 변형하지 않으면 의미 있는 분석결과를 찾기 어렵습니다. 자료를 정리하는 효과적인 기술이 뭘까요? 바로 그림으로 표현하는 방법입니다. 더군다나 시간의 흐름이 있는 자료는 그림으로 표현하기 딱 좋지요. 자, 주가를 매일매일 점으로 찍어놓고 이것을 선으로 연결해봅시다. 바로 주가의 흐름을 알 수 있는 그래프가 그려집니다. 그렇게 그려진 그래프가 곧 차트지요. 차트는 주가가 형성되어온 역사입니다.

슈퍼개미: 차트 속에는 그 주식의 희로애락이 담겨 있지요. 역사가 그러하듯이 말이에요. 차트가 아주 많은 말을 하고 있는데 가만 들여다보면 좋은 말들을 들을 수 있답니다.

슈퍼개미가 커다란 차트를 하나 그리고 말했습니다. 자, 주가 차트에게 다음과 같은 역사적인 질문들을 던져봅시다!

① 과거에 주가의 고점과 저점은 얼마였습니까?
② 과거에 주가가 상승할 때 얼마의 기간 동안 올랐습니까?
③ 과거에 주가가 하락할 때 얼마의 기간 동안 내렸습니까?
④ 과거에 주가가 오르고 내리는 동안 거래량은 늘었습니까, 줄었습니까?
⑤ 과거에 주가가 오르고 내리는 동안 경제상황은 어떻게 움직였습니까?
⑥ 각각의 경제지표와 주가는 어떤 상관관계로 움직였습니까?

이제부터 차트를 통해 주가의 과거와 현재를 이해하고, 나아가 미래까지도 예측할 수 있는 힘을 길러볼까요?

01

주가를 예측하는 기술적 분석

왜 차트를
알아야 하죠?

차트를 통해 시장을 예측할 수 있습니다

주식시장에서는 과거의 주가와 거래량 정보를 이용해 의미 있는 자료를 만들어 냅니다. 가장 대표적인 것이 바로 차트입니다. 이렇게 주가와 거래량을 바탕으로 만든 차트를 통해 주가의 과거와 현재, 그리고 미래를 분석하는 방법을 **기술적 분석**이라 합니다. 과거의 주가흐름으로 각종 패턴을 분석하고 지표를 만들어서 미래의 주가를 예측하고자 하는 분석방법이지요.

기술적 분석의 기본적인 목적은 차트의 흐름을 검토해서 주가의 규칙성을 찾아내는 것입니다. 여기에는 다음과 같은 속마음, 즉 가정이 숨어 있습니다.

첫째, 주가가 수요와 공급에 의해서만 결정된다는 것입니다. 주가는 사려는 세력과 팔려는 세력의 힘의 균형점에서 형성됩니다. 사려는 세력이 강하면 주가는 오르고 팔려는 세력이 더 강하면 주가는 하락합니다.

둘째, 시장의 사소한 변동을 고려하지 않는다면 주가는 지속되는 추세에 따라 상당 기간 움직이는 경향이 있습니다. 사려는 세력이 강하면 주가가 상승하고 팔려는 세력이 강하면 주가가 하락한다고 볼 때, 사려는 세력이 하루아침에 마음을 바꾸지 않는다면 일정 기간 그들이 우위인 기간이 형성됩니다. 이런 과정에서 주가는 상당 기간 올라가는 추세를 보입니다. 반대로 팔려는 세력이 더 강하면 역시 상당 기간 주가는 떨어지는 추세를 보입니다.

셋째, 추세의 변화는 수요와 공급의 변동에 의해서 일어납니다. 상승추세에서 하락추세로 변화가 일어난다는 것은 사려는 세력의 힘에 비해 팔려는 세력의 힘이 더 커졌다는 것을 말합니다. 수요와 공급의 힘의 판도가 바뀐 것입니다. 바로 이런 요인에 의해 주가의 추세가 변합니다.

넷째, 수요와 공급의 변동은 그 발생사유에 관계없이 시장의 움직임을 나타내는 도표로 추적될 수 있습니다. 또한 도표에 나타나는 주가모형은 스스로 반복하는 경향이 있습니다. 즉 모든 주가의 움직임은 그래프로 그려볼 수 있고 과거에 나타난 특정 패턴은 미래에도 반복적으로 나타난다는 것입니다. 그러므로 과거의 주가 형태를 잘 관찰하고 주가의 상승과 하락을 사례별로 꼼꼼히 챙겨두는 것이 필요합니다.

이렇듯 기술적 분석은 "과거 속에 미래가 있다"라는 표어를 안고 투자자들에게 널리 사용되고 있습니다.

기술적 분석의 논쟁

기술적 분석에 대한 시각은 양극으로 나누어집니다. 시장을 어떤 시각에서 바라보는가에 따라 쓸모가 많다고 보는 사람도 있고, 전혀 쓸모없는 분석방법으로 취급하는 사람들도 있습니다. 이 둘의 관점은 시장이 효율적인지 비효율적인지에 대한 생각의 차이입니다.

시장의 효율성에 대한 생각의 차이는 무엇일까요?

기본적 분석을 통해 알 수 있었던 것처럼 기업은 본질적인 가치가 있습니다. 애널리스트들은 갖가지 방법을 통해 기업의 가치를 분석해놓았습니다. 그러나 실제 시장에서 주가가 그 가치를 정확히 반영하느냐에 대해서는 논란의 여지가 있습니다.

우선 시장이 비효율적이어서 기업의 가치와 주가가 정확하게 일치하지 않는다면, 시장에는 저평가된 종목과 고평가된 종목만이 존재할 것입니다. 예를 들어 삼성전자의 본질가치를 계산해보니 100만 원이라는 주가가 나왔는데 현재 시장에서는 주가가 70만 원 선에서 움직이고 있다면, 이는 분명히 본질가치에 비해 저평가되어 있다고 볼 수 있습니다. 이런 경우에는 주가가 본질가치를 정확히 반영하지 않은 것입니다.

그러나 달리 생각해보면 100만 원이라고 계산한 본질가치가 삼성전자의 진정한 본질가치인가에 대해 의구심을 가질 수도 있습니다. 그 계산은 잘못된 것이고 실제로 시장에서 형성된 70만 원이 삼성전자의 진정한 가치가 아니냐는 주장이 나올 수 있는 것입니다.

이렇게 극명한 시각 차이를 보이는 것이 바로 시장의 효율성에 대한 논쟁입니다. 그렇다면 만약 시장이 효율적이라면 어떨까요? 주가가 기업의 가치를 적극적으로 반영하는 것이라면, 주가가 움직이는 것은 곧 기업의 가치가 바뀌고 있다는 것을 의미한다고 볼 수 있습니다. 그런데 이렇게 변화하는 기업의 가치를 투자자들은 어떤 식으로 확인할 수 있을까요? 바로 정보의 형태로 확인할 수 있습니다. 즉, 기업의 가치를 변화시키는 정보가 주가에 반영되고 투자자들은 이를 통해 주가의 움직임을 이해할 수 있다는 것입니다. 따라서 시장이 효율적이라면 기업의 가치를 변화시키는 정보들이 신속하고 정확하게 주가에 반영될 것입니다.

예를 들어 삼성전자가 새로운 스마트폰 모델을 개발했는데, 그것이 기업의 가치를 5% 정도 증가시킬 수 있는 것이라고 가정해봅시다. 이 경우 시장이 효율적이라면 정보가 나오는 즉시 삼성전자의 주가는 5% 상승을 보여야 합니다. 그러나 시장이 비효율적이라면 이 정보는 주가에 전혀 반영되지 않습니다. 또는 2% 정도만 오른다든지 아니면 7%나 올라간다든지 하는 상황이 나타납니다. 이후 시간이 흘러 종국에야 5% 상승으로 주가 수준을 찾아갑니다. 시장이 비효율적이라면 투자자들은 바로 이런 상황을 이용해서 수익을 얻게 됩니다.

이제 시장의 효율성과 기술적 분석을 연결해서 생각해봅시다. 주가는 모두 차트로 그릴 수 있고 차트의 과거에 나타났던 것이 미래에도 반복적으로 나타난다고 하는 기술적 분석의 가정은 어떻게 되는 것일까요? 만약 시장이 효율적이라면 주가가 무작위로 움직이지, 과거에 나타났던 것대로 움직이지 않는다는 말이 됩니다. 그러면 기술적 분석의 유용성은 사라집니다. 그렇지만 만약 시장이 비효율적이라면 기술적 분석을 통해 시장으로부터 수익을 얻을 수 있습니다.

　최근 많은 사람들의 이야기를 들어보면 결론은 이렇습니다. 시장은 대체로 효율적입니다. 하지만 비효율적인 측면이 분명히 존재합니다. 그것을 수치화한다면 적게는 70% 많게는 80% 정도는 효율적이지만 나머지 20~30% 정도는 비효율적인 측면이 존재하는 것입니다. 최근에는 시장의 비효율적인 면을 이렇게 인정하면서 기술적 분석의 존재가치도 인정받고 있습니다.

기술적 분석은 왜 유용할까요?

기술적 분석은 어떤 유용성이 있는지 알아봅시다. 첫째, 기본적 분석을 통해서도 알 수 없는 것이 바로 시장참여자들의 심리 상태입니다. 반면에 기술적 분석은 시장이 과열 상태인지 침체 상태인지를 알려줌으로써 시장에서의 심리분석을 가능하게 해줍니다. 둘째, 기본적 분석에서는 본질가치에 비해 저평가된 주식이나 과대평가된 주식을 알려줍니다. 하지만 언제 사고 언제 팔아야 하는지, 즉 매매시점은 알려주지 못합니다. 반면에 기술적 분석에서는 매매시점을 정확하게 알려줍니다. 그러므로 기술적 분석에서는 매매타이밍을 어떻게 잡아야 하는지를 반드시 확인해야 합니다.

이러한 유용성에도 불구하고 기술적 분석이 홀대받는 이유는 뭘까요? 앞서 살펴본 대로 시장은 효율적인 면이 많기 때문입니다. 그렇다면 과거의 패턴들을 열심히 연구하더라도 그것이 잘 들어맞지 않을 가능성이 크지요.

　많은 사람들이 같은 차트를 보고 있어도 통일된 의견을 구하기는 어렵습니다. 차트에서 각자 추세선을 어떻게 그리느냐에 따라 달라지기 때문에, 추세의 시작이 어딘지 그리고 어떤 패턴이 나타나고 있는지 앞으로 어떻게 될 것인지에 대해 의견이 다를 수 있습니다. 또한 기술적 분석은 시장 변화의 원인은 무시하고 가격의 움직임만 본다는 문제도 있습니다. 이는 아마도 가장 치명적인 단점이 될 것입니다. 증권 관련 TV에 소위 전문가들이 나와서 분석하는 것을 가만히 보면 다음과 같은 장면이 흔히 나옵니다.

앵커: 유가는 앞으로 어떻게 될까요? 환율은요? 차트는요?
전문가: 차트 한번 보시죠.

이처럼 각각의 변동요인은 무시하고 모든 것을 차트로만 해석하는 것을 보면, 왜 경제공부를 하는지 회의가 들 수도 있습니다. 이렇게 보면 차트만 공부하면 되나 싶어지기 때문입니다. 그러나 그것이 반드시 잘못된 것은 아닙니다. 주식시장에 상장된 종목 수는 약 2,000여 개나 됩니다. 많은 종목들을 하나의 기준으로 판단하려고 할 때, 차트 분석은 어느 때보다 유용한 분석방법이 될 수 있는 점도 인정해야 합니다.

주식시장의 속설 중 "기껏해야 차트, 그래도 차트"라는 말이 있습니다. 시장의 효율성으로 볼 때 기술적 분석의 존재 의미가 반감되는 것은 사실이지만, 그렇다고 완전히 무용한 것은 아니라는 뜻입니다. 최근 학계나 업계에서는 기술적 분석도 유용하다고 인정받고 있습니다. 다만 매우 열심히 공부하고 분석해야 한다는 전제를 잊어서는 안 됩니다.

HTS에서 차트 보기

HTS에서는 다양한 형태의 차트가 제공되고 있습니다. HTS에서 [차트]를 클릭하여 그래프를 불러옵시다.

▼ 홈 ⋯ 차트 ⋯ 키움종합차트

기본적인 차트에서 차트의 환경을 바꾸려면 차트 툴바에서 톱니바퀴 모양을 눌러 자신에게 맞는 차트를 구성할 수 있습니다.

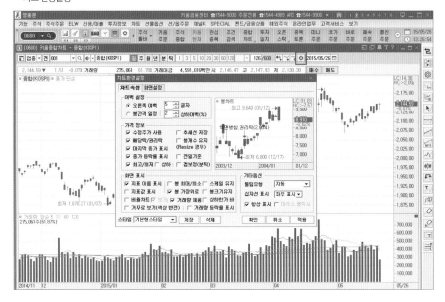

또한 차트의 유형을 바꾸려면 차트형태 메뉴를 통해 새롭게 구성할 수 있습니다.

▼ 차트형태 메뉴

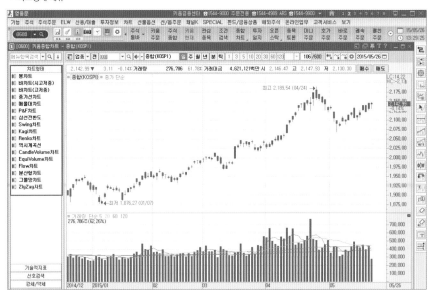

기술적 지표를 추가하고자 하는 경우에는 빨간 박스 안의 아이콘을 클릭하거나 차트 화면의 빈 공간에 오른쪽 마우스 버튼을 클릭하세요. 다음과 같은 화면이 나타나면 추가하고 싶은 지표를 선택하여 그래프에 추가할 수 있습니다.

▽ 지표 추가/전환

02

봉차트, 봉차트의 종류, 봉차트의 구조

봉차트는
무엇인가요?

투자자들이 가장 많이 보는 차트는 캔들차트라고도 부르는 봉차트입니다. 봉차트는 시가, 고가, 저가, 종가로 구성된 가격 차트로 시가는 장 시작 시의 가격, 종가는 장 마감 시의 가격입니다. 고가는 하루 동안의 주가 중 가장 높은 가격, 저가는 하루 동안의 주가 중 가장 낮은 가격을 말합니다. 주가흐름은 1일, 1주, 1개월 단위로 작성함으로써 일봉차트, 주봉차트, 월봉차트로 구분합니다. 일봉차트는 단기 흐름을, 주봉차트와 월봉차트는 중장기 흐름을 파악하는 데 좋습니다.

봉차트는 작성방법에 따라 미국식 도표와 일본식 도표로 구분하기도 합니다. 우리나라에서 사용하는 일본식 도표는 어떻게 그려지는지 살펴봅시다.

양봉과 음봉의 의미

봉의 몸통은 시가와 종가로 구성되며 봉의 꼬리는 고가와 저가로 구성됩니다. 또한 봉의 색깔로 보면 봉차트에는 양봉과 음봉이 있습니다. 시가에 비해서 종가가 올랐느냐 떨어졌느냐에 따라 양봉과 음봉으로 나눠집니다.

먼저 양봉의 형태부터 살펴볼까요? 그림처럼 양봉은 시가보다 종가가 높게 끝

낲을 경우 빨간색으로 나타납니다. 양봉의 의미는 뭘까요? 하루 중에 매도세보다는 매수세가 활발했다는 것을 의미하지요. 양봉 몸통의 길이가 길면 길수록 매수세 강도가 강한 것입니다.

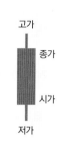

양봉의 위꼬리는 하루 중 고가에 도달하긴 했지만 이내 매도세력이 나타나 주가가 떨어져 고가를 유지하지 못했다는 의미입니다. 따라서 위꼬리의 길이는 장중 대기 매도세의 크기를 보여준다고 할 수 있습니다.

반대로 아래꼬리는 하루 중 저가에 도달하긴 했지만, 이내 매수세력이 나타나 주가가 반등했다는 의미입니다. 따라서 아래꼬리의 길이는 장중에 매수세의 크기를 보여준다고 할 수 있습니다. 만약 계속해서 양봉이 발생한다면 시장의 매수세력이 왕성하게 활동하고 있다는 증거가 됩니다.

다음으로 음봉의 형태를 살펴봅시다. 음봉은 시가보다 종가가 낮게 끝났을 경우 나타납니다. 양봉과 반대로 음봉은 하루 중에 매수세보다는 매도세가 활발했다는 것을 의미합니다. 음봉 몸통의 길이가 길면 길수록 매도세 강도가 강한 것입니다. 음봉의 경우도 꼬리는 양선과 같이 해석하면 됩니다. 시장에서 지속적으로 음봉이 발생한다면 시장의 매도세력이 왕성하게 활동하고 있다는 증거입니다.

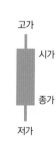

양봉의 의미를 오해하지 마세요.

많은 사람이 오해하는 것이 있습니다. 양봉은 가격이 올랐을 때 그려진다고 생각하는 것입니다. 그러나 종은 전날에 비해 주가가 상승 또는 하락했다는 의미가 아닙니다. 아침에 시작한 가격보다 올랐다면 당일 중 주가가 떨어졌더라도 양봉이 그려지는 것이고, 아침에 시작한 가격보다 떨어졌다면 당일 중 주가가 올랐더라도 음봉이 그려지는 것입니다.

03

매수세를 예고하는 봉차트의 패턴

봉차트로
매수세를 안다고요?

봉차트는 매수세 또는 매도세의 크기를 나타냅니다. 그래서 주가가 상승추세에 있을 때 매도세가 강해지는 봉이 나온다든지 주가가 하락추세에 있을 때 매수세가 강해지는 봉이 나오면, 시장의 추세가 바뀔 가능성이 커집니다. 또한 양선은 매수세의 활발함을, 음선은 매도세의 활발함을 의미하므로 시장에서 매수세력이 매도세력을 어떻게 극복하는지, 매도세력이 매수세력을 어떻게 제압하는지를 판단하는 것이 필요합니다.

일봉을 판단할 때 꼬리를 해석하는 것도 중요하지만 무엇보다 몸통의 크기를 기준으로 판단한다는 점을 꼭 기억해두세요.

주가상승을 예고하는 봉 패턴

| **망치형** | 망치형(해머형)은 주가가 하락한 후 추가 하락하지 않고 멈추는 모습을 보일 때 나타나는 형태입니다. 상승추세로 돌아설 가능성이 크다고 해석합니다. 음선보다는 양선이 발생하면 더욱 신뢰할 만합니다.

┃ 상승샅바형 ┃ 상승샅바형은 하락추세에서 시가가
당일 중의 저가를 형성한 이후 지속적인 상승세를 보이
는 것입니다. 긴 몸체의 양선이 나타납니다.

┃ 역전된 망치형 ┃ 하락추세에서 작은 몸통 위로 긴
꼬리가 달린 봉을 말합니다. 역전된 망치형이 나타난
이후 다음 날 봉이 양선이거나 갭을
만들면서 전날 종가보다 높게 형성
되면 강한 상승추세 전환 신호로 봅
니다. 다만 망치형이 나타나는 것보
다는 신뢰도가 떨어집니다.

> 갭(Gap)이란 2개의 인
> 접한 봉에서 한 봉의
> 저점이 다른 봉의 지점
> 보다 높은 것을 가리킵
> 니다. 매수주문과 매도
> 주문이 불균형하여 급
> 등 또는 급락할 때 나
> 타납니다.

┃ 상승장악형 ┃ 상승장악형은 하락추세에서 전날보다
몸통이 더 큰 양선이 발생하는 것입니다. 상승 전환 신호
로 판단합니다. 특히 음선이 발생한 이후 그 음선을 몸통
으로 모두 감싸는 양선이 발생하면 신뢰도가 높습니다.

┃ 관통형 ┃ 관통형은 첫날 몸통이 긴 음선이 나타나
고, 둘째 날 긴 양선이 나타나는 경우입니다. 둘째 날의
시가가 전날 종가보다 낮게 시작된 이후 주가가 점차 상
승하여 종가가 첫날 발생한 음선의 몸통 중간 이상에서
형성되는 것으로, 종가가 고가에 가까울수록 신뢰도가
큽니다. 하지만 상승장악형보다는 신뢰도가 떨어지는
것으로 판단합니다.

상승잉태형 상승잉태형은 긴 음선이 발생한 이후 몸통 사이에 작은 양선이 발생하는 경우입니다. 상승 전환 신호로 판단합니다.

상승반격형 상승반격형은 하락추세에서 몸통이 긴 음선이 나타난 후 다음 날 시가도 낮게 형성된 뒤 긴 양선이 발생하여 전날의 종가까지 상승하는 것을 말합니다.

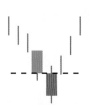

상승격리형 상승격리형은 첫날 음선이 발생한 이후 둘째 날 양선이 발생하는 것입니다.

상승집계형 상승집계형은 하락이 멈추고 상승으로 전환되는 모습을 보여주는 패턴입니다. 음선 이후에 양선이 발생할 때 신뢰도가 높다고 할 수 있습니다. 그림에서와 같이 하락추세에서 2개 이상의 봉이 더 이상 내려가지 않고 저점이 비슷한 형태를 보이면서 지지선이 형성되는 모습을 보입니다.

▲ 상승집계형과 망치형

샛별형 하락추세에서 몸통이 긴 음선이 발생한 이후 갭을 만들면서 둘째 날 몸통이 작은 봉이 발생하고 셋째 날 몸통이 긴 양선이 발생하는 것입니다.

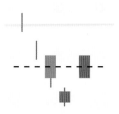

주가하락을 예고하는 봉 패턴

┃ **교수형** ┃ 교수형(행인맨형)은 주가가 상승한 이후 추가상승을 하지 못하는 과정에서 나타나는 형태입니다. 주가하락 가능성이 크다고 해석합니다. 양선보다는 음선이 발생하면 신뢰도가 더 큽니다.

┃ **하락샅바형** ┃ 하락샅바형은 상승추세에서 시가가 당일 중의 고가를 형성한 이후 계속 하락해서 몸통이 긴 음선이 나타나는 것입니다.

┃ **유성형** ┃ 유성형은 상승추세의 한계가 나타날 때 발생하는 봉으로 하락 반전을 예고하는 신호입니다. 일반적으로 갭을 동반하며 작은 몸통과 위쪽으로 몸통보다 2배 이상 되는 긴 꼬리가 달려 있는 봉입니다. 양선보다 음선이 나타나면 강력한 추세의 하락 반전 신호로 볼 수 있습니다.

┃ **하락장악형** ┃ 상승추세에서 전날보다 몸체가 큰 음선이 발생하는 것입니다. 특히 양선이 발생한 이후 그 양선을 몸통으로 모두 감싸는 음선이 발생하면 신뢰도가 높습니다.

┃ **먹구름형** ┃ 첫날 몸통이 긴 양선이 나타나고 둘째 날 시가가 전날의 고가보다 높게 형성되지만, 종가는 첫날의 시가 부근에서 형성되는 형태입니다. 이 패턴은 천장권에서 하락 전환 신호로 판단합니다. 특히 둘째 날의 종가가 전날에

형성된 봉의 몸통 중심선으로 내려올 경우 신뢰도가 높아집니다. 하지만 둘째 날의 몸통이 첫날의 몸통을 모두 감싸지 못하므로 하락장악형보다는 신뢰도가 약한 것으로 판단합니다.

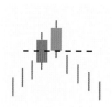

│ 하락잉태형 │ 긴 양선이 발생한 이후 몸통 사이에 작은 음선이 발생합니다.

│ 하락반격형 │ 하락반격형은 상승추세에서 몸통이 긴 양선이 나타난 이후, 다음 날 시가도 높게 형성된 뒤 긴 음선이 발생하여 전날의 종가까지 하락하는 것을 말합니다.

│ 하락격리형 │ 첫날 양선이 발생한 이후 둘째 날 음선이 발생하는 것입니다. 이러한 격리형은 첫날과 둘째 날의 몸통이 길면 길수록 신뢰할 수 있습니다.

│ 하락집게형 │ 하락집게형은 상승이 멈추고 하락으로 전환되는 모습을 보여주는 패턴입니다.

│ 석별형 │ 석별형은 상승추세에서 몸통이 긴 양선이 발생한 이후 갭을 만들면서 둘째 날 작은 몸통의 봉이 발생하고 셋째 날 긴 음선이 발생하는 것입니다.

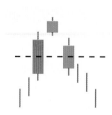

▎ **까마귀형** ▎ 까마귀형은 천장권에서 나타나는 하락 전환 신호로, 상승추세에서 긴 양선이 발생한 이후 둘째 날 갭이 발생하면서 음선이 나오고 셋째 날 음선이 발생하면서 둘째 날 만든 갭을 메우는 형태의 패턴입니다.

매도세와 매수세가 균형을 이루는 봉 패턴

장중 등락을 거듭하던 주가가 시가 근처에서 마감하는 경우에는 십자형 봉차트가 발생합니다. 이는 매도세와 매수세가 균형을 이루는 것입니다. 십자형은 흔히 추세 반전의 신호로 인식되기도 하지만, 실제로는 추세 반전의 신호와 추세 지속의 신호로 동시에 인식됩니다. 따라서 십자형이 발생한 다음 날의 주가 움직임으로 반전인지 지속인지 판단하는 것이 필요합니다. 십자형의 경우 아래위의 꼬리가 길면 길수록 장중 투자심리가 매우 불안하게 움직인 것으로 볼 수 있습니다. 십자형으로 볼 수 있는 봉 패턴은 다음과 같습니다.

▎ **장족형** ▎ 시장이 급등락을 보인 이후 시가와 종가가 같게 된 것으로 심리가 불안정한 모습을 보입니다.

▎ **비석형** ▎ 시가, 저가, 종가가 같은 형태로 바닥권보다는 천장권에서 나타나면 더 신뢰할 만한 봉입니다.

▲ 십자형   ▲ 장족십자형   ▲ 비석십자형

▌ **잠자리형** ▏ 잠자리형은 급등국면에서 자주 발생하는 패턴으로 상승과정에서 장중 매물을 소화하고 재차 상승할 때 주로 나타나는 봉입니다.

▌ **일자형** ▏ 강력한 상승 모멘텀으로 인해 시가, 저가, 고가, 종가가 모두 같은 봉입니다. 이는 소형주가 매일 상한가를 기록하는 과정에서 주로 발생합니다.

HTS에서 봉차트로 종목 검색하기

HTS에서는 다양한 형태로 종목 검색을 할 수 있습니다. 지금까지 살펴본 것 이외에도 수없이 많은 봉 패턴들이 있는데 이들을 통해 종목을 검색할 수 있는 방법이 있습니다. 바로 조건검색을 통해 종목을 찾아내는 것입니다. 예를 들어 조건검색으로 현재 시장에서 상승잉태형이 나타난 종목을 찾아봅시다. 상승반전형 메뉴 중 상승잉태형을 선택한 후 검색하면 됩니다.

 홈 ┅ 주식 ┅ 조건검색

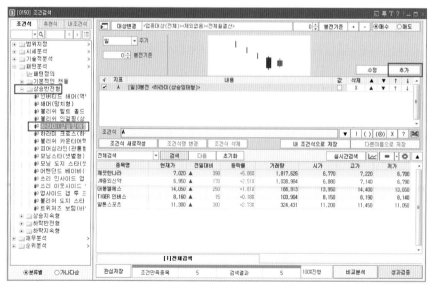

검색결과 부분을 보면 상승잉태형이 나타난 것은 깨끗한 나라, JW중외신약, 대봉엘에스, TIGER 인버스, 알톤스포츠까지 모두 5개 종목이 검색되었음을 알 수 있습니다.

하나의 패턴만으로 확실치 않다면 복수의 조건을 통해 보다 엄격하게 종목을 검색할 수도 있습니다. 예를 들어 긴 양봉이 나온 것 중에서 양선이 3개가 나란히 나온 적삼병의 조건을 추가해 종목을 검색하면 다음과 같습니다.

홈 ┅▸ 주식 ┅▸ 조건검색

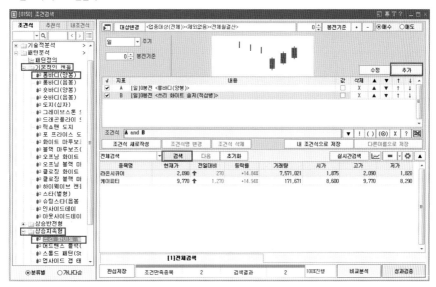

검색결과 라온시큐어와 케이피티, 두 종목이 검색되었습니다. 기업을 선택한 상태에서 🔖버튼을 클릭하면 그 기업의 차트를 볼 수 있습니다.

HTS에서는 종목별로 차트가 형성되는 과정에서 어떤 모양의 봉이 형성되고 있는지도 확인이 가능합니다. 이를 살펴보면 다음과 같습니다.

▽ 홈 ···› 차트 ···› 키움종합차트

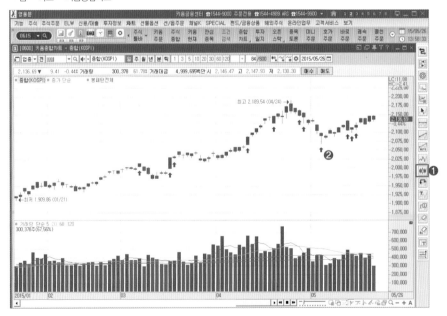

먼저 차트 메뉴 중에서 ❶은 봉 패턴을 알아보는 메뉴입니다. 이 메뉴를 클릭하면 패턴이 발생한 부분에 ❷처럼 화살표 표시가 생깁니다.

　이 화살표를 눌러보면 봉 패턴에 대한 설명이 팝업창을 통해 나옵니다. 따라서 일봉의 패턴을 잘 모르고 있더라도, 팝업창의 설명을 통해서 과거에 발생되었거나 현재 형성되고 있는 봉 패턴을 확인할 수 있습니다.

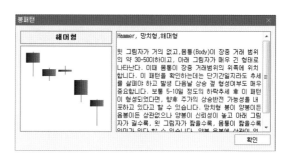

04

지지선과 저항선, 추세선
추세선은 어떻게
활용해야 하나요?

주가는 일정 기간 추세를 이루면서 일정 범위 안에서 움직이는 습성이 있습니다. 이때 주가 움직임의 저점과 저점을 이은 선을 **지지선**이라 하고 고점과 고점을 이은 선을 **저항선**이라고 합니다. 지지선이나 저항선을 알면 매매전략을 수립하는 데 매우 유용합니다. 일반적으로 주가가 상승추세에 있을 때 저항선을 상향돌파하는 경우 추가상승이 일어날 것으로 판단합니다. 주가가 하락추세에 있을 때 지지선을 하향돌파하는 경우에는 추가하락이 일어날 것으로 판단합니다.

지지선이나 저항선이 무엇을 의미하나요?

지지선은 주가가 일정 수준으로 내려오면 더 이상 내려가지 않으려고 하는 지점을 선으로 이은 것입니다. 저항선은 지지선과는 반대로 주가가 일정 수준까지 올라가면 더 이상 올라가지 못하는 지점을 선으로 이은 것입니다.

① 현재 주가의 목표치를 설정하고 매매전략을 수립하는 데 사용됩니다.

② 저항선이나 지지선을 돌파하려는 시도가 여러 차례 실패하는 경우 추세가 전환되는 것으로 봅니다.

③ 장기간에 걸쳐 형성된 지지선이나 저항선이 단기간에 형성된 것보다 더 신뢰

도가 큽니다.

④ 추세가 강화되는 경우에는 더욱 최근에 형성된 지지선이나 저항선의 신뢰도가 더 큽니다.

⑤ 정액가격대, 즉 1만 원, 2만 원, 5만 원, 10만 원 등의 단위나 자릿수가 바뀌는 경우는 심리적으로 지지선과 저항선의 역할을 합니다.

⑥ 저항선이나 지지선의 역할은 횡보하는 장세에서 더 커집니다. 왜냐하면 상승추세나 하락추세로 전환되는 시기나 상승 시의 상승폭, 하락 시의 하락폭의 크기를 예상할 수 있게 해주기 때문입니다.

▼ 지지선과 저항선

추세선으로 매매전략을 세워봅시다

추세선이란 고점과 고점, 또는 저점과 저점을 이은 선입니다. 상승추세선은 저점과 저점을 이어서, 하락추세선은 고점과 고점을 이어서 그립니다. 그리고 주가가 횡보를 하는 경우에는 평행추세선을 그릴 수도 있습니다. 저점이 계속 높아지면 상승추세선을 이루고, 고점이 계속 낮아지면 하락추세선을 이룹니다.

일반적으로 추세선은 중요한 지지선 또는 저항선의 역할을 합니다. 상승추세선은 주가의 하락을 막는 지지선의 역할을 하고, 하락추세선은 주가의 상승을 막는 저항선의 역할을 합니다. 일단 추세선이 그려지게 되면 일정 기간은 주가가 추세선에서 움직일 가능성이 높습니다.

▼ 추세선의 종류

저점이나 고점이 여러 차례 나타날수록, 추세선의 길이가 길고 완만할수록 신뢰할 수 있는 추세선이라고 볼 수 있습니다.

┃ **추세선의 길이** ┃ 길이가 길면 그 추세가 탄탄하며 주가의 움직임이 일관되게 나타난다는 것을 의미합니다.

┃ **추세선이 상승추세를 나타낼 때 기울기** ┃ 기울기가 급해지면 상승추세의 강화를 의미합니다. 반대로 기울기가 완만해지면 상승추세의 약화를 의미합니다.

일반적으로 추세선은 직선에 가까운 모습을 보이지만 주가의 상승이나 하락이 급격하게 나타나는 경우 직선보다는 곡선에 가까운 모습을 보이는 경우가 있습니다. 기울기가 점점 가팔라지는 형태를 나타내기 때문입니다.

290

▼ 추세선

추세는 주가의 움직임에 따라 상향돌파 또는 하향돌파되는 경우가 흔히 나타납니다. 이때 주가가 저항선을 상향돌파하고 나면 일시적으로 기존의 저항선 부근까지 되돌림을 하는 경우가 나타납니다. 그러면 기존의 저항선이 지지선의 역할을 하는지를 관찰하는 것이 필요합니다.

일단 추세대를 확인하게 되면 주가는 다음과 같은 특징을 가집니다.

① 지지선과 저항선 사이에서 등락을 거듭하던 주가가 저항선에 이르지 못하고 하락하는 경우 지지선을 하향돌파할 가능성이 큽니다.

② 주가가 지지선을 하향돌파함으로써 상승추세가 끝나고 하락국면으로 접어들면, 기존의 지지선은 더 이상의 의미를 갖기 어렵습니다. 이때 새로운 추세대를 확인하는 것이 필요합니다.

③ 주가가 상승추세대에서 등락을 거듭하다가 상승세가 강화되는 경우 저항선을 뚫고 상승합니다. 이를 추세의 강화라고 합니다. 이때 기존의 저항선은 더 이상 의미를 갖기 어렵고, 기존의 추세대보다 더욱 가파른 새로운 추세대를 확인하는 것이 필요합니다.

05

이동평균선

이동평균선으로
주가를 알 수 있다고요?

프로스포츠 선수들에게 따라다니는 것이 있습니다. 프로에 입문한 첫해에 신인 상을 받은 선수가 다음 해에는 신통치 못한 성적을 거두는 2년 차 징크스입니다. 심리적인 압박감의 영향도 있지만, 첫해에 평균 이상으로 좋은 성적을 거두고, 두 번째 해에는 그저 그런 성적을 거둠으로써 평균으로 돌아가는 과정이라고 볼 수 있습니다. 이런 현상을 평균회귀의 법칙Law of Mean Reversion이라고 합니다. 결국 세상 모든 이치는 평균으로 모이게 된다는 것입니다.

이 법칙은 투자에서도 나타납니다. 어떤 사람이 계속해서 높은 수익률을 올렸다면, 이후에는 수익률이 좋지 않을 가능성이 큽니다. 이렇게 평균회귀의 법칙을 주식투자 분석에 접목시킨 것이 바로 이동평균선을 이용한 분석방법입니다.

이동평균선이란 무엇일까요?

이동평균이란 추세의 변동을 알 수 있도록 구간을 옮겨가며 평균을 구하는 것을 말합니다. 주가의 이동평균을 구할 때 만약 5일 이동평균을 구한다면 첫날부터 5일째까지의 값을 더해서 5로 나눠주고, 그다음 날에는 두 번째 날부터 6일째까지의 값을 더해서 5로 나눠줍니다. 이것을 계속해서 이어가면 이동평균이 구해지는 것입니다.

1일	2일	3일	4일	5일	평균
100	102	99	95	104	100

평균 = (100+102+99+95+104)/5 = 100

 이동평균을 구하는 방법을 예로 살펴볼까요?

다음 표는 어떤 기업의 2015년 10월의 주가를 이용해 5일 이동평균과 10일 이동평균을 구한 것입니다. 먼저 5일 이동평균은 처음 10월 1일부터 10월 8일까지 주말과 공휴일을 제외한 매매일수 5일 동안의 평균을 구합니다. 그다음 날은 10월 1일을 빼고 10월 5일부터 10월 9일까지의 주가를 넣어서 다시 평균을 구하는 것입니다. 마찬가지로 10일 이동평균은 10월 1일부터 10월 15일까지 매매일수로 10일간의 주가를 이용해서 평균값을 구하고, 다음 날에는 10월 1일 주가를 빼고 10월 5일부터 10월 16일까지의 주가를 새로 포함해서 평균을 구합니다.

이런 이동평균값들을 선으로 연결한 것을 이동평균선이라고 합니다.

일자	종가	5일 이동평균	10일 이동평균
2015-10-01	2,315		
2015-10-05	2,330		
2015-10-06	2,335		
2015-10-07	2,355		
2015-10-08	2,450	2,357	
2015-10-09	2,485	2,391	
2015-10-12	2,480	2,421	
2015-10-13	2,395	2,433	
2015-10-14	2,310	2,424	
2015-10-15	2,310	2,396	2,377
2015-10-16	2,325	2,364	2,378

이동평균선은 이동평균을 구하는 기간 동안 시장의 투자자들이 평균적으로 매수한 가격 또는 매도한 가격으로 볼 수 있습니다. 주식투자 분석에서 이동평균선을 이용하는 것은 추세분석의 중심이 됩니다. 일정 기간 동안 주가의 평균치가 올라가는 과정인지 내려가는 과정인지 파악함으로써 미래의 주가동향을 미리 예측하고자 하는 지표인 것입니다.

이동평균선으로 매매전략을 세워봅시다

이동평균을 구하는 방법을 살펴보면 가장 오래된 정보가 빠져나가고 새로운 정보가 들어오는 과정을 반복한다는 것을 알 수 있습니다. 그러므로 이동평균은 날짜를 옮겨서 평균을 내면서 매일 새로운 정보를 받아들인다고 보면 됩니다.

　이동평균선은 분석하는 기간에 따라 단기이동평균선과 중기이동평균선, 그리고 장기이동평균선으로 구분됩니다. 우리나라는 주5일 주식시장이 열립니다. 따라서 1주간의 평균을 5일 이동평균, 1개월간의 평균을 20일 이동평균, 3개월간의 평균을 60일 이동평균, 6개월간의 이동평균을 120일 이동평균, 1년간의 평균을 240일 이동평균으로 나눕니다. 이때 5일선과 20일선은 단기이동평균선이라 하고 60일선은 중기이동평균선, 120일선과 240일선은 장기이동평균선이라고 합니다. 각 이동평균선이 어떤 특징이 있는지 살펴봅시다.

▎ 단기이동평균선일수록 정보의 크기가 더 큽니다. ▎ 일반적으로 이동평균을 분석하는 기간이 길어질수록 이동평균선의 기울기가 완만해지고, 분석하는 기간이 짧아질수록 기울기가 가팔라지는 모습을 보입니다. 따라서 단기이동평균선은 일반적으로 가파르게 나타납니다. 짧은 기간으로 나누어 평균값을 구하기 때문에 각 정보의 크기가 큰 것입니다.

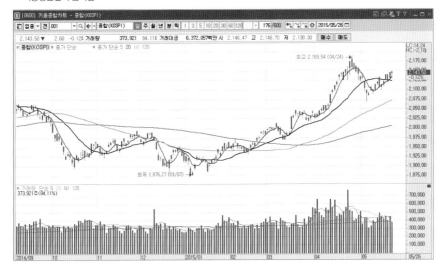

차트에서 보는 바와 같이 5일 이동평균선이 가장 가파른 움직임을 보입니다. 다음이 20일선, 60일선, 120일선의 순으로 기울기가 완만해집니다. 이는 이동평균값을 구하는 공식 때문입니다. 5일선의 경우 새로운 정보가 들어오면 5분의 1로 재분배가 되고 20일선은 20분의 1로 재분배가 됩니다. 즉 이동평균을 분석하는 기간이 짧을수록 새로운 정보의 크기가 더 큽니다. 그렇다면 주가가 올라가는 과정에서는 상승하는 정보를 더 크게 받아들여 더 빨리 오르고, 주가가 내려가는 과정에서는 더 빨리 내리게 되는 것입니다.

▌ 주가가 이동평균선을 돌파하는 시점이 의미 있는 매매 타이밍입니다. ▌ 이동평균선은 분석기간 동안 평균적으로 매수한 가격 또는 매도한 가격의 의미를 갖습니다. 따라서 주가가 이동평균선 아래 있다가 이동평균선에 접근하면 평균적으로 손해를 보던 사람들이 본전에 가까워집니다. 그러면 본전 생각에 주식을 팔게 됩니다. 그런데 주가가 이동평균선 위로 올라왔다는 것은 팔 사람들은 대부분 다 팔았으며 그 매물을 극복하고 올라왔음을 의미하므로, 시장에서는 추가로

급하게 팔 매물이 없다고 판단합니다. 그렇다면 주가가 이동평균선을 아래에서 위로 상향돌파하는 시점은 매수시점이라고 볼 수 있습니다. 이런 현상을 **골든크로스** Golden Cross 라고 부릅니다.

반대로 주가가 이동평균선 위에 있는 경우는 사람들이 평균적으로 이익을 보고 있다는 의미입니다. 주가가 이동평균선에 접근하게 되면 본전을 지키려는 사람들이 주식을 팔게 됩니다. 이때 주가가 이동평균선 아래로 떨어지면 매물이 쏟아지는 것입니다. 그러므로 주가가 이동평균선을 하향돌파하는 시점을 매도시점으로 볼 수 있습니다. 이런 현상은 **데드크로스** Dead Cross 라고 부릅니다. 이름에서 느껴지는 것처럼 골든크로스는 매수시점, 데드크로스는 매도시점임을 기억하세요. 이는 단기이동평균선과 중장기이동평균선의 관계에서도 마찬가지로 적용됩니다.

▼ 데드크로스와 골든크로스

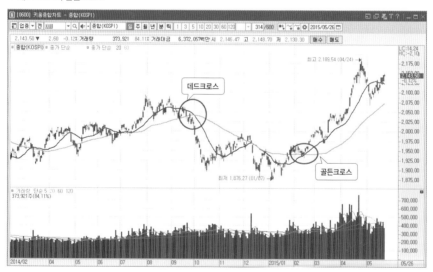

주가가 이동평균선과 지나치게 괴리가 클 경우 이동평균선으로 회귀하려는 성향이 있습니다. 이동평균은 그 기업의 주가를 대표합니다. 그런데 가격은 평균으로 회귀하는 평균회귀의 법칙을 자주 보입니다. 특히 60일 이동평균선 같은 중기이동평균선을 중심으로 주가가 움직입니다. 즉, 주가가 60일 이동평균선으로부터 위쪽으로 많이 올라가게 되면 다시 60일 이동평균선을 향해서 내려오게 되고, 아래쪽으로 많이 내려가게 되면 다시 60일 이동평균선을 향해서 올라오게 됩니다.

다음 화면을 보면 주가가 이동평균선으로부터 멀리 떨어진 이후 급하게 이동평균선 쪽으로 접근한다는 것을 확인할 수 있지요. 이것은 고무줄의 원리와 같습니다. 고무줄을 팽팽하게 당기면 원래의 상태로 돌아가려는 힘이 커지듯이 주가도 마찬가지입니다.

▼ 이동평균선의 회귀성향

┃ 주가가 장기이동평균선을 돌파하는 경우 주추세가 반전될 가능성이 큽니다. ┃

120일 또는 240일의 장기이동평균선을 주가가 상향돌파하는 경우는 상승추세로 반전될 가능성이 큽니다. 반대로 하향돌파하는 경우에는 하락추세로 반전될 가능성이 큽니다. 우리 시장에서는 120일 이동평균선을 경기선이라고 말할 정도로 중요하게 보고 있습니다.

▌ **강세국면에서는 주가가 이동평균선 위에서 움직일 경우 상승세가 지속될 가능성이 높습니다.** ▌ 반면에 약세국면에서는 주가가 이동평균선 아래에서 움직일 경우 하락세가 지속될 가능성이 높습니다.

이동평균선이 안고 있는 하나의 문제점이 있습니다. 이미 지나가버린 과거 주가를 평균하여 사용할 때 후행성을 띤다는 점입니다. 바꿔 말하면 이동평균선보다 주가의 정보가 현실을 더 잘 반영한다는 것이지요. 그러므로 주가가 상승하는 경우에는 이동평균선 위에서 움직이게 되고 이런 상승추세에서는 주가가 지속적으로 상승할 가능성이 커집니다. 반대로 주가가 떨어지는 경우에는 이동평균선보다 주가가 더 빠르게 떨어지기 때문에 이동평균선 아래에서 움직입니다. 이런 약세장에서는 주가의 추가하락이 예상됩니다. 이런 경우 중심 이동평균선은 20일선을 이용해서 살펴보는 것이 바람직합니다.

⬛ **주가가 상승하고 있는 이동평균선을 하향돌파할 경우에 추세는 조만간 하락반전할 가능성이 큽니다.** ⬛ 반대로 하락하고 있는 이동평균선을 주가가 상향돌파할 경우 추세는 조만간 상승반전할 가능성이 큽니다.

일반적으로 추세의 반전은 주가 변화로부터 시작됩니다. 주가가 상승하는 이동평균선을 하향돌파하거나 아니면 하락하는 이동평균선을 상향돌파하는 것이 변화의 시작을 알리는 것입니다. 그러나 이 원칙이 반드시 모든 경우에 적용되는 것은 아닙니다. 왜냐하면 일시적으로 나타나는 경우도 있기 때문입니다. 따라서 보다 명확한 증거를 찾기 위해서는 상대적으로 중장기인 이동평균선을 이용하는 것이 필요합니다. 단기이동평균선에서는 일시적인 반전이 나타나는 빈도가 잦습니다. 20일선이나 60일선을 이용하면 그러한 오류를 많이 줄일 수 있습니다.

06

이동평균선을 이용한 주가 분석방법

이동평균선은 어떻게
활용해야 하나요?

이동평균선을 이용해 주가를 분석해봅시다

▌**이동평균선의 방향성을 이용해 분석합니다.**▌ 이동평균선의 방향이 상승 중인지 하락 중인지를 확인하여 쉽게 추세를 파악할 수 있습니다. 시장이 하락추세에서 상승추세로 전환할 때는 주가상승반전 ⋯ 단기이동평균선 상승반전 ⋯ 중기이동평균선 상승반전 ⋯ 장기이동평균선 상승반전의 과정을 거칩니다. 상승추세에서 하락추세로 전환할 때에도 주가하락반전 ⋯ 단기이동평균선 하락반전 ⋯ 중기이동평균선 하락반전 ⋯ 장기이동평균선 하락반전의 과정을 거칩니다. 따라서 이동평균선이 상승세에 있는지 하락세에 있는지를 판단하는 것이 중요합니다.

▌**이동평균선 간의 배열도를 이용해 분석합니다.**▌ 각각의 이동평균선들이 어떤 순서로 배열되어 있는지를 살펴보는 것입니다. 배열 순서는 정배열과 역배열로 나뉩니다. 정배열이란 주가 ⋯ 단기이동평균선 ⋯ 중기이동평균선 ⋯ 장기이동평균선 순으로 위에서 아래로 배열된 상태입니다. 역배열이란 정배열이 거꾸로 배열된 상태입니다. 정배열구조 종목은 전형적인 상승종목이며, 역배열구조 종

목은 전형적인 하락종목입니다.

▼ 배열구조

┃ 이동평균선을 지지선과 저항선으로 활용합니다. ┃ 이동평균가격은 일정 기간 동안의 평균적인 매도 또는 매수의 가격이므로, 주가가 이 수준을 밑돌게 되면 일정 기간 동안 매수한 투자자는 평균적으로 손실을 보게 됩니다. 이를 저지하려는 수준이 지지선이지요. 주가가 상승 중일 때에는 단기 · 중기 · 장기이동평균선을 지지선으로 상승합니다. 하락반전할 때에는 이들 이동평균선을 차례로 하향이탈합니다.

반대로 주가보다 높은 이동평균선의 가격은 저항선으로 작용합니다. 즉, 이동평균선보다 주가가 낮을 때, 단기적으로 주가가 상승하여 이동평균선에 접근하면 평균적으로 손실을 보고 있던 투자자들이 본전을 찾기 위해 매도를 하게 됩니다. 주가가 하락 중일 때에는 단기·중기·장기 이동평균선이 차례로 저항선이 되어 주가가 하락과정을 이어갑니다. 하지만 만약 주가가 상승세로 돌아서게 되면 이들 이동평균선을 차례로 상향돌파하면서 상승합니다.

다음에 나오는 화면을 통해 이동평균선이 지지선과 저항선의 역할을 하는 모습
을 확인할 수 있습니다. 이동평균선을 이용하는 경우 주가가 일시적으로 저항선
과 지지선을 이탈하는 경우가 있습니다. 흔히 이때 속임수에 빠질 수가 있는데,
이를 방지하기 위해 각각의 이동평균선 특성을 잘 살피는 것이 필요합니다.

▼ 저항선, 지지선 이탈

이동평균선과 주가와의 이격도를 이용하여 분석합니다. ║ 주가와 이동평균선
의 떨어져 있는 정도를 이격도라고 합니다. 주가가 이동평균선을 중심으로 움직
이는 현상, 즉 평균회귀 현상을 보이는 점을 감안해서 이격도를 살펴보세요. 이
동평균선으로부터 주가가 위쪽이나 아래쪽으로 지나치게 멀리 떨어져 있는 경우
에는 곧 이동평균선을 향해서 움직인다는 특성을 이용해서 매매에 적용할 수 있
습니다.

골든크로스, 데드크로스 등을 이용해 크로스분석을 합니다. ║ 크로스분석은 이
동평균선을 이용하여 분석할 때 가장 대표적으로 사용되는 방법입니다. 크로스분

석에는 단기이동평균선이 장기이동평균선을 아래에서 위로 상향돌파하는 골든크로스와 단기이동평균선이 장기이동평균선을 위에서 아래로 하향돌파하는 데드크로스가 있습니다. 골든크로스에서는 매수, 데드크로스에서는 매도를 합니다.

이때 어떤 이동평균선 간의 크로스분석이냐에 따라 분석이 달라집니다. 일반적으로 5일선과 20일선 사이를 단기크로스분석, 20일선과 60일선 사이를 중기크로스분석, 그리고 60일선과 120일선 사이를 장기크로스분석이라고 합니다. 분석가들이 가장 많이 사용하는 것은 중기크로스분석입니다. 이는 달리 말하면 중기골든크로스가 발생하면 향후 주가가 상승추세로 반전하고 중기데드크로스가 발생하면 향후 주가가 하락추세로 반전한다고 판단할 수 있습니다.

▼ 골든크로스, 데드크로스

앞의 차트에서 살펴보는 바와 같이 골든크로스와 데드크로스는 추세의 반전을 암시하는 신호로 받아들일 수 있습니다. 하지만 크로스분석 역시 일시적 속임수가 나타날 수 있는데, 예를 들어 골든크로스 발생 이후 주가가 지속 상승하지 못하고 재차 하락하는 듯한 모습을 보일 수 있다는 겁니다. 따라서 일단 크로스가 나타난 이후에도 주가를 지속적으로 관찰하면서 주가가 완전히 추세를 잡아나가는 것을 확인하는 노력이 필요합니다.

┃ 이동평균선의 밀집과 확산을 이용해 밀집도분석을 합니다. ┃ 이동평균선들은 한곳으로 수렴되기도 하고 확산되기도 하면서 수렴과 확산의 과정을 반복합니다. 이동평균선의 수렴 또는 밀집현상이 나타나면 반드시 주가가 현재의 상태에서 변하게 된다는 것을 의미합니다.

그렇다면 이동평균선은 어떤 경우에 한곳으로 수렴하게 될까요? 바로 주가가 별다른 변화 없이 같은 가격대에서 지속적으로 움직이면 각각의 이동평균값이 비슷하게 수렴하게 됩니다. 그런데 이런 수렴과정은 영원히 지속되지 않습니다. 반드시 위로든 아래로든 방향을 잡습니다. 일반적으로 수렴 이후에는 상승 쪽으로 방향을 잡는 경우가 많습니다. 그러므로 수렴과정을 거치고 있는 이동평균선들의 모습을 유심히 관찰할 필요가 있습니다.

▼ 이동평균선의 밀집과 확산

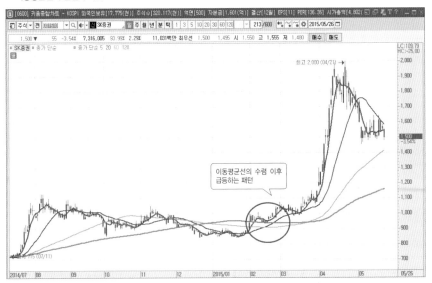

07

매매시점은
어떻게 알 수 있나요?

이동평균선을 이용해 매매시점을 포착해봅시다

1개의 이동평균선을 이용한 방법 1개의 이동평균선을 이용하는 방법 중 가장 간단한 방법은 바로 주가와 이동평균선 간의 크로스를 이용하는 방법입니다.

① 골든크로스가 나타나면 매수하고 데드크로스가 나타나면 매도합니다.

② 이때 크로스가 발생하는 시점을 매매시점으로 한다는 것을 잊어서는 안 됩니다. 20일 이동평균선을 이용해서 매매시점을 찾는 방법을 앞의 차트를 통해 확인해봅시다.

2개의 이동평균선을 이용한 방법 이동평균선을 이용해서 시장이나 주가를 분석할 때, 단기이동평균선은 매매시점을 포착하는 데 이용하고 중장기이동평균선은 주로 추세를 판단하는 데 이용합니다. 단기이동평균선일수록 주가의 변화에 민감하게 반응해 속임수가 나타날 수 있다는 단점은 있지만, 시세의 전환을 가장 빠르게 알려줍니다. 반면에 중장기이동평균선은 시세의 전환은 늦게 알려주지만, 매일 나타나는 미세한 주가의 변화에 영향을 받지 않으므로 주가의 추세를 확인하는 데 유용하게 사용될 수 있습니다. 다음에 나오는 차트처럼 중기골든크로스나 중기데드크로스에서는 추세를 꼭 확인하세요.

◢ **3개의 이동평균선을 이용한 방법** ◣   이동평균의 기간에 따라 주가 움직임에 대한 반응이 달라진다는 데서 착안한 것입니다. 즉, 단기이동평균선일수록 주가 움직임이 가장 빨리 그리고 가장 밀접하게 움직이고, 그다음은 중기이동평균선, 그다음은 장기이동평균선 순으로 반응하게 된다는 것을 기억해야 합니다.

◢ **상승추세에서 3개의 이동평균선을 이용한 매매전략** ◣

① 단기이동평균선이 중기, 장기 이동평균선을 차례로 상향돌파하는 골든크로스의 경우에는 매수 신호로 판단합니다.

② 주가의 배열이 주가 ⋯ 단기 ⋯ 중기 ⋯ 장기이동평균선 순으로 정배열인 경우 강세국면으로 판단합니다.

③ 정배열 상태가 일정 기간 이어진 이후 단기이동평균선이 더는 상승하지 못하고 주춤거리거나 약해지면 상승의 마무리 국면으로 판단합니다.

④ 모든 이동평균선이 밀집되어 있는 경우에는 앞으로 주가의 방향이 위로 갈지 아래로 갈지 판단하기 어려우므로 매매를 자제해야 합니다.

▌ 하락추세에서 3개의 이동평균선을 이용한 매매전략 ▌

① 단기이동평균선이 중기와 장기이동평균선을 차례로 하향돌파하는 데드크로
   스가 발생하는 경우에는 매도 신호로 판단합니다.

② 주가의 배열이 장기 ⋯ 중기 ⋯ 단기이동평균선 ⋯ 주가 순으로 역배열인 경
   우 약세국면으로 판단합니다.

③ 역배열 상태가 일정 기간 이어진 후 단기이동평균선이 더는 하락하지 못하고
   주춤거리거나 상승세로 돌아서면 하락의 마무리 국면으로 판단합니다.

08

반전형 패턴, 지속형 패턴

패턴분석으로
매매시점을 찾는다고요?

기술적 분석은 과거 주가와 거래량에 대해 연구하는 것입니다. 과거에 주가의 상승과 하락 전에 어떤 움직임이 있었는지 면밀히 분석해서 정리해놓은 것이 바로 기술적 분석이지요. 이러한 분석 중에 특정한 모양의 패턴을 발견해서 이를 토대로 미래를 예측하려고 하는 것이 바로 패턴분석입니다.

　패턴분석은 주가가 변동하기 이전의 주가흐름을 정형화해서 확률적으로 발생 가능성이 높은 주가흐름을 예측합니다. 이렇듯 패턴을 확인하는 것은 향후 주가의 방향을 가늠하는 중요한 잣대가 될 수 있기 때문에 시장에서 어떤 패턴이 만들어지고 있는지 항상 눈여겨볼 필요가 있습니다. 패턴분석을 위해 반전형 패턴과 지속형 패턴을 알아봅시다.

추세가 바뀌는 반전형 패턴

반전형 패턴은 특정 패턴이 완성된 이후 주가흐름이 이전의 추세와 반대로 움직이는 것입니다. 주가가 상승(하락)추세에 있다가 패턴이 완성되고 나면 하락(상승)추세로 전환됩니다.

삼중천장형 | 삼중천장형은 헤드앤드숄더^{H&S형; Head & Shoulder} 패턴이라고도 합니다. 말 그대로 머리와 양 어깨로 구성되지요. 이 패턴은 상승과 하락이 3번씩 반복해서 일어납니다. 이 패턴이 완성되고 나면 주가가 상승추세에서 하락추세로 전환되는 대표적인 반전형 패턴입니다.

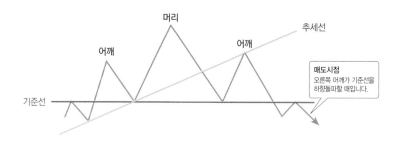

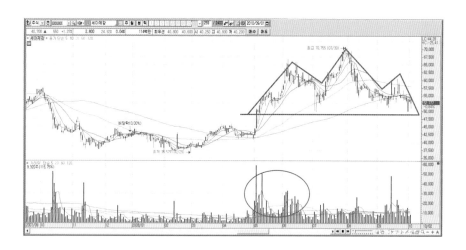

왼쪽 어깨는 주가가 주추세선을 따라 큰 폭으로 상승하는 동시에 거래량이 크게 증가해서 3개의 봉우리 중 가장 많은 거래가 형성됩니다. 머리 부분은 왼쪽 어깨보다 높게 형성되지만 하락할 때는 왼쪽 어깨의 바닥 수준까지 하락합니다. 거래량은 많이 형성되지만 왼쪽 어깨보다 많지 않습니다. 오른쪽 어깨는 세 번째 상승으로 머리의 정상까지 올라가지 못하고 하락폭의 1/2 내지는 2/3 정도까지 오른 뒤 다시 하락합니다. 상승과정에서 거래량이 현저하게 줄어듭니다.

삼중바닥형 삼중천장형을 뒤집어놓은 모양으로 역헤드앤드숄더형이라고도 합니다. 이 패턴은 주가가 하락추세에서 상승추세로 반전할 경우 나타납니다. 삼중천장형 패턴과 달리 왼쪽 어깨, 머리, 오른쪽 어깨 순으로 거래량이 증가하는 것이 특징입니다.

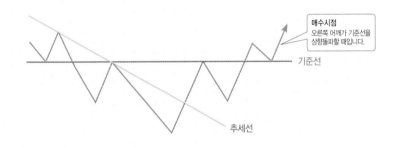

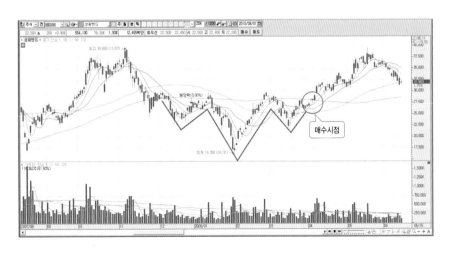

이중천장형 소위 쌍봉형이라 불리는 M자형으로 봉우리 2개가 형성되는 패턴입니다. 쌍봉우리를 형성하는 데 1개월 이상의 장기간이 소요될수록, 또는 주가 움직임의 진폭이 클수록 신뢰도가 높습니다. 일반적으로 첫 번째 고점에서 거래량이 더 많이 형성됩니다.

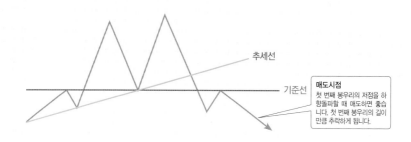

추세선

기준선

매도시점
첫 번째 봉우리의 저점을 하향돌파할 때 매도하면 좋습니다. 첫 번째 봉우리의 길이만큼 추락하게 됩니다.

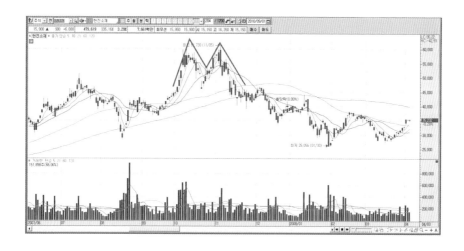

이중바닥형 이중천장형을 뒤집어놓은 것으로 W자형으로 보이는 패턴입니다. 첫 번째 바닥보다 두 번째 바닥에서 반등할 때 거래량이 월등히 많습니다. 전형적인 상승 패턴입니다.

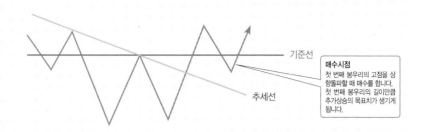

기준선

매수시점
첫 번째 봉우리의 고점을 상
향돌파할 때 매수를 합니다.
첫 번째 봉우리의 길이만큼
추가상승의 목표치가 생기게
됩니다.

추세선

■ **원형천장형** ┃ 원형의 둥근 언덕 모양을 하고 있습니다. 상승하는 동안 거래량이 늘었다가 원형 정상에서 줄어드는 것이 특징입니다.

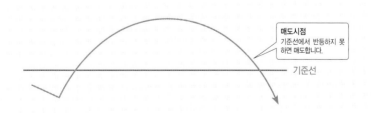

매도시점
기준선에서 반등하지 못
하면 매도합니다.

기준선

원형바닥형　접시 모양을 하고 있습니다. 거래량의 움직임은 주가의 모양과 비슷하게 원형바닥을 이룬다는 것이 특징입니다. 이 패턴은 확인하기 쉽고 향후 주가 이동 방향과 추세 전환 시점을 서서히 정확하게 가르쳐줍니다. 따라서 투자결정 및 매매전략을 수립하는 데 충분한 시간적 여유를 준다는 장점이 있습니다. 하지만 시장에서 선도주같이 탄력적으로 움직이는 종목에서는 좀처럼 나타나지 않습니다.

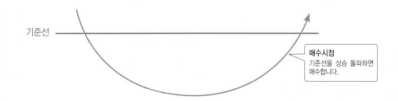

기준선

매수시점
기준선을 상승 돌파하면 매수합니다.

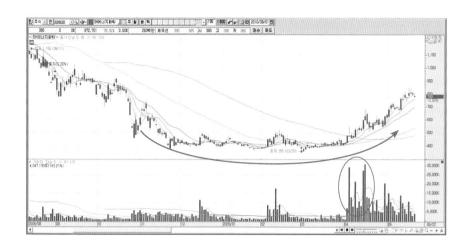

V자 천장형 V자형은 상승 혹은 하락의 급격한 모멘텀 변화에 의해 발생합니다. 강세장과 약세장에서 아무런 예고도 없이 급격하게 추세의 전환이 나타납니다. 이 패턴은 너무 급하게 나타나기 때문에 시간이 흐른 뒤에 확인되는 경향이 있습니다.

V자 천장형은 상승추세이던 주가가 돌발악재로 인해 하락추세로 급전환하는 패턴입니다. 매도하는 것이 좋습니다.

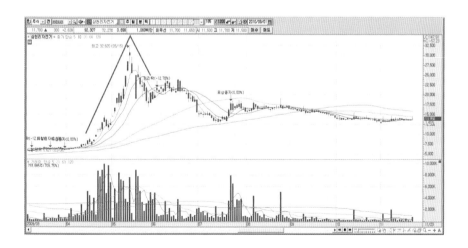

▎ V자 바닥형 ▎ 하락추세이던 주가가 상승추세로 급전환하는 패턴입니다. 상승추세선 시작점에서 매수하는 것이 좋습니다.

▎ 확장삼각형 ▎ 좁게 움직이던 주가 등락폭이 점점 확대되는 패턴입니다. 즉 주가의 고점은 더 높아지고 저점은 더 낮아지는 모습을 보입니다. 일반적으로 거래량이 활발하면서 주로 상승추세를 보이고 있을 때 나타나 상승추세의 말기 현상으로 이해합니다. 이 패턴이 나타난 후에는 대부분 주가가 큰 폭으로 하락합니다. 그런데 패턴이 진행되는 과정에서 주가의 변동폭뿐만 아니라 거래량도 증가하게 됩니다. 이는 투자자들의 불안한 심리 상태를 보여주는 것입니다.

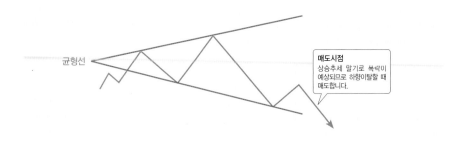

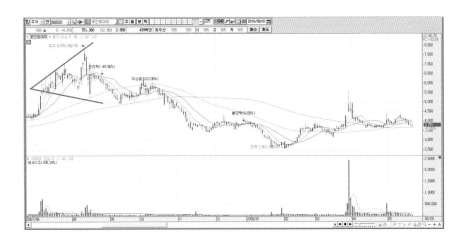

추세를 이어가는 지속형 패턴

지속형 패턴은 특정 패턴이 완성된 이후 주가의 흐름이 이전의 추세와 같은 방향으로 움직이는 것입니다. 상승(하락)추세에 있던 주가가 잠시 쉬는 동안 상승(하락) 지속형 패턴을 만들고, 패턴이 완성되고 난 이후 계속해서 상승(하락)추세를 이어갑니다. 삼각형과 박스형이 있습니다.

상승삼각형 삼각형은 차트에서 가장 빈번하게 나타나는 지속형 패턴 중 하나입니다. 반복적인 등락을 하는 동안 점점 그 등락폭이 줄어들어 전체적인 주가의 움직임이 삼각형 모양을 이룹니다. 삼각형에서 고점들을 이은 추세선은 저항선, 저점들을 이은 추세선은 지지선으로서의 역할을 하는데, 결국 마지막에는 내려오는 저항선과 올라가는 지지선이 하나의 점에서 만나게 됩니다.

　상승삼각형은 고점의 저항에 직면하지만 저점을 높이면서 매수세가 강화되는 패턴입니다. 주가가 상승하는 도중에 자주 나타나기 때문에 향후 주가의 계속적인 상승을 예고하는 신호로 받아들입니다. 상승삼각형이 확인되면 이전 상승분만큼 추가상승을 예상할 수 있습니다.

◀ **하락삼각형** ▶ 하락삼각형은 저점이 지지선을 형성하지만 고점들은 낮아지면서 매도세가 강화되는 패턴입니다. 주가가 하락하는 도중에 자주 나타나게 되므로 주가하락을 예고하는 신호로 받아들입니다. 하락삼각형이 확인되면 이전 하락분의 길이만큼 추가하락을 예상할 수 있습니다.

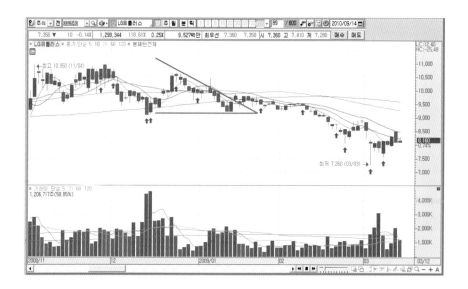

대칭삼각형 매도세와 매수세가 균형을 이룹니다. 고점들은 낮아지고 저점들은 높아지지만 결국은 기존 추세와 같은 방향으로 추세를 지속하는 경향이 있습니다.

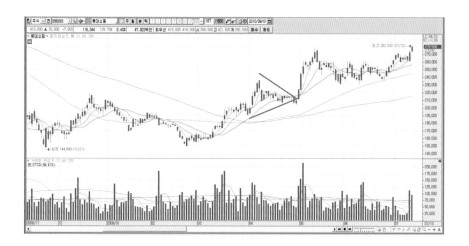

박스형 직사각형 패턴입니다. 장기간에 걸쳐 매도세력과 매수세력이 서로 균형을 이루면서 횡보하는 모양을 보입니다. 위쪽과 아래쪽의 두 저항선과 지지선이 수평으로 평행선을 이루고 있습니다.

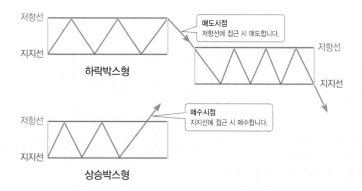

박스형은 거의 모든 경우에 기존 추세가 그대로 지속되는 패턴입니다. 주가가 뚜렷한 방향을 찾지 못하고 소폭의 등락만을 거듭하면서 거래량이 감소하는 형태를 보입니다. 따라서 거래가 활발하지 못합니다.

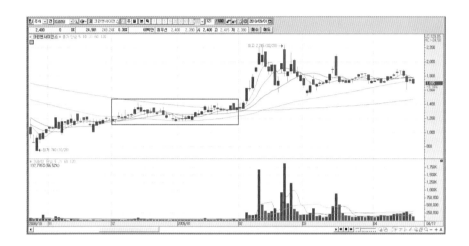

09

거래량으로 세력 분석하기, 역시계곡선

그 주식이 얼마나
움직이고 있나요?

기술적 분석에서 가장 중요한 것은 주가를 기초로 만든 일봉과 거래량입니다. 중요도를 굳이 따져본다면 둘 중에 어떤 것이 더 큰 의미를 가질까요? 아마도 많은 전문가들은 거래량이 더 중요하다고 말할 것입니다. "실체는 거래량이고 주가는 거래량의 그림자이다." 주식시장 격언 중 하나입니다. 그만큼 거래량의 의미는 큽니다.

일반적으로 거래량은 주가에 선행하거나 적어도 동행하는 경향이 있습니다. 따라서 거래량의 동향을 분석하면 앞으로 주가가 어떻게 움직일 것인지 예측할 수 있습니다. 거래량은 상승추세에서는 주가가 상승할 때마다 증가하고 하락할 때는 감소합니다. 반대로 하락추세에서는 주가가 하락할 때는 거래량이 증가하고 반등할 때는 오히려 감소하는 경향을 보입니다.

거래량의 움직임으로 주가를 예측합니다

거래량의 크기는 에너지의 크기라고 합니다. 비행기가 이륙하기 위해서는 강력한 추진 에너지가 필요하듯이 주가가 올라가기 위해서는 거래량이 증가하면서

에너지가 충만해져야 합니다. 반대로 비행기가 착륙하기 위해서는 엔진의 추진력을 낮추면서 서서히 착륙하듯이, 주가가 내려갈 때는 거래량이 감소하는 모습이 먼저 보입니다. 이를 거꾸로 말하면 감소세를 보이던 거래량이 증가하기 시작하면 조만간 주가가 상승할 거라고 예상할 수 있고, 반대로 증가세를 보이던 거래량이 감소하기 시작하면 조만간 주가가 하락할 거라고 예상할 수 있는 것입니다.

또한 주가가 큰 폭으로 상승한 이후 주가의 지속적인 상승에도 불구하고 거래량이 감소하기 시작하면 조만간 주가가 하락할 것임을, 주가가 큰 폭으로 하락한 이후 주가의 약세에도 불구하고 거래량이 증가하면 조만간 바닥을 치고 주가가 상승할 것임을 예상할 수 있습니다.

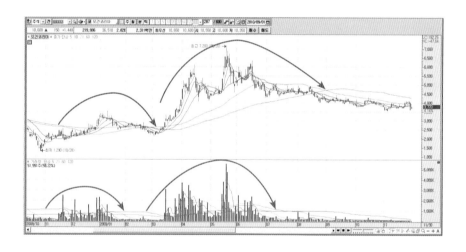

결국 거래량이 늘어나는 것은 매수세력이 증가하고 있다는 것을 의미합니다. 그러므로 거래량이 증가하고 있는 종목 중 바닥권에 있는 종목이라면, 시장에서 향후 주가상승을 예상한 세력들이 주식을 매수해가고 있다는 신호로 받아들이면 됩니다.

역시계곡선으로 매매전략을 세워봅시다

이렇게 주가와 거래량은 매우 밀접한 상관관계가 있습니다. 그럼 주가와 거래량의 관계를 매매전략에 응용하는 방법을 살펴볼까요? 역시계곡선 또는 주가-거래량 상관곡선을 통해 아이디어를 찾을 수 있습니다.

역시계곡선은 시계반대방향으로 움직인다는 뜻으로, 주가와 거래량의 관계를 일목요연하게 정리해놓은 것입니다. 주가는 거래량이 증가할 때 상승할 가능성이 크고 거래량이 감소할 때 하락할 가능성이 크다는 점을 이용하였습니다. 역시계곡선의 각 국면은 다음과 같습니다.

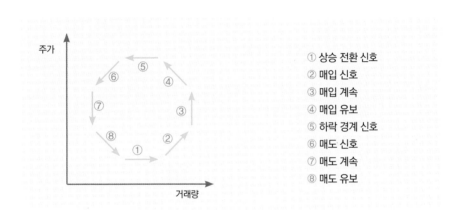

① 상승 전환 신호
② 매입 신호
③ 매입 계속
④ 매입 유보
⑤ 하락 경계 신호
⑥ 매도 신호
⑦ 매도 계속
⑧ 매도 유보

① 주가가 횡보하는 가운데 거래량이 늘어나는 경우, 주가가 상승세로 전환할 것으로 예상해볼 수 있습니다.

② 주가가 상승하는 가운데 거래량이 늘어나는 경우, 주가의 추가상승을 예상해서 매입 신호로 판단합니다.

③ 주가가 상승하는 가운데 거래량의 변화가 없으면, 매입을 지속해도 좋다는 신호로 판단합니다.

④ 주가가 상승하는 가운데 거래량이 줄어들면, 시장은 과열 상태로 조만간에

주가추세의 변화가 예상되므로 추가적인 매입은 삼갑니다.

⑤ 주가가 상승한 이후 횡보하는 가운데 거래량이 더 줄어들면, 하락 전환 신호로 판단합니다.

⑥ 주가가 하락하는 가운데 거래량이 더욱 줄어들면, 매도 신호로 판단하고 보유주식을 매도합니다.

⑦ 주가가 하락하면서도 거래량은 늘지 않으면, 계속해서 매도를 유지해야 합니다.

⑧ 주가가 하락하는 가운데 거래량이 서서히 늘어나면, 추가적인 매도는 삼가고 매도를 유보해야 합니다.

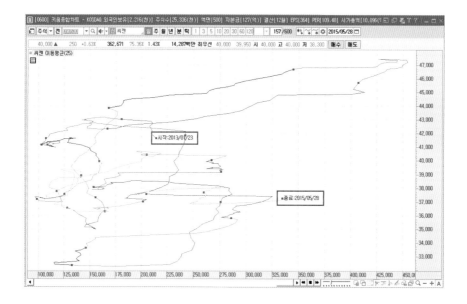

앞에 나온 차트의 실제 역시계곡선을 살펴봅시다. 이때는 시작점과 종료시점의 위치가 중요합니다. 차트에 나오는 씨젠의 경우 종료된 지점에서 거래량이 증가하면서 주가가 상승하는 모습을 보입니다. 이것은 매입 신호 또는 매입 지속의 신호가 나타나고 있는 겁니다. 씨젠에 관심을 가진 사람이나 보유한 사람들은 신규매입 또는 추가매입의 전략이 필요한 상황입니다.

HTS에서 거래량 상위종목을 찾아볼까요? 홈 ⋯ 주식 ⋯ 순위분석 ⋯ 당일거래량상위 메뉴를 찾아가면 다음과 같은 화면이 나옵니다.

▼ 홈 ⋯ 주식 ⋯ 순위분석 ⋯ 당일거래량상위

순위	종목명	현재가	전일대비	등락률	거래량	전일비	거래회전율	금액(백만)
1	우리종금	589 ▼	8	-1.34	19,843,172	46.97	4.18%	11,532
2	쌍방울	1,970 ▲	90	+4.79	17,358,496	151.69	18.84%	34,176
3	오리엔트바이오	774 ▲	28	+3.75	15,211,160	134.12	15.17%	12,358
4	KODEX 레버리지	11,630 ▲	130	+1.13	11,847,645	40.15	10.77%	137,465
5	아가방컴퍼니	14,700 ▲	1,250	+9.29	9,922,558	179.13	30.29%	144,021
6	미래산업	276 ▲	3	+1.10	9,724,499	59.55	2.18%	2,678
7	뉴프라이드	1,545 ▼	35	-2.22	9,573,919	78.17	30.66%	15,242
8	KODEX 인버스	7,720 ▼	35	-0.45	9,196,199	39.19	10.84%	71,038
9	케이디건설	148 ▲	4	+2.78	8,756,361	105.67	5.93%	1,300
10	리젠	7,450 ↑	970	+14.97	7,942,653	210.92	18.32%	57,112
11	옴니시스템	2,070 ▲	20	+0.98	6,802,448	37.71	16.72%	14,144
12	모나리자	7,710 ▲	660	+9.36	6,508,129	48.89	17.80%	49,316
13	에넥스	5,310 ▲	315	+6.31	6,478,743	79.19	10.80%	34,796
14	라온시큐어	2,065 ▼	40	-1.90	5,999,943	95.68	18.86%	12,674
15	SK증권	1,420 ▼	10	-0.70	5,946,213	81.57	1.86%	8,536

거래량이 상위에 있는 종목들은 시장에서 이슈가 되는 종목들이므로 우선적으로 관심을 가져야 합니다. 그러나 조심해야 할 점이 있습니다. 상승하면서 거래량이 늘어나는 종목이 있는 반면 하락하면서 거래량이 늘어나는 종목도 있으므로, 어떤 추세인지 잘 살펴봐야 합니다.

10

그 주식을 누가
사고 있나요?

거래주체로 가치를 분석합니다

케인즈는 주식시장을 미인대회에 비유했습니다. 미인대회에서 100명의 미인 중 5명을 인기투표로 선발하는데, 누가 뽑힐지 맞히는 사람에게 상금을 준다고 해봅시다. 상금을 타기 위해서는 자신이 가장 예쁘다고 생각하는 미인을 고르기보다는 대다수의 사람들이 예쁘다고 생각하는 사람을 고르는 것이 더 좋습니다.

이러한 논리를 주식시장에도 적용할 수 있습니다. 주식시장에서 주가의 본질적인 가치가 그렇게 쉽게 바뀌지 않는다는 점을 감안한다면, 주가상승은 기업 가치에 근거한다기보다 대중의 심리에 의해 결정되는 경우가 많습니다. 그렇다면 시장에서 가장 인기를 끌고 있는 주식을 찾아서 투자하면 되는 것이지요. 그런데 과연 인기 있는 종목이 어떤 기준으로 선정되느냐가 문제입니다.

일반적으로 인기 있는 종목이린 기래량이 활발한 종목을 말하는 경우가 많습니다. 사람들의 관심권에 들어온 주식들은 매매가 잘되기 때문입니다. 따라서 인기 종목은 하루 중 거래량이 많은 종목 중에서 찾을 수 있습니다.

326

그런데 문제가 또 있습니다. 과연 누가 주식을 주로 사고 또 누가 주식을 주로 파느냐 하는 것입니다. 주식시장에는 3대 투자주체가 있습니다. 국내기관투자자 (투신사, 보험사, 증권사, 종금사, 연기금 및 사모펀드), 외국인투자자, 개인투자자입니다. 이 중에서 눈여겨봐야 할 주체가 기관투자자와 외국인투자자입니다. 이들이 꾸준히 매수를 하는 종목은 실제로 주가가 상승할 가능성이 큰 종목이라고 할 수 있습니다. 이유가 뭘까요? 일단 이들은 개인투자자들보다 종목을 분석하는 능력이 앞서 있습니다. 또한 기본적으로 장기투자를 하기 때문에 한번 매수하면 장기간 보유함으로써 시장의 유통물량을 줄여주는 역할도 합니다. 그러므로 이들이 매수하는 종목은 상대적으로 더욱 탄력적인 상승을 기대할 수 있는 것입니다.

HTS에서 거래주체 분석하기

외국인투자자나 기관투자자들이 집중적으로 매수를 하고 있다면, 그 주식은 지금 당장 또는 적어도 가까운 시간 내에 주가가 올라갈 수 있습니다. HTS에서 거래주체가 누구인지 분석해봅시다.

▼ 홈 ···▶ 주식 ···▶ 투자자별 매매동향 ···▶ 종목별투자자

예를 들어 SK하이닉스의 투자자별 매매동향을 살펴봅시다. SK하이닉스는 최근 10일 중 외국인은 8일을 순매수했고, 기관투자자들은 6일 연속 순매수를 보이고 있습니다. 이렇게 투자주체별로 매매가 이루어진 것을 바탕으로 매매할 종목을 고를 수 있습니다. 이때 외국인투자자나 기관투자자들이 주식을 매도하는 상태에서 개인투자자들이 그 주식을 집중적으로 사고 있다면, 그 주식은 좋은 평가를 받지 못하고 있다고 볼 수 있습니다. 왜냐하면 외국인투자자와 기관투자자들의 정보력이 개인보다 우위에 있다고 보기 때문입니다.

기관투자자들과 외국인투자자들이 우리 주식시장에 미치는 영향이 크다는 점을 감안하면, 이들이 많이 매수한 종목을 골라보는 것도 의미가 있습니다. [외국인기관매매상위] 메뉴를 통해 당일 중 외국인투자자와 기관투자자들이 순매수 또는 순매도한 종목들을 각각 25개씩 확인할 수 있습니다.

▼ 홈 ┄⟶ 주식 ┄⟶ 투자자별매매 ┄⟶ 외국인기관매매상위

외국인						국내기관					
순매도			순매수			순매도			순매수		
종목명	금액	수량	종목명	금액	수량	종목명	금액	수량	종목명	금액	수량
삼성전자우	889.0	130.7	HMM	615.9	193.7	삼성전자	1,603.2	218.8	KODEX 200선물	476.8	2,113.0
삼성전자	747.3	102.1	크래프톤	254.5	5.1	KODEX 레버리	816.2	342.7	LG화학	219.1	2.8
기아	489.5	62.5	KB금융	205.8	37.3	셀트리온	427.8	17.0	포스코케미칼	190.9	10.6
현대차	370.6	19.2	SK멀티콤	205.2	6.3	현대차	412.4	21.2	KODEX 코스닥1	187.8	431.6
카카오뱅크	220.7	33.7	SK이노베이션	188.4	7.2	삼성전기	299.3	17.5	SK케미칼	162.4	5.5
엔씨소프트	219.7	3.7	LG전자	171.3	13.7	POSCO	238.1	7.3	KODEX 인버스	161.4	398.0
SK하이닉스	210.4	21.0	삼성SDI	149.0	2.1	KODEX 코스닥1	216.7	145.1	현대제상	143.5	54.6
하이트	210.0	7.2	엔에스쇼핑	148.6	106.5	SK하이닉스	201.4	20.0	크래프톤	122.2	2.4
두산중공업	175.6	89.1	삼성바이오로직	124.8	1.4	NAVER	197.0	5.1	TIGER 미국S&P	119.4	23.9
씨에스윈드	175.1	24.8	SK아이이테크놀	111.9	4.9	HMM	185.8	58.0	F&F	117.7	1.6
삼성전기	168.7	10.0	KCC	107.1	2.7	기아	178.9	22.6	SK아이이테크놀	96.8	4.3
KODEX 코스닥1	159.7	107.5	코오롱인더	107.0	10.4	삼성SDI	160.8	2.3	대한항공	94.1	28.0
SK바이오사이언	144.6	5.3	신풍제약	99.7	17.3	LG전자	150.5	12.0	솔루스첨단소재	86.2	11.8
KODEX 200선물	144.1	639.2	POSCO	94.4	2.9	씨에스윈드	141.4	19.7	하이브	75.6	2.6
SK	136.4	5.2	하나금융지주	92.8	20.2	일진하이솔루스	137.8	19.9	LG유플러스	66.6	44.3
현대모비스	121.5	4.9	신한지주	92.4	23.3	KODEX 200	116.2	29.2	엔오션	60.4	78.7
호텔신라	115.8	13.7	한화에어로스페	91.4	13.7	금호석유	112.7	6.2	한전KPS	58.0	14.5
F&F	97.0	1.3	KODEX 레버리	86.3	36.5	한국조선해양	101.9	10.4	포스코인터내셔	55.6	22.6
KODEX 2차전지	90.3	38.3	KODEX 200	84.5	21.4	현대위아	99.8	13.4	SK이노베이션	54.2	2.1
일진하이솔루스	76.8	11.1	LG	84.4	9.1	현대모비스	99.7	4.0	현대중공업	50.1	4.4
엔오션	68.2	88.8	한국가스공사	82.3	17.3	KCC	97.1	2.4	엔씨소프트	48.8	0.8
KODEX 인버스	59.4	145.5	계룡건설	75.6	20.2	현대미포조선	91.0	13.7	에스디바이오센	43.7	9.8
CJ제일제당	56.9	1.4	효성첨단소재	69.6	1.0	신한지주	81.5	20.4	한화에어로스페	36.4	7.0
한화솔루션	55.3	12.9	아시아나항공	67.2	25.7	TIGER 미국S&P	76.5	59.6	일진머티리얼즈	34.7	3.3
금호석유	47.6	2.6	대한항공	66.9	19.9	SKC	74.6	4.5	SK	34.3	1.3

11

보조지표 활용

보조지표는 매매에 어떻게 적용하나요?

주가의 일봉과 거래량만으로는 정확한 매매 신호를 찾기 어려울 때가 있습니다. 또한 주가가 움직이는 과정에서 속임수가 나타나는 경우도 많습니다. 따라서 시장에서 나타나는 속임수에 넘어가지 않고 보다 명확한 판단기준을 갖기 위해 보조적으로 많은 지표를 사용하고 있습니다.

현재 HTS에서 제공되고 있는 각종 보조지표로는 추세지표, 모멘텀지표, 변동성지표, 시장강도지표, 가격지표, 거래량지표 등이 있습니다. 처음 접하는 사람들은 그 많은 지표들을 어떻게 이해하고 매매에 적용할 것인지 고민하게 됩니다. 그러나 각 지표들을 사용하는 방법에는 간단한 원칙이 있습니다. 그 원칙들을 익히고 각 지표들이 만들어지는 원리만 알면 기계적으로 적용시킬 수 있습니다. 원칙은 다음과 같습니다.

① 0선을 기준으로 합니다. 지표를 만들 때 (−)값과 (+)값이 교차로 나타나게 되는데, 이때 0선을 기준으로해서 (−) ··· (0) ··· (+)로 움직이는 경우에는 0에서 매수합니다. 반대로 (+) ··· (0) ··· (−)로 움직이면 0에서 매도합니다.
② 일정한 범위를 만들어서 분석합니다. 이때 지표 값이 0에서부터 100까지의

값을 갖도록 강제로 조정하는 경우가 많은데, 75 이상에서는 과열 상태이므로 매도를 하면 되고 25 이하에서는 침체 상태이므로 매수를 하면 됩니다. 만약 0에서 100까지의 값이 아니고 일정한 주가 범위가 정해지면 상한선에서 매도하고 하한선에서 매수하면 됩니다.

③ 크로스분석을 합니다. 골든크로스에서 매수를, 데드크로스에서 매도를 하면 됩니다.

수많은 기술적 지표가 있지만 대체로 앞의 기준으로 판단하면 틀림없다고 보면 됩니다. 그럼 이제부터 HTS에서 볼 수 있는 지표 중 중요한 것을 골라 어떻게 지표를 해석하고 매매에 이용하는지 알아봅시다.

추세분석지표 MACD

MACD Moving Average Convergence & Divergence 는 추세추종형 지표입니다. 주가의 추세가 한번 정해지면 일정 기간 추세의 방향으로 진행된다는 특성을 고려해서 만든 지표입니다. MACD는 단기이동평균선과 장기이동평균선 사이의 관계를 보여줍니다. 두 이동평균선은 서로 멀어지면 다시 가까워져 어느 지점에서 교차한다는 성질이 있습니다. 이것을 이용해서 2개의 이동평균선이 멀어지게 되는 가장 큰 시점을 찾고자 하는 것입니다.

MACD지표는 MACD곡선과 시그널곡선으로 구성됩니다. MACD를 만드는 계산식은 다음과 같습니다.

MACD곡선 = 단기이동평균선 − 장기이동평균선
시그널곡선 = n일 동안의 MACD지수 이동평균

HTS에서 MACD차트를 살펴봅시다. 추세지표 메뉴를 클릭하면 나옵니다.

홈 ···› 차트 ···› 키움종합차트 ···› 기술적지표 ···› 추세지표 ···› MACD

차트에서 보면 기준선인 0이 보이고 (−)권에 있을 때는 파란색이, (+)권에 있을 때는 빨간색이 그려집니다. 그러므로 0선을 교차하는 것은 색깔이 바뀌는 지점에서 판단하면 됩니다. MACD곡선과 시그널곡선이 크로스되는 부분과 0선을 지나치는 것이 일치되는 지점에서 매매를 하면 됩니다.

모멘텀분석지표

모멘텀지표는 시장에서 투자심리나 운동에너지를 통해 추세의 진행이나 변곡점을 파악하기 위해 고안된 지표입니다.

▌ **이격도** ▌ 이격도는 당일의 주가가 당일의 이동평균선으로부터 떨어져 있는 정도를 나타내는 것입니다. 주가가 이동평균선으로부터 멀어지면 언젠가는 다시

되돌아오는 경향을 이용하는 지표입니다. 이격도는 다음과 같이 구합니다.

$$이격도 = \frac{당일\ 종가}{당일의\ n일\ 이동평균주가} \times 100$$

이격도가 적정범위로부터 이탈하면 그때를 추세 전환시점으로 인식하여 매매시점을 포착할 수 있습니다. 대체로 다음과 같은 범위를 초과하면 단기적인 매수 또는 매도시점으로 판단합니다.

국면	20일 이격도	60일 이격도	투자전략
상승국면	106% 이상	110% 이상	매도전략
	98% 이하	98% 이하	매수전략
하락국면	102% 이상	104% 이상	매도전략
	92% 이하	88% 이하	매수전략

▼ 홈 ···▶ 차트 ···▶ 키움종합차트 ···▶ 기술적지표 ···▶ 모멘텀지표 ···▶ 이격도

▮ **스토캐스틱** ▮ 스토캐스틱Stochastic은 Stock+Forcast의 합성어로 알려지고 있습니다. 주가를 예측하는 지표라는 뜻으로 주가의 움직임을 잘 반영합니다. 스토캐스틱은 일정 기간 동안의 주가 변동폭 중 당일 종가의 위치를 백분율로 나타냅니다. 주요 지표인 %K와 %D의 교차에 따라 매매시점을 포착합니다. 주가가 상승 중일 때에는 당일 종가가 주가 변동폭의 최고가 부근에, 하락 중일 때에는 당일 종가가 주가 변동폭의 최저가 부근에 형성됩니다.

$$\%K = \frac{\text{금일 종가} - \text{최근 n일 중 최저가}}{\text{최근 n일 중 최고가} - \text{최근 n일 중 최저가}} \times 100$$

• %D: %K의 이동평균

먼저 %K를 살펴볼 때 금일의 종가가 n일 중 최고가를 형성하면 분모와 분자가 같아져 100이 됩니다. 금일의 종가가 n일 중 최저가를 형성하게 되면 분자가 0이 되어 그 값이 0이 됩니다. 그래서 %K의 움직임은 0에서 100까지의 범위 내에서 움직입니다. 그렇다면 25%와 75%를 기준으로 매매하면 되는 것입니다. 그리고 %D가 %K의 이동평균이라 했으니, 이들 두 선 간의 크로스분석을 동시에 살펴보겠다는 것으로 보면 됩니다. 그렇다면 두 기준에 따라 매매 신호를 파악하면 될 것입니다.

 HTS를 통해 보면 스토캐스틱도 침체권에서는 파란색이, 과열권에서는 빨간색이 나타납니다. 그리고 %K와 %D의 교차되는 모습도 확인할 수 있습니다. 따라서 각각의 상황에서 매수 또는 매도를 판단하면 됩니다.

변동성지표

변동성지표에는 가격지표, 거래량지표 등이 있습니다. 가격지표는 이동평균선을 중심으로 특정 범위의 가격을 설정해서, 범위의 상단인 상한가격에 접근하면 매도하고 범위의 하단인 하한가격에 접근하면 매수하는 방법을 사용하는 지표입니다. 대표적인 지표로는 볼린저밴드가 있습니다.

❙ **볼린저밴드** ❙ 볼린저밴드Bollinger Bands, BollBands는 주가가 상한선과 하한선을 경계로 등락을 거듭한다는 것을 이용한 지표입니다. 시간흐름에 따른 가격의 변화 정도인 변동성을 반영합니다. 볼린저밴드를 이용할 경우 다음과 같은 특징을 이해해야 합니다.

첫째, 상한선과 하한선의 폭이 좁아지면 가격변화가 일어나기 쉽습니다. 즉, 일정 기간 동안 주가의 움직임이 별다른 변화 없이 지속되면 밴드의 폭이 좁아지

334

는데, 이는 조만간 가격의 상승 또는 하락현상이 나타날 것임을 암시하는 신호입니다. 둘째, 주가가 밴드를 이탈해서 밖에서 움직이는 경우에는 현재 추세가 지속되는 것으로 판단합니다. 셋째, 밴드 안에서 형성된 정점과 저점은 밴드 밖에서 형성된 정점과 저점으로 이어지는데, 이는 곧 추세의 전환을 의미합니다. 넷째, 상한선이나 하한선 중 어느 한쪽으로 주가가 움직인 이후에는 항상 다른 한쪽을 향해 주가가 움직이려는 경향을 보입니다. 즉, 밴드의 등락폭이 좁아질수록 주가의 변화 가능성은 높아지며, 좁은 등락폭 안에서 장기간 머물수록 주가의 변화 가능성은 더욱 높아집니다.

HTS를 통해 매도시점과 매수시점을 판단해볼까요? 그래프에서는 볼린저밴드의 상단에서 매도, 하단에서 매수하는 포인트들이 나타나는 것을 알 수 있습니다.

▼ 홈 ⋯▶ 차트 ⋯▶ 키움종합차트 ⋯▶ 기술적지표 ⋯▶ 가격지표 ⋯▶ Bollinger Bands

시장강도분석지표

시장강도분석지표는 현재 시장의 매수 또는 매도의 강도나 시장의 심리 상태를 살펴볼 수 있는 지표로 OBV와 투자심리선을 포함합니다.

❚ **OBV** ❚ OBV On the Balance Volume 는 거래량이 주가에 선행한다는 전제를 둡니다. 주가가 전날에 비해 상승한 날의 거래량 누계에서 하락한 날의 누계를 빼서, 이를 매일 누적적으로 집계해 도표화한 것입니다. OBV선은 주가가 뚜렷한 등락을 보이지 않고 횡보하는 경우 거래량 동향에 따라 향후 주가를 예측하는 데 유용하게 활용되고 있습니다. OBV선을 이용하여 주가를 분석할 때는 다음과 같은 원칙을 적용합니다.

첫째, OBV선의 상승은 매수세력의 집중을, 하락은 분산을 나타냅니다. 둘째, 강세장에서는 OBV선의 고점이 이전의 고점보다 높게 형성되고, 약세장에서는 OBV선의 저점이 이전의 저점보다 낮게 형성됩니다. 이때 전고점을 넘어서는 OBV선을 U마크, 전저점을 하회하는 OBV선을 D마크라고 합니다. 셋째, OBV 선의 장기적인 상향추세선이 진행되는 가운데 저항선을 상향돌파하는 경우 강세장을, 장기적인 하향추세선을 하회하는 경우 약세장을 예고합니다. 넷째, OBV 선이 상승함에도 불구하고 주가가 하락하면 조만간 주가상승이 예상되고, OBV 선이 하락함에도 불구하고 주가가 상승하면 조만간 주가하락이 예상됩니다. OBV선을 구하는 방법은 다음과 같습니다.

- 주가가 전날에 비해 상승한 날의 거래량은 전날의 OBV에 가산합니다.
- 주가가 전날에 비해 하락한 날의 거래량은 전날의 OBV에서 차감합니다.
- 주가 변동이 없는 날의 거래량은 무시합니다.

HTS에서는 OBV선뿐만 아니라 시그널선으로 OBV의 9일 이동평균선이 기본적으로 설정되어 있습니다. 따라서 U마크와 D마크를 찾는 일도 중요합니다. 그리고 시그널선과의 크로스분석, 즉 골든크로스가 발생하는지 아니면 데드크로스가 발생하는지 여부를 통해 매매 결정을 할 수 있게 됩니다.

▮ **투자심리선** ▮ 기술적 분석의 유용성 중 하나는 시장에서 나타나는 투자자들의 심리 상태를 파악할 수 있다는 것입니다. 그중 투자심리도는 심리도를 직접적으로 측정한 것입니다. 투자심리도를 선으로 이은 것이 바로 투자심리선입니다. 투자심리도는 최근 10일 중 주가상승일수로 측정합니다. 즉, 최근 2주 동안 주가가 며칠 올랐는지를 통해 살펴봅니다. 투자심리도를 구하는 방법은 다음과 같습니다.

$$투자심리도 = \frac{최근\ 10일\ 중\ 주가상승일수}{10일} \times 100$$

투자심리도는 10일간 매일 주가가 올라가면 100이 되고 10일 중 주가가 하루도 상승한 날이 없다면 0이 됩니다. 그런데 10일을 기준으로 하고 있으므로 투자심리도 70 이상에서는 과열 신호로 판단해 매도합니다. 반대로 투자심리도 30 이하에서는 침체 상태로 판단해 매수합니다.

주가반전 상황에서는 어떻게 해야 할까요? 투자심리도가 70 이상에서 하향반전하는 경우에는 매도합니다. 반대로 투자심리도가 30 이하에서 상승반전하는 경우에는 매수합니다.

현재 HTS에서는 75와 25를 기준선으로 설정하고 있습니다. 각각 과열권역에서는 빨간색으로, 침체권역에서는 파란색으로 표시되어 구분이 쉽습니다.

▼ 홈 ···▶ 차트 ···▶ 키움종합차트 ···▶ 기술적지표 ···▶ 시장강도지표 ···▶ 투자심리선

12

엘리어트 파동이론

파동이론으로 투자시기
예측이 가능한가요?

엘리어트 파동이론은 그래프로 대세를 파악하는 대표적인 이론 중 하나입니다. 주가는 작용과 반작용의 원리에 의해 상승하고 하락하는 과정에서 파동을 그리게 됩니다. 이때 장기적인 주가흐름 속에서 상승할 때에는 5개의 파동을, 하락할 때에는 3개의 파동을 그리며 순환한다는 것이 파동분석이론입니다.

엘리어트 파동이론은 몇 가지 기본적인 개념이 있습니다. 첫째, 작용은 반작용을 유발합니다. 둘째, 주요 추세는 5개 충격파동과 3개의 조정파동으로 구성됩니다. 셋째, 8개 파동을 한 사이클로 보며 이 사이클은 다시 한 단계 높은 5개의 충격파동과 3개의 조정파동으로 구성됩니다. 마지막으로, 기본적인 상승 5파 하락 3파의 패턴은 시간을 아무리 확대시켜도 끊임없이 계속됩니다.

▼ 엘리어트 파동의 예

파동의 상승과 하락

엘리어트 파동은 충격파동과 조정파동을 거듭하는 작용–반작용의 모습을 보입니다. 충격파동은 상승추세에서 상승세를 나타내는 파동으로 1·3·5파를 말합니다. 반면에 상승추세에서 하락세를 보이는 2·4파는 조정파동입니다. 마찬가지로 하락세에 있을 때 a·c파는 충격파동이고 나머지 b파는 조정파동입니다. 이렇게 엘리어트 파동은 한 주기에 5개의 상승파동과 3개의 하락파동으로 이루어져 있습니다. 그리고 큰 충격파동은 다시 작은 5개의 파동으로, 큰 조정파동은 다시 작은 3개의 파동으로 구성되어 있습니다. 이를 상승파동을 이용하여 살펴보면 다음과 같습니다.

▼ 큰 충격파동과 작은 충격파동의 관계

┃ **상승 1파** ┃ 5개 충격파동 중 가장 짧습니다. 장기 하락추세 이후 나타나므로 단순한 반등으로 취급하기 쉽습니다. 5개의 파동으로 구성됩니다.

┃ **상승 2파** ┃ 상승 2파는 조정파동으로, 3개의 파동으로 구성됩니다. 보통 1번 파동의 38.2% 혹은 61.8% 비율만큼 되돌리는데, 1번 파동을 100% 되돌리면 현재의 추세가 전환되는 것이 아니고 기존 하락추세가 계속되는 것으로 봅니다.

상승 3파　　상승 3파는 충격파동으로, 5개의 파동으로 구성됩니다. 보통 상승 5파 중 가장 긴 파동입니다. 간혹 5파가 3파보다 길 수도 있으나, 3번 파동이 5개 파동 중에 가장 짧을 수는 없습니다. 3번 파동에서 갭이 주로 발생하는데 이때의 갭은 돌파갭이나 급진갭입니다. 3번 파동은 1번 파동의 1.618배만큼 상승하는 것이 보통입니다.

상승 4파　　상승 4파는 조정파동으로, 3개의 파동으로 구성됩니다. 3번 파동의 38.2% 정도 되돌리는 게 보통입니다. 주의할 점은 4번 파동의 저점은 1번 파동의 고점과 겹칠 수 없고, 반드시 1번 파동의 고점보다 높아야 합니다. 또 4번 파동은 2번 파동과 함께 조정파동으로, 조정의 형태가 지그재그나 플랫폼으로 번갈아 나타납니다. 흔히 4번 파동은 삼각형 패턴을 취합니다.

상승 5파　　상승 5파는 충격파동으로 추세의 마지막 국면에서 나타납니다. 간혹 3번 파동보다 길이가 길 수 있으나 거래량은 3번 파동보다 적습니다. 5번 파동의 길이는 통상 1번 파동의 길이와 같거나 1번 파동의 0.618배, 그리고 1번에서 3번 파동 길이의 61.8%만큼 형성되는 경우가 많습니다. 5번 파동에서도 갭이 나타나는데 이때의 갭을 소멸갭이라 합니다.

하락 a파　　하락추세의 충격파동으로, 5개 파동으로 구성됩니다. 만약 a파가 3개 파동으로 구성되면, 이것은 하락 a파가 아니라 상승 5파가 연장되어 진행 중인 것으로 봅니다.

하락 b파　　하락 b파는 하락추세의 조정파동으로, 3개 파동으로 구성됩니다. 이때 b파는 상승파동 중에 매수한 주식의 마지막 매도기회로 보며 통상 하락 a파의 고점을 돌파하지 못합니다.

▮ **하락 c파** ▮ 하락 c파는 하락추세의 충격파동으로, 5개 파동으로 구성됩니다. 패턴분석 중에서 삼봉천장형의 오른쪽 어깨를 형성합니다. 상승 5파의 3파와 같이 그 영향력도 대단히 큽니다. 흔히 주식시장의 장기간 하락추세 후 **투매현상**이 나타나는 국면으로 보면 됩니다.

피보나치 급수

엘리어트 파동의 이론가들은 피보나치 급수라는 것을 접목시켜 파동의 목표치를 계산할 수 있도록 하였습니다. 피보나치 급수라고 하는 것은 다음과 같이 이루어져 있습니다.

1, 1, 2, 3, 5, 8, 13, 21, 34, 55, 89, 144, 233, 377, 610, 987…

이 급수의 특징은 하나의 숫자는 앞의 두 숫자를 합하면 된다는 것입니다. 즉 1+1=2, 1+2=3과 같은 식입니다. 또한 앞의 숫자가 뒤에 오는 숫자의 61.8%(예를 들어 377÷610=0.618) 수준이 됩니다. 뒤 숫자를 앞의 숫자로 나눠주면 이것은 1.618로 수렴(예를 들어 610÷377=1.618)하게 되고, 또 한 칸을 건너서 뒤 숫자로 앞 숫자를 나눠주면 2.618로 수렴(예를 들어 610÷233=2.618)하는 모습을 보입니다. 이를 황금비율이라고 합니다.

이러한 황금비율은 예로부터 자연계의 가장 안정된 상태를 나타내는 것으로 알려져 있으며, 수학·음악·미술·건축 등의 분야에서 매우 중요하게 다루어졌습니다. 엘리어트 이론가들은 황금비율을 주식시장에도 적용하고자 하였고, 이에 피보나치 급수를 이용해서 2번 파동은 1번 파동의 38.2% 또는 61.8%의 조정을 받고, 3번 파동은 1번 파동의 1.618배의 길이가 된다는 식으로 목표치를 계산하는 방법을 제시하고 있습니다.

문제는 엘리어트 파동이론이 피보나치 급수를 이용한 수치를 바탕으로 조정폭과 상승폭을 예상하고 있는데, 그 수치만큼의 상승 또는 하락이 일어나지 않을 때에는 어떻게 할 것인가입니다. 만약 각각의 수치가 지켜지지 않는다면 이를 엘리어트 파동으로 보지 않을 것인가 하는 문제가 발생합니다. 하지만 그렇게 엄격한 기준을 들이댈 필요는 없습니다. 다음의 3가지 절대불가침 원칙만 지켜진다면 대체로 엘리어트 파동으로 인정됩니다.

① 2번 파동의 저점이 1번 파동 저점보다 반드시 높아야 합니다.
② 3번 파동은 제일 짧은 파동이 될 수 없습니다.
③ 4번 파동의 저점은 1번 파동의 고점과 겹칠 수 없습니다.

13

다우이론

다우이론으로 투자시기
예측이 가능한가요?

찰스 다우는 월가에서 주식과 관련된 정보를 모아 투자자들에게 제공하는 일을 했습니다. 하루 동안의 경제정보, 각 개별기업에 대한 정보와 거래종목의 가격 등을 종이에 기록해서 정보지의 형태로 만들어 판 것입니다. 그 정보지가 훗날의 〈월스트리트저널Wall Street Journal〉입니다.

그가 만든 다우이론은 미래 증권시장의 전반적인 동향이 호황국면인지 아니면 불황국면인지를 예측하고자 한 장세분석 방법입니다. 1929년 세계공황에 따른 미국증시의 붕괴를 예측하여 유명해졌습니다.

다우이론이 전개되는 과정에는 몇 가지 일반원칙이 있습니다.

① 평균치는 시장의 모든 요소를 반영합니다.
② 시장은 3개의 추세로 구성되어 있습니다.
③ 장기추세는 3개의 국면을 가집니다.
④ 평균치는 각각을 확인해야 합니다.
⑤ 거래량은 추세를 확인시킵니다.
⑥ 추세는 명확한 반전 신호를 보일 때까지 변하지 않습니다.

다우이론에서는 주가의 추세를 단기추세, 중기추세, 장기추세로 구분하였습니다. 단기추세는 하루 동안의 주가변동을, 중기추세는 몇 개월간의 시장의 추세를, 그리고 장기추세, 즉 주추세는 몇 년 동안의 추세를 말합니다. 중기추세를 관찰하여 장기추세의 흐름을 찾아내는 방법은 다음과 같습니다.

① 새로운 중기추세의 최고점이 장기추세의 최고점을 갱신하지 못하면, 주식시장은 약세국면에 접어들었다는 신호입니다.
② 새로운 중기추세의 최저점이 이전의 장기추세 최저점보다 높아지면, 장기추세는 상승국면에 접어들어 강세장이 진행됨을 나타내주는 신호입니다.

시장의 6가지 국면

다우이론에 의하면 강세시장과 약세시장은 6가지 국면으로 나눌 수 있습니다. 그럼 각 국면별 특징을 살펴볼까요?

▼ 추세의 진행과정

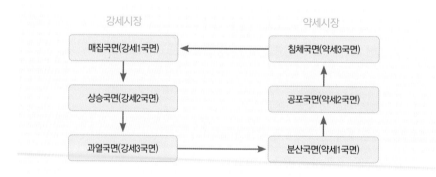

강세시장의 1국면: 매집국면 ┃ 강세시장의 초기단계입니다. 기업환경이 회복되지 못하여 장래에 대한 전망이 어둡다는 특징이 있습니다. 주가가 수평적으로 움직이며 오랫동안 지속된 약세시장에 지친 투자자들이 매수자만 있으면 매도해버리고자 하는 시기입니다. 그러나 전문투자자들은 일반투자자들의 실망매물을 매입하려고 함으로써 거래량은 약간씩 증가하게 됩니다.

▌ 강세시장의 2국면: 상승국면 ▌ 주가가 지속적으로 상승하는 국면입니다. 경제지표와 같은 통계수치가 호전되면서 일반투자자들의 투자심리가 개선되어 주가가 상승하고 거래량도 증가합니다. 이 국면에서는 기술적 분석에 따라 주식투자를 하는 사람이 가장 많은 투자수익을 올릴 수 있습니다.

▌ 강세시장의 3국면: 과열국면 ▌ 상승국면에서 많은 일반투자자들이 시장에 군집하여 거래를 하기 때문에 주가가 지나치게 상승하여 과열양상을 보이는 국면입니다. 이 국면에서는 전체 경제 및 기업 수익 등이 호조를 보이면서 유상증자가 많아지고 이에 따라 거래량이 급격하게 증가하는 현상을 보입니다. 보통 주식투자에 경험이 없는 사람들은 이때 확신을 가지고 적극적으로 매입에 나서는데, 손해를 볼 수 있기 때문에 각별히 조심할 필요가 있습니다.

▌ 약세시장의 1국면: 분산국면 ▌ 전문투자자가 시장의 과열을 감지하고 경제활동의 둔화에 대비하여 보유주식을 점진적으로 처분하는 국면입니다. 분산국면에 접어들면서 주가 추세선의 기울기가 점점 완만해지고, 주가가 조금만 하락해도 거래량이 증가하는 현상을 보입니다. 이는 일반투자자들이 더 싸게 주식을 살 수 있다는 착각에 빠져 있기 때문입니다.

▌ 약세시장의 2국면: 공포국면 ▌ 공포국면에서는 일반투자자의 매수세력이 크게 위축되고 매도세력이 늘어나게 되면서 주가가 크게 하락하는 국면입니다. 이 국면에서는 경제지표 등 통계수치가 점차 나빠짐에 따라 일반투자자들이

보유하고 있는 주식을 처분하기 때문에 거래량이 크게 줄고 주가도 급락하는 모습을 보입니다. 즉, 누구도 주식을 사려고 하지 않고 일반투자자들은 공포감에 휩싸여 주식을 던지는 국면입니다.

| 약세시장의 3국면: 침체국면 | 주가 추세선의 하향하는 기울기가 매우 완만해지지만 매도세력이 여전히 시장을 지배하고 있기 때문에 주가가 크게 하락하거나 상승하지 않는 침체 상태를 보이는 국면입니다. 공포국면에서 미처 처분하지 못한 일반투자자들의 실망매물이 나돌기 때문에 투매가 나타나는 것이 특징입니다. 이에 따라 주가는 계속 하락하지만 시간이 경과할수록 낙폭이 작아지게 됩니다.

찰스 다우에 의하면 각각의 국면들에서 전문투자자와 일반투자자의 행동양식이 달라진다고 합니다. 다음에 나오는 표를 보면 일반투자자들은 시장의 각 국면에서 공포-탐욕의 상황에 빠져드는 반면, 전문투자자들은 비교적 장세 분위기에 합당한 이성적인 투자심리를 보입니다.

▽ 각 국면별 전문투자자와 일반투자자의 심리 상태

시장 국면 투자자	강세시장			약세시장		
	매집국면	상승국면	과열국면	분산국면	공포국면	침체국면
일반투자자	두려움	두려움	자신감	자신감	자신감	두려움
전문투자자	자신감	자신감	두려움	두려움	두려움	자신감
투자전략		점차 매도	매도 완료		점차 매수	매수 완료

결국 다우이론을 통해서 우리가 알아야 하는 것은 뭘까요? 장기추세가 상승국면에 있는지 하락국면에 있는지를 따지는 것도 중요하지만, 각 국면에서 일반투자자들이 극복해야 하는 심리 상태가 어떤 것인지를 아는 것이 더 중요한 게 아닐까요? 월가의 유명한 격언 중 "강세장은 비관 속에서 태어나 회의 속에 자라고

낙관 속에서 성숙하여 행복감 속에 사라진다"라는 말이 있습니다. 모두가 비관적일 때 강세장이 시작되어, 설마 하는 동안 상승세를 타고, 모두가 환호할 때 그 장이 마무리된다는 것입니다. 개미투자자들은 추세의 끝물에 행복감을 느끼기 위해 돈을 빌려 투자에 나서는 것이 아닌지 돌아봐야 합니다.

기술적 분석의 대가 중 한 사람인 조셉 그랜빌은 다우이론을 보면서 다음과 같은 투자전략을 제시하였습니다. "시장이 약세를 보이는 과정에서는 공포국면에서부터 점차 매수해서 침체국면에서는 매수를 완료하라. 시장이 강세를 보이는 과정에서는 상승국면에서 점차 매도해서 과열국면에 이르러서 매도를 완료하라!" 이 지키기 어려운 말을 반드시 기억해야 합니다.

다우이론도 몇 가지 한계점이 있습니다.

첫째, 중기추세를 통해서 장기추세를 가늠하기 때문에 추세반전이 너무 늦게 확인되어 실제 투자활동에 큰 도움이 되지 않을 수도 있습니다. 즉, 주가의 흐름이 상당 기간 진행된 후에 비로소 시장의 약세와 강세를 확인할 수 있기 때문에 매매시점 포착이 상당히 늦어지게 되는 단점이 있지요.

둘째, 다우이론은 분석자의 능력이나 경험에 따라 달라질 수 있기 때문에, 하나의 결론을 가지고 다양한 해석이 가능해져 정반대의 결과를 도출할 수 있다는 것도 단점입니다.

셋째, 다우이론은 주로 장기추세에 역점을 두기 때문에 중기추세를 이용하고자 하는 투자자에게는 별로 유용성이 없습니다. 따라서 중기 투자전략에는 결정적인 역할을 하지 못하고, 중기추세 흐름은 장기추세를 확인하는 보조적인 역할에 그친다는 한계가 있습니다. 단기변동을 이용해서 단타매매를 하려는 투자자에게는 거의 무용지물인 셈입니다.

이와 같이 다우이론은 대표적인 기술적 분석도구이므로 기술적 분석의 단점들을 고스란히 가지고 있습니다. 하지만 앞에서도 살펴봤듯이 각 국면에서 나타나는 인간들의 심리적 압박감을 어떻게 극복할 것인지 다우이론을 통해 풀어야 할 것입니다.

일광 씨의 Level UP

01 일광 씨는 최근 증권사에서 개최하는 주식투자 교육 프로그램에 참석해서 차트 보는 법을 배운 후 차트공부에 푹 빠져 있습니다. 그래서 과거에 있었던 일들을 더듬어보면서 앞으로 주가가 어떻게 움직일지 차트를 통해 판단해보려고 합니다. 때마침 다음과 같은 차트를 얻었습니다.

일광 씨는 앞의 차트를 보면서 주가가 앞으로 상승할 것으로 예상하고 있는데요. 주가상승을 예상하는 근거를 3개 정도 찾아보려고 합니다. 과연 주가상승에 대한 근거는 무엇일까요?

Answer

① 주가 측면에서, 일봉이 제반 이동평균선 위에 있을 뿐 아니라 새로운 고가를 형성하고 있어 매물 소화가 제대로 진행된 것으로 볼 수 있습니다.

348

② 이동평균선 측면에서, 이동평균선들이 정배열 상태일 뿐만 아니라 이동평균선들 사이에 골든크로스가 발생하여 장ㆍ단기추세의 상승세가 유효함을 보여주고 있습니다.

③ 거래량 측면에서, 거래량이 꾸준히 증가하는 모습을 보이고 있어 주가상승 가능성에 신뢰도를 높이고 있는 상황입니다.

이런 판단을 한 후 실제로 주가가 어떻게 움직였는지 차트로 확인해보겠습니다.

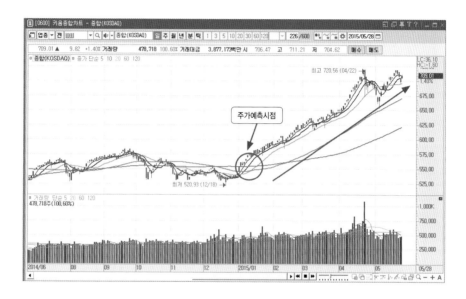

02 쾌남 씨는 최근 뉴스에서 중국이 경제발전을 위해 신실크로드 건설을 추진 중이라는 소식을 들었습니다. 소위 일대일로—帶—路 사업에 대한 뉴스였습니다. 쾌남 씨는 대규모 토목공사를 위해 건설장비가 많이 필요할 것으로 봤습니다. 이에 대표적인 굴삭기 제조업체인 두산인프라코어의 주식을 매수해야겠다고 결심했습니다. 삼선전환도를 이용해서 매매타이밍을 찾으려고 하는데, 쾌남 씨는 어떤 의사결정을 해야 할까요?

Answer　매수해야 합니다. 왜냐하면 두산인프라코어는 삼선전환도에서 봤을 때 매수 신호인 양전환이 발생했습니다. 양전환은 매수 신호이므로 매수를 하는 것이 바람직합니다.

03 일광 씨는 사물인터넷lot과 핀테크Fin-Tech시대가 도래하면 데이터 집적이 이뤄져야 하므로 엄청난 양의 반도체 수요가 있을 것으로 판단했습니다. 이에 반도체업종에 사업이 집중된 SK하이닉스를 매수해볼 생각입니다. 거래량에 관심을 가지라는 격언에 따라 대표적인 거래량 판단지표인 OBV를 이용하여 매수 여부를 판단하려고 합니다. 다음 그래프를 통해서 일광 씨는 어떤 의사결정을 해야 할까요?

Answer 매입해야 합니다. 왜냐하면 지금 OBV 지표를 통해봤을 때 U마크가 발생한 것은 물론이고 OBV선이 지속적으로 상승하고 있어 아주 강한 주가 움직임이 예상되고 있기 때문입니다. U마크의 출현은 대표적인 매입 신호입니다.

주식 매수시점을 결정하는 원칙 10가지

주가가 완만하게 하락하면서 거래량이 서서히 늘어나는 경우

기술적인 측면에서 주식의 매수시점은 주가가 더 이상 떨어질 수 없는 위치에 와 있는 상태에서 거래량이 늘어나는 경우입니다. 이런 경우에는 주가하락에 지친 일반투자자들이 매도를 하고 나간 상태에서 전문투자자들이 서서히 주식을 매수하고 있는 상태로 판단할 수 있습니다. 만약 거래가 늘어나는 과정에서 주가하락이 멈추면 더욱 분명한 매수시점이 됩니다.

주가가 중요한 전환선을 돌파하거나 신고가를 경신하는 경우

주가의 움직임은 작용과 반작용의 원리에 따라 등락을 거듭합니다. 그런데 주가가 중요한 전환선을 돌파한다든가 새 고가를 경신하는 경우는 새로운 트렌드를 형성하는 것으로 판단해야 합니다. 특히 시장에서 10배 이상의 엄청난 수익을 내는 종목들은 신고가 부근에서 매수해도 됩니다.

큰 악재가 나와도 주가가 흔들리지 않는 경우

주가는 정보에 의해 많은 영향을 받습니다. 정보 중 호재가 나오면 상승하고 악재가 나오면 하락하는 것이 일반적이지요. 그러나 주가에 상당한 타격이 있는 악재가 나왔음에도 불구하고 주가가 쉽게 밀리지 않는다면, 이는 회사 내부에서 그 악재를 상쇄할 만한 다른 일이 벌어지고 있다고 판단해야 합니다. 이런 상황을 이겨낸 주가는 새로운 추세를 만들고 상승할 가능성이 큽니다.

주당순자산에 비해 주가가 지나치게 떨어진 경우

주당순자산은 회사가 청산하는 경우 주주들이 받아 갈 수 있는 잔여재산입니다. 만약 시장이 효율적이라면 주가는 주당순자산과 비슷하게 형성되는 것이 일반적입니다. 그러나 주당순자산은 과거의 자료를 토대로 계산된 것이고 주가는 과거와 현재, 그리고 미래가 포함된 것이므로 둘 사이에는 분명 괴리가 있을 수 있습니다. 주가가 주당순자산에 비해 지나치게 낮게 괴리가 발생하는 경우는 자산가치를 제대로 반영하지 못하는 상황입니다. 상장폐지가 예정된 기업이 아니라면 그런 주식은 매수해야 합니다.

분기순이익과 당기순이익, 매출액이 동시에 증가하는 경우

최근에는 기업공시가 강화되어 분기별로 기업의 재무제표가 발표됩니다. 따라서 분기 단위로 기업의 매출과 순이익을 파악하여 분기순이익이 급증하는 기업을 주목해야 합니다. 그러나 분기순이익은 자산의 매각 등을 통해서 단기적으로 좋아질 수도 있으므로, 연간순이익의 증가율도 함께 좋아지면서 실제로 기업의 영업이 호전되는 사인인 매출액 증가까지 가미된다면 이런 주식은 매수해야 합니다.

기관 보유비중이 낮은데 처음으로 분석보고서가 나오는 경우

"수급은 재료에 우선한다"라는 말이 있습니다. 주가도 가격이므로 결국 수요가 많으면 올라가고 공급이 많으면 떨어지게 됩니다. 그런데 기관투자자들이 거의 보유하지 않은 기업에 대해 애널리스트가 처음으로 분석보고서를 쓰는 경우는 기관투자자들이 관심을 갖게 되는 첫 번째 과정입니다. 그러므로 처음 분석보고서가 나온 기업은 수급상 유리한 위치에 있습니다. 여기에다가 실제로 기관투자자들의 매수가 유입된다면 이는 확실한 매수종목이 됩니다.

회사의 내부자들이 자기회사 주식을 사는 경우

자기회사의 내용을 잘 알고 있는 회사 내부자들이 주식을 매수한다는 것은 회사에 남들이 모르는 좋은 내용이 있다는 것으로 판단해야 합니다.

기업이 자사주를 매입하는 경우

기업은 주주의 가치를 올리기 위해 주가가 상승할 수 있도록 하든지 배당을 합니다. 그런데 현금으로 배당하는 방법 외에도 자사주 매입을 통해 시장에서 유통주식수를 줄여줌으로써 주당가치를 상승시킵니다. 이런 관점에서 보면 자사주 매입은 특수한 배당의 형태가 되어 주가가 가볍게 움직일 수 있는 기반을 마련해줍니다.

경쟁회사와의 무한경쟁에서 승리하는 경우

기업은 필연적으로 경쟁을 하면서 성장합니다. 경쟁은 많은 비용을 발생시켜 기업의 수익성을 떨어지게 하는 요인이 될 수도 있지만, 최종적으로 승자가 된다면 승자독식 현상에 의해 매출과 순이익이 급증하는 모습을 보입니다. 특히 글로벌 경쟁회사를 이기면 프리미엄으로 주가는 더욱 상승하게 될 것입니다.

오랜 시간 시장에서 무시된 기업의 거래량이 늘어나는 경우

시장참여자들이 거들떠보지도 않는 기업은 자연히 거래량이 줄어들게 됩니다. 그 상태가 오래 지속되면 주가가 기업가치에 비해 저평가된 상태로 상당 기간 움직이는 경우가 있습니다. 이런 기업을 무시된 기업이라고 합니다. 그런데 철저하게 무시되었던 주식의 거래량이 서서히 늘어나는 것은 조만간 시장의 무대 한복판으로 올라설 가능성이 큰 경우라고 볼 수 있습니다. 이것이 '무시된 기업효과'입니다. 한번 무시됐던 기업이 인기를 끌게 되면, 그동안 무시되었던 기업가치를 단기간에 회복할 수 있는 중요한 기회가 됩니다.

06

고수따라잡기

초보를 벗어나 진정한 투자 고수에
한 걸음 나아갈 수 있도록
마지막까지 세심히 배웅합니다.

"

시장을 이해하고 종목을 찾아내고 차트를 분석했으니,
이제 당신도 곧바로 슈퍼개미가 되는 걸까요?
시장에 흔들리지 않으며 자신의 투자 원칙을
지킬 수 있어야 성공투자자입니다.
지금까지의 모든 징검다리와 마인드를 잊지 말고
시장의 파도를 즐기는 진정한 슈퍼개미가 되세요.

"

일광씨의 GrowUP

진짜 고수가 될 자신이 있나요?

주식의 기초부터 기본적인 분석과 기술적인 분석까지 배웠으니 이제 조금은 알 것 같은가요? 하지만 주식은 아는 만큼 수익도 점점 높아지는 것이 아니라서 아직도 어려울 겁니다. 일광 씨 역시 주식을 사고팔면서 손해를 보기도 하고 이익을 보기도 했지만, 여전히 알다가도 모를 것이 주식시장이라며 고민합니다. 어떻게 하면 시장에서 중심을 잡는 현자가 될 수 있을까?

이때 슈퍼개미가 낯선 아저씨를 데리고 나타났습니다. 뭔지 모를 거대한 기운이 도사리고 있는 듯한, 친절한 듯하면서도 날카로워 보이는 야릇한 인상의 아저씨.

일광 씨: 누… 누구신가요?
슈퍼개미: 인사하세요. 이분은 미스터 마켓^{Mr. Market}입니다.

미스터 마켓, 즉 시장 아저씨는 벤저민 그레이엄이 등장시켰습니다. 시장에서 주가가 기업의 가치를 정확하게 반영하지 못하고 시장참여자들의 심리에 의해 변한다는 것을 설명한 것입니다. 그가 말하는 시장 아저씨는 어떤 성격일까요?

만약 내가 시장에서 주식을 사고팔 때 상대방이 시장 아저씨 한 사람만 있다고 생각해봅시다. 이 시장 아저씨는 너무 변덕스러워서 기분이 좋을 때에는 자신이 가진 주식을 내게 싼값에 팔아주고 또 내가 가진 주식을 비싸게 사주기도 합니다. 하지만 기분이 매우 나빠지면 자기가 가진 주식을 내게 비싸게 팔고 내 주식은 싸게 사려고 합니다. 이렇게 되면 나는 시장 아저씨의 기분이 좋을 때는 이익을 보게 되지만, 시장 아저씨의 기분이 나쁠 때에는 손해를 보게 되는 것입니다. 이 시장 아저씨는 주식의 진짜 가치에는 관심이 없고 자신의 기분에 따라 주가를 마음

대로 결정하는 사람입니다. 이러한 시장을 비효율적인 시장이라고 하지요.

하지만 1960년대에 들어와서 유진 파마는 이런 변덕스러운 시장 아저씨에 대해서 불만이 많았던 모양입니다. 그가 생각한 시장 아저씨는 모든 것을 다 알고 있는 사람이었습니다. 이 시장 아저씨는 주식의 본질적인 가격이 얼마인지를 정확히 알고 있고, 또 주위 환경이 변함에 따라 주가가 어떻게 변하게 될지도 정확하게 알고 있습니다. 그래서 우리는 시장 아저씨와의 거래에서 항상 주식의 가치에 맞는 가격을 지불하고 주식을 사고팔게 됩니다. 이런 시장 아저씨가 시장을 지키고 있으면 거래자는 굳이 그 주식의 가치가 얼마인지 알려고 하지 않아도 됩니다. 왜냐하면 아저씨가 모든 것을 알아서 해줄 테니까요. 이러한 시장을 효율적인 시장이라고 합니다.

그럼 저 아저씨는 둘 중 누구인가요? 일광 씨의 질문에도 아저씨는 여전히 알 듯 모를 듯한 웃음만 짓습니다. 슈퍼개미가 말을 이어갔습니다.

실제 예를 들어볼까요? 1999년 중반. 당시 삼성전자 주가가 30만 원에 근접하고 있었습니다. 어떤 사람이 분석가들의 보고서를 살펴보니, 삼성전자 주가가 12개월 이내에 최소 60만 원 최고 90만 원까지 올라갈 것이라는 분석이 지배적이었습니다. 지금 30만 원에 매수하면 1년 후 연간 수익률로 100%에서 200%까지 수익을 올릴 수 있다! 그는 당장 주식을 매수하였습니다. 그런데 주가는 오르기는커녕 오히려 떨어졌고 이듬해인 2000년에는 무려 12만 원대까지 곤두박질쳤습니다. 대체 이를 어떻게 해석해야 하나? 무엇이 잘못되었나? 투자자는 그동안의 신문을 모아놓고 원인을 찾아보았지요. 그리고 곧 그 원인을 알아냈습니다. 자신이 투자했던 시기에 반도체시장에서는 이미 현물가격이 떨어지고 있었던 것입니다. 그렇다면 이 투자자나 분석가들이 제대로 인식하지 못한 기업가치의 훼손 부분을 주가는 이미 반영하고 있었다고밖에 볼 수 없습니다.

일광 씨: 그럼 시장은 효율적이라는 건가요?

슈퍼개미: 그렇지요. 하지만 이런 예도 있습니다. 우리나라의 외환위기 이후 또는 미국의 9·11테러 당시를 보면 주가는 기본적인 상황에 비춰봤을 때 지나치게 떨어지는 모습을 보였습니다. 또한 IT버블이 진행될 당시에는 주가가 기본적 가치에 비해 지나치게 과대평가되는 경향을 보이기도 했습니다. 이런 점들을 본다면 '주식시장이 반드시 효율적이기만 한가?'라고 생각할 수 있지요.

일광 씨: 그럼 시장은 비효율적이라는 말인가요? 뭔가요? 헷갈립니다!

슈퍼개미: 과연 어떤 것이 좋은 걸까요? 만약 주식시장에 변덕스러운 시장 아저씨가 있다면 우리는 주식시장에서 큰 손해를 볼 수도 있지만 큰 이익을 볼 수도 있습니다. 시장이 유동적일수록 수익을 올릴 수 있는 기회도 많아진다는 거니까요. 반면에 만약 현명한 시장 아저씨가 시장을 지킨다면 우리는 그 현명 덕분에 위험관리만으로도 투자를 완성할 수 있게 됩니다.

하지만 어쩌죠? 마치 두 얼굴의 사나이처럼 시장 아저씨는 이 2가지 모습을 모두 가지고 있으니 말입니다. 그는 10일 중 7일은 현명한 아저씨의 모습을 하고 있지만, 나머지 3일 정도는 변덕쟁이로 변합니다. 따라서 이것을 분명히 알아야 합니다. 시장은 효율적인 면도 있지만 비효율적인 면도 존재한다는 것. 우리가 주식시장을 바르게 판단하려면 지금 시장 아저씨가 어떤 상태에 있는지 잘 알아보는 것이 가장 중요하다는 것을요.

일광 씨는 시장 아저씨를 바라보았습니다. 주식투자의 고수가 되는 것은 진정 험난한 길이구나! 시장에 흔들리지 않고 똑바로 주시하는 것, 그것이야말로 진정한 고수라는 생각이 들었습니다.

01

배당투자, 장기투자

배당투자와 장기투자는 어떻게 하나요?

주가와 배당수익률은 반대로 갑니다

매년 결산기가 돌아오면 배당투자에 대한 관심이 높아집니다. 이익을 많이 거둔 기업들은 배당잔치를 하는 일이 많기 때문에 투자자들 사이에서 실제로 어떤 기업이 배당을 많이 주는지에 대해 조사하는 경우가 많습니다.

그러나 여기서 조금 고민해봐야 하는 점이 있습니다. 기업이 배당금을 많이 준다는 것과 실제로 배당수익률이 높다는 것은 의미가 다르다는 것입니다. 배당수익률은 다음과 같이 정의할 수 있습니다.

$$배당수익률 = \frac{배당금}{주가} \times 100$$

앞의 공식을 통해서 보면 주가가 높은 시기에는 배당수익률이 낮아질 수밖에 없습니다. 반대로 주가가 낮은 시기에는 배당수익률이 상대적으로 높아집니다. 따라서 투자자들은 이것을 기억해야 합니다.

주식시장이 활황일 때 ⋯⋯ 배당투자에 대한 관심보다는 시장에서 더 높은 수익률을 줄 수 있는 주도주를 매매하는 편이 더 낫습니다.

주식시장이 불황일 때 ⋯⋯ 주식매매를 통해서 수익을 올리기가 쉽지 않으므로 이런 경우에는 상대적으로 배당금을 고려해 배당수익률이 높은 기업에 투자하는 편이 더 낫습니다.

장기투자는 어떻게 해야 좋은 걸까요?

시장에서 초보자일수록 장기투자를 해야 한다는 말이 있습니다. 분명히 맞는 말입니다. 장기투자는 투자의 호흡이 길기 때문에 조급한 마음에 잘못된 결정을 하는 오류를 줄여줍니다.

장기투자와 관련해서는 적립식 투자의 예를 가지고 설명할 수 있습니다. 적립식 투자란 매월 일정한 돈을 정해진 시기에 투자해 주식의 매입원가를 평균화시키는 투자방법으로, 2008년 금융위기 이전에 열풍을 불러왔던 펀드 붐의 핵심이었습니다. 그런데 펀드 붐 이후 주가가 급락하면서 적립식 투자를 하는 사람들이 사라지게 되었습니다. 이는 분명 잘못된 것입니다. 장기투자가 좋다고 해서 무조건 시작했다가 주가가 떨어지면 중단하는 것은 좋지 않습니다. 또한 길게 투자한다고 해서 무조건 좋은 것도 아닙니다.

다음에 나오는 차트를 통해 2008년 금융위기를 전후한 주가동향을 살펴봅시다. 차트에서 원으로 표시한 부분에 펀드자금이 밀물처럼 몰려들었습니다. 그러나 이후 주가가 하락하면서 펀드에 투자한 사람들의 손실이 눈덩이처럼 불어나고 말았습니다.

적립식 장기투자를 유지한 경우에는 이후 오히려 큰 수익을 올릴 수 있었다는 것
을 경험적으로 알 수 있습니다. 다음 차트를 통해 살펴봅시다.

적립식으로 장기투자를 한 사람이라면, 매우 비관적으로 보더라도 차트의 수평
선 정도에서 평균매입단가가 결정되었을 것입니다. 그렇다면 다른 사람들보다

쉽게 손실에서 수익으로 바뀌었겠지요. 이렇듯 장기투자는 긴 시간적 여유 속에서 수익을 얻을 수 있는 기회를 갖게 됩니다.

그런데 무조건 기다리는 것이 장기투자라고 생각하면 안 됩니다. 장기투자를 위해서는 가장 높은 수익을 올리는 기업을 찾은 후, 그 기업이 다른 기업보다 사업 지속가능성이 더 길다고 판단될 때 주식을 매수해야 합니다. 예를 들어 우리나라 음식료업종에 속한 기업 중 지속적으로 잘 팔리는 스테디셀러를 보유한 기업의 주가가 어떻게 움직였는지를 보면 앞에서 설명한 것을 이해할 수 있습니다. 먼저 오리온의 월별 주가흐름을 보면 다음과 같습니다.

차트를 보면 오리온은 2004년 최저가 6만 1,400원이었는데 2015년에는 최고 주가가 138만 5,000원이 됩니다. 이는 약 2,155%의 수익률이고, 단순계산을 하더라도 연간 약 180%의 수익률을 기록한 것입니다.

이 밖에도 롯데제과는 2004년 45만 2,000원이던 주가가 2014년에는 238만 8,000만원을 기록해 약 430%의 수익률을 기록했습니다. 화장품을 판매하는 아모레퍼시픽은 2004년 3만 7,500원이던 주가가 2015년에 44만 9,000원을 기록하여 1,100%의 수익률을 올렸습니다.

물론 이와 반대의 경우도 있습니다. 솔본은 과거 골드뱅크라는 이름으로 코스닥 붐의 초기 시장을 이끌었던 종목입니다. 만약 이 종목을 장기투자했다면 어떻게 되었을까요? 2004년 대비 반토막에 가까운 주가하락을 기록하고 있어 아마도 답답해 미쳐버렸을지도 모릅니다.

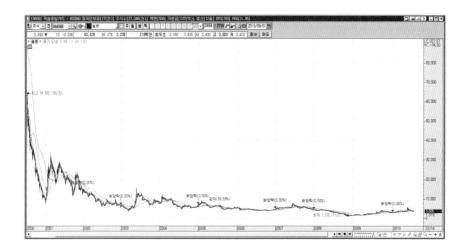

이런 사례를 통해서 본다면 무조건 오래 투자하는 것이 장기투자가 아님을 분명하게 알 수 있습니다. 장기투자는 많은 시간을 가지고 여유 있는 판단 속에 투자를 하는 것입니다. 그러나 거기에는 조건이 있습니다. 높은 수익률로 길게 투자할 수 있는 사업이나 제품을 보유하고 있는 기업을 장기투자 대상으로 삼아야 한다는 것입니다.

02

파생상품과 주가의 관계

파생상품과 주가는
어떤 관계가 있나요?

파생상품이 무엇일까요?

파생상품이란 한마디로 말하면 **미래에 물건을 사고팔 것을 약속하는** 것이라고 할 수 있습니다. 지금 당장 돈을 받고 물건을 주는 것은 아니지만 미래의 일정한 시점(대체로 계약의 만기일)이 되면 계약 당시에 결정한 가격으로 돈을 받고 물건을 넘겨주는 계약을 말합니다. 즉, 지금은 약속만 하고 나중에 약속한 내용대로 계약을 이행하면 되는 것을 파생상품이라고 합니다.

여기서 현물거래와 파생상품거래를 구분해볼 필요가 있습니다. 먼저 현물거래란 지금 즉시 물건을 사고파는 거래를 말합니다. 우리가 일상에서 물건을 사고파는 것이 현물거래입니다. 그렇다면 다음 예에서 파생상품거래를 골라봅시다.

일광 씨가 슈퍼에 1,000원짜리 라면을 사러 갔습니다.

1. 아주머니, 여기 1,000원 있어요. 라면 하나 주세요.
2. 아주머니, 라면 하나 주세요. 1,000원은 내일 드릴게요.
3. 아주머니, 라면 하나를 한 달 뒤에 저하고 1,000원에 사고팔기로 약속해요.

여기서 1번은 현물거래, 2번은 외상거래이지만 물건을 받아왔으니 현물거래입니다. 3번이 바로 파생상품거래입니다.

파생상품계약의 종류는 다음과 같습니다.

① 선도계약 Forwards Contract

② 선물계약 Futures Contract

③ 스와프계약 Swaps Contract

④ 옵션계약 Options Contract

파생상품은 앞의 4가지밖에 없습니다. 사실 파생상품은 우리가 일상생활에서 흔히 하는 거래가 아니기 때문에 이를 이해하고 매매에 적용하기가 쉽지 않습니다. 그러나 그 구조와 원리를 뜯어보면 그다지 어려운 것도 아닙니다. 천천히 살펴봅시다. 앞의 4가지 파생상품 가운데 선도계약과 선물계약은 구조가 똑같다는 특징이 있습니다. 그 구조는 '미래 특정일에 기초자산을 사고 팔 것을 계약하는 것'으로 정의할 수 있습니다.

선도계약과 선물계약은 뒤에서 자세히 살펴보도록 하겠습니다.

스와프는 교환 Exchange 의 의미가 있습니다. 특히 미래의 현금흐름을 교환하는 것이 일반적인데요. 만약 어떤 사람이 고정금리와 변동금리로 돈을 빌린다고 했을 때, 이자율이 올라갈 것으로 예상되면 변동금리보다는 고정금리로 돈을 빌리는 것이 유리하고, 반대로 이자율이 내려갈 것으로 예상되면 변동금리로 돈을 빌리는 것이 유리합니다. 이때 어떤 사람이 고정금리로 돈을 빌렸는데 이자율이 내려갈 것으로 예상을 했다면, 그리고 변동금리로 돈을 빌린 사람을 찾아서 서로의 이자지급을 맞교환하기로 약속했다면 바로 스와프계약이 체결된 겁니다. 스와프는 이자흐름만 교환하는 이자율스와프와 원금과 이자를 모두 교환하는 통화스와프로 구분됩니다. 일반적으로 스와프는 장외에서 거래되기 때문에 개인투자자들이 이해하기가 매우 어렵다는 점을 알아야 합니다.

옵션은 권리를 매매한다는 점에서 선도계약이나 선물계약, 스와프와는 옵션에 대해서도 뒤에서 자세히 살펴보도록 하겠습니다. 차이가 있습니다. 권리가 갖는 특징은 첫째, 권리행사를 해도 되고 권리행사를 포기해도 된다는 겁니다. 둘째, 권리를 사고팔 때는 돈을 주고 사고 돈을 받고 판다는 겁니다. 이때 기초자산을 미리 정한 가격으로 살 수 있는 옵션을 콜옵션이라 하고, 기초자산을 미리 정한 가격으로 팔 수 있는 옵션을 풋옵션이라 합니다.

그러면 먼저 선도계약과 선물계약의 구조를 실례를 들어볼까요? 선도계약의 적합한 예로는 밭떼기 거래를 들 수 있습니다.

일용이가 배추농사를 짓기 위해 배추밭에 씨를 뿌리고 있었습니다. 이때 마침 중간도매업자가 지나가다 말했습니다. "아저씨, 이 배추 수확 때 맞춰서 제가 포기당 1,000원에 사 갈 테니 저한테 파세요." 이 말을 듣고 일용이는 잠시 생각하다가 "그렇게 합시다. 그 정도면 되겠습니다"라고 선뜻 거래에 응했습니다. 그러면서 두 사람은 배추밭 위에서 서로 담배 한 개비씩 나눠 피우고 계약서를 쓰고 헤어졌습니다. 이 순간 선도계약이 체결된 것으로 봐야 합니다. 이때 일용이는 선도계약의 매도자, 도매업자는 선도계약의 매수자가 됩니다.

이 계약의 주요 내용을 뜯어보면 다음과 같습니다.

- **무엇을 사고팔기로 했나?** ⋯⋯ 거래하기로 한 배추가 선도계약의 기초자산이 됩니다.
- **얼마에 배추를 사고팔기로 했나?** ⋯⋯ 수확 때 포기당 1,000원에 사고팔기로 했습니다. 여기서 중요한 것은 가격이 2,000원으로 올라가도 1,000원에, 반대로 가격이 500원으로 떨어져도 두 사람은 1,000원에 배추를 사고팔기로 되어 있다는 것입니다.
- **언제 물건을 주고받기로 했나?** ⋯⋯ 배추를 수확하는 날입니다.

그런데 궁금하네요, 이들은 왜 이런 계약을 체결했을까요?

각자의 속마음에 어떤 꿍꿍이가 있는지 들여다볼까요? 먼저 일용이. 작년에는 배추가격이 올라가서 꽤 짭짤한 돈을 손에 쥘 수 있었습니다. 하지만 재작년에는 배추농사가 너무 잘돼서 배추가격이 떨어지는 바람에 배추를 다 수확하기는커녕 배추밭을 갈아엎은 일이 생각났습니다. 만약 올해도 배추가격이 폭락한다면 또 살림살이가 어려워질 것입니다. 그래서 생산비에 조금의 이익이 남는 정도인 1,000원에 미리 팔아버리는 것이 속이 편하다는 계산을 한 것입니다. 그래서 밭떼기 거래, 즉 배추선도계약을 체결한 것이지요

다음 도매업자. 그는 아마도 일용이와는 다른 마음을 가지고 있을 것입니다. 재작년에는 배추가격이 떨어져서 배추를 싸게 잡아 비싸게 팔 수 있었습니다. 그런데 작년에는 가격이 너무 오르다 보니 배추를 확보하기도 어렵고 소비자들이 김치를 잘 담그지 않으려 해서 돈도 별로 벌지 못했습니다. 그래서 작년처럼 배추가격이 크게 오르기 전에 미리 배추를 확보함으로써 수익을 얻으려는 꿍꿍이가 있었던 것입니다.

한마디로 정리하자면 일용이는 가격이 떨어질 때를 대비해, 도매업자는 가격이 오를 때를 대비해 각각 선도계약을 체결했다고 볼 수 있습니다.

그러면 이제 아무 문제가 없을까요? 그렇지 않습니다. 문제는 배추 수확시기가 되었을 때입니다. 먼저 배추가격이 한 포기에 2,000원으로 올랐을 경우를 생각해봅시다. 그러면 일용이가 손해를 보게 됩니다. 시장에 내다 팔면 포기당 2,000원에 팔 수 있는데 선도계약 때문에 포기당 1,000원은 포기해야 합니다. 배추를 뽑기 전날 일용이는 잠을 이루지 못했을지도 모릅니다. 만약 배추밭의 규모가 커서 몇천만 원의 손실이 발생한다면 더 심각한 문제가 되겠죠.

그런데 선도계약에 문제점이 있습니다. 두 사람이 계약을 체결한 것은 맞지

만, 그건 두 사람 간의 사적인 계약입니다. 즉, 둘 사이에 일어난 거래의 이행을 보증해줄 사람이 없는 것입니다. 그래서 만약 일방적으로 일용이가 도망가버리면 거래가 이뤄지지 못합니다. 반대로 배추가격이 500원으로 떨어지면 도매업자가 순순히 트럭을 끌고 포기당 1,000원에 배추를 사러 올 거라고 100% 기대할 수 없습니다. 이렇듯 선도계약은 매수자와 매도자가 서로에게 불리한 방향으로 가격이 움직일 때의 위험을 피하고자 계약을 했지만, 결제불이행의 위험을 안고 있습니다.

그렇다면 선도계약은 왜 이렇게 결제불이행의 위험이 큰 건가요?
바로 손익정산을 만기에 한 번만 하기 때문입니다. 일용이의 거래에서 볼 수 있었던 것과 같이, 씨 뿌릴 때 한 번 만나고 그 이후에는 배추를 수확할 때 한 번 만나서 거래를 종료하다 보니 중간에 발생한 손익을 정산할 기회가 없습니다. 그래서 그사이에 큰 손해를 본 사람이 결제불이행을 저지르게 되는 것입니다. 이 문제를 해결하기 위해서는 손익을 매일매일 정산하는 일일정산을 하면 됩니다.

선물계약은 어떻게 다를까요?

선도계약과 선물계약의 가장 큰 구분점이 바로 일일정산 여부입니다. 선도계약은 일일정산을 하지 않고 선물계약은 일일정산을 합니다. **일일정산**이란 최초에 체결한 가격으로부터 손익이 발생하면 당일에 손익을 정산하는 것을 말합니다. 일용이와 도매업자가 1,000원에 선도계약을 체결한 이후 가격의 움직임에 따라서 일일정산이 어떻게 되는지 살펴봅시다.

- **1일 차** ⋯⋯▶ 포기당 1,000원에 선도계약 체결.
- **2일 차** ⋯⋯▶ 배추가격이 1,100원으로 올라간 경우 일용이가 포기당 100원 손해,

도매업자가 포기당 100원 이익. 따라서 일용이는 포기당 100원에 해당하는 돈을 넘겨줌으로써 일일정산 마감.

- **3일 차** ···→ 배추가격이 1,200원으로 올라간 경우 일용이가 추가적으로 포기당 100원을 손해 봤으므로 도매업자에게 포기당 100원에 해당하는 돈을 또 넘겨줌으로써 일일정산 마감.

- **4일 차** ···→ 배추가격이 900원으로 떨어진 경우 일용이가 이제는 전날의 가격대비 300원의 이익을 본 것으로 포기당 300원에 해당하는 돈을 도매업자에게서 받아오면 일일정산 마감.

앞의 절차를 매일매일 치르면 계약 만기일에는 처음의 계약대로 포기당 1,000원에 사고팔면 됩니다. 왜냐하면 그동안 이들은 최초 계약일 이후에 나타난 손익만을 정산했기 때문입니다. 또 이들은 이제 힘들게 도망다니지 않아도 됩니다. 이미 손해와 이익을 다 봤기 때문입니다. 이렇게 일일정산을 하면 선도거래가 안고 있던 결제불이행의 위험을 없앨 수 있습니다.

일일정산을 하기 위해서는 누군가 강제적으로 정산을 해주는 청산소가 필요합니다. 그런데 너무 많은 거래들이 제각각의 조건으로 청산을 요구할 것입니다. 이 때문에 청산소는 계약을 표준화하는 작업을 합니다. 즉, 배추를 사고팔 때는 반드시 1,000포기 단위로 사고팔아야 한다. 가격은 100원 단위, 즉 1,000원/1,100원/1,200원 단계로 사고팔아야 한다 등의 표준화된 계약을 설정합니다. 이렇게 표준화된 계약을 거래소에 등록해 거래되도록 한 것이 바로 선물계약입니다.

이렇게 본다면 선물계약은 기본적으로 선도계약과 같지만 ❶ 결제이행을 보증해주는 청산소가 존재하고, ❷ 계약이 표준화되어 있으며, ❸ 거래소에서 거래가 된다는 점에서 차이가 있습니다.

여기에 재미있는 점이 있습니다. 선물계약이 거래소에서 거래되면 가격이 움직이게 될 것입니다. 그러면 이 가격의 움직임을 보고 싸게 사서 비싸게 팔려고 하는 투자자들이 거래에 참여하겠지요. 분명한 것은 배추선물거래에 들어온 이 투자자들은 배추가 필요한 것이 아니라 배추가격의 움직임이 필요하다는 것입니다.

그런데 배추가격이 오를 것을 예상하고 배추선물을 매수한 다음에 결제일까지 가게 되면 이들은 무엇을 손에 쥐게 될까요? 바로 배추를 인수받게 됩니다. 그러면 수익만 노리던 사람이 졸지에 배추장사를 해야 할 수도 있습니다. 따라서 이들이 배추를 손에 쥐지 않기 위해서는 만기가 오기 전에 반대매매를 통해 포지션을 정리해야 합니다. 그래서 선물거래는 만기일에 기초자산인 현물이 인수되는 것보다 만기 전에 포지션이 정리되는 경우가 더 많습니다.

이렇듯 선물거래 투자자들은 선물시장에 유동성을 불어넣어주는, 즉 거래가 활발하게 이루어질 수 있도록 도와주는 역할을 합니다.

그럼 선물거래에서 손익은 어떻게 발생하는 건가요?

먼저 그래프를 통해 선물거래 매수자의 손익을 살펴봅시다. 선물거래 매수자는 선물계약을 체결하고 난 다음, 기초자산 가격이 상승하면 이익을 얻고 하락하면 손실을 봅니다. 따라서 선물을 매수하는 사람은 앞으로 기초자산 가격이 올라갈 것을 기대하고 매수하는 것입니다.

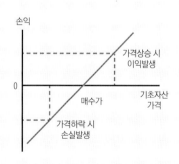

반대로 선물거래 매도자의 손익을 살펴봅
시다. 선물의 매수자와는 반대로 가격이
하락하면 이익을 얻고 상승하면 손실을
봅니다. 즉, 선물을 매도하는 사람은 앞으
로 가격이 하락할 것을 예상하고 매도하
는 것입니다.

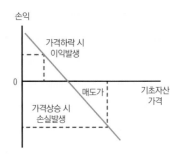

이렇게 선물은 매수한 경우 가격이 오르
면 이익, 가격이 떨어지면 손실입니다. 반대로 매도한 경우는 가격이 내리면
이익, 가격이 오르면 손실입니다. 이런 것을 손익이 대칭적으로 발생한다고 표
현합니다.

03

주가지수선물

주가지수선물이
무엇인가요?

주가지수선물을 만드는 방법

주가지수선물이란 **주가지수를 기초자산으로** 만들어진 **선물계약**을 말합니다. 여기서 주가지수에 대해 이해하고 넘어갑시다. **주가지수**란 주식시장에서 형성되고 있는 주가의 변동을 지수화하여 종합적으로 표시한 것입니다. 기준시점의 주가수준을 100으로 놓고 비교시점의 주가수준과 비교하여 지수화합니다.

주가지수를 만들 때 2가지 방법이 있습니다. 하나는 평균가격방식으로 지수를 만드는 것이고, 다른 하나는 시가총액식으로 지수를 만드는 것입니다. 평균가격방식이란 기준시점의 주가평균을 비교시점의 주가평균과 비교한 것입니다.

$$즉, (평균가격방식) \ 주가지수 = \frac{비교시점의 \ 주가평균}{기준시점의 \ 주가평균} \times 100$$

그런데 주가지수를 구할 때는 시가총액식지수를 구하는 것이 일반적입니다. **시가총액**이란 '발행주식수×현재주가', 즉 시장가격으로 계산된 자본금으로 이해하면 됩니다. 예를 들면 삼성전자의 현재주가를 발행주식수로 곱하면 시가총액이 나옵니다.

HTS에서는 현재가 화면에서 각 종목의 시가총액을 확인할 수 있습니다.

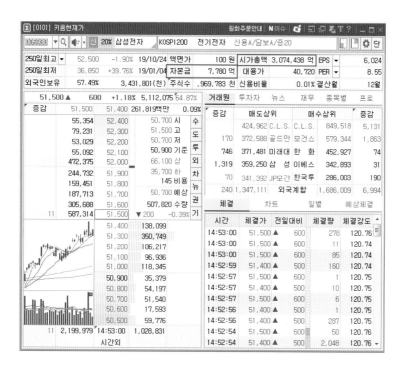

화면을 보면 삼성전자의 자본금은 7,780억 원입니다. 그런데 시장가격으로 계산된 시가총액(발행주식수×현재주가=59억 6,978만 3,000주×5만 1,500원)은 약 307조 원이 됩니다. 따라서 시가총액식 지수는 기준시점에서 각 종목들의 시가총액을 모두 합한 시장의 시가총액과 비교시점에서의 시장의 시가총액을 비교하는 방식으로 구하는 지수입니다.

$$즉, (시가총액식)\ 주가지수 = \frac{비교시점의\ 시장시가총액}{기준시점의\ 시장시가총액} \times 100$$

▎ **시가총액식 주가지수의 특징** ▎ 시가총액식 주가지수는 포트폴리오를 반영한다는 특징이 있습니다. 그런데 주식계좌를 열어보면 계좌의 잔고가 바로 '주식수×현재주가'로 계산되어 시가총액식을 반영하고 있음을 알 수 있습니다. 그렇다면 시가총액식 주가지수가 곧 포트폴리오를 의미한다고 보면 됩니다.

> 포트폴리오란
> 2개 이상의 종목으로 구성된 투자집합입니다. 예를 들어 삼성전자와 POSCO 두 종목을 가지고 있다면 이것이 주식 포트폴리오가 됩니다.

우리나라의 경우 선물옵션거래를 하기 위해 특별히 주가지수를 만들어놓은 것이 있습니다. 바로 **KOSPI200지수**입니다. KOSPI200지수는 1990년 1월 3일 시점 200개 종목의 시가총액을 100으로 삼습니다. 그리고 현재의 종합주가지수를 구성하는 종목 중 시가총액이 크고 거래량이 많은 대표 종목 200개를 선정해서 비교하는 기초자산지수입니다.

　앞서 살펴본 바와 같이 생각해보면 KOSPI200 주가지수선물은 200개 종목으로 구성된 포트폴리오를 사고파는 선물거래라고 보면 됩니다. 특히 우리나라 KOSPI200 주가지수선물은 거래규모에서 세계적인 지위를 차지하고 있다고 봐도 무방할 정도로 거래가 활발하게 이루어지고 있습니다.

선물의 특징

여기서 선물의 의미를 다시 한 번 새겨볼 필요가 있습니다. 선물이란 **만기일에 미리 정한 가격으로 기초자산을 사고파는 것**입니다. 개념대로라면 KOSPI200 주가지수선물의 매수자는 KOSPI200 주가지수를 받아오고 돈을 건네줘야 하며, 매도자는 돈을 받고 KOSPI200 주가지수를 넘겨줘야 합니다.

　그러나 KOSPI200 주가지수가 개념상으로는 포트폴리오라고 했지만, 이들 지수는 물건이 아니라서 실제로 인수가 불가능합니다. 이 때문에 그냥 현금차감결제를 하게 됩니다. 즉, 매수한 다음 가격이 올라가면 그 차익을 현금으로 받아오면 되고 가격이 내려가면 그 손실을 넘겨주면 됩니다.

반대의 경우도 마찬가지로, 매도한 이후 주가가 하락하면 차익을 받아오면 되고 주가가 상승하면 그 손실을 현금으로 넘겨주면 됩니다.

사람들이 현물인 주식거래보다 선물거래를 더 많이 하는 이유는 뭐죠?

선물의 다음과 같은 특성 때문입니다. **첫째, 주식 포트폴리오를 보유하고 있는 사람들의 위험관리가 가능하도록 해줍니다.** 위험관리란 손실이 날 가능성을 회피하게 해주는 기능을 말합니다. 이를 헤지Hedge라고 부릅니다. 어떤 구조로 손실을 회피하게 해주는지 알아볼까요?

먼저 주식시장의 공매도 개념부터 출발해봅시다. **공매도**는 지금 내가 주식을 보유하고 있지는 않지만, 일단 주식을 빌려서 파는 것을 말합니다. 그리고 일정한 기간이 지난 후 빌린 주식 수만큼만 돌려주면 됩니다.

●━━━━━━━━━━━━━ ● 실전 : 주식 공매도 하기 ● ━━━━━━━━

일광 씨는 삼성전자의 주가를 살펴보고 추가상승이 어렵다고 판단했습니다. 그래서 130만 원에 공매도를 해서 130만 원이 내 계좌에 입금되었습니다(이 공매도 대금은 계좌에서 인출할 수 없습니다). 나중에 주가가 (1) 100만 원이 된 경우, (2) 150만 원이 된 경우 공매도로 인한 각각의 결과가 어떻게 달라질까요?

⑴ 주가가 100만 원이 된 경우: 공매도 대금 130만 원 중에서 100만 원으로 주식을 사서 공매도를 상환해주고 나머지 30만 원의 이익을 챙깁니다.

⑵ 주가가 150만 원이 된 경우 : 주식을 사서 공매도를 상환하기 위해서는 150만 원이 필요한데 공매도 대금은 130만 원밖에 없으니 20만 원을 추가로 더 내서 주식을 사서 갚아주게 됩니다. 이때 20만 원은 손실이 됩니다.

이와 같이 공매도는 주가가 하락하면 이익을 보고 주가가 상승하면 손해를 보는 매매방법입니다. 만약 어떤 투자자가 다수 종목의 주식을 보유하고 있다고 가정해봅시다. 이 투자자는 주가가 상승하면 이익을 보고 주가가 하락하면 손해를 봅니다. 이럴 경우 앞에 나온 예처럼 주가가 하락하면 이익이 날 수 있는 포지션인 선물매도 포지션을 취하면 됩니다. 선물에서 매도를 할 경우 주가가 상승하면 손실, 하락하면 이익을 보는 포지션이 되는 것입니다. 그러면 주가가 떨어져도 현물주식은 손해를 보지만 선물매도로부터 이익을 얻게 되어, 결과적으로 손익이 상쇄됩니다. 물론 주가가 상승하면 현물로부터 이익이 발생하지만 선물로부터는 손실이 발생하는 경우도 생각해야 합니다.

둘째, 선물시장은 남의 돈을 빌려서 수익을 더 크게 하는 레버리지가 매우 큰 시장입니다. 이것은 바로 증거금제도로부터 나타납니다. 예를 들어 주식을 매수하는 경우 증거금은 일반적으로 40%를 내야 합니다. 그런데 주가지수선물의 경우 증거금으로 15%만 내면 됩니다.

증거금률	주식 40%인 경우	선물 15%인 경우
레버리지비율	1÷0.4 = 2.5배	1÷0.15 = 6.7배
주가 10% 상승 시	25% 이익	67% 이익
주가 10% 하락 시	25% 손실	67% 손실
평가	위험이 상대적으로 작음	위험이 상대적으로 큼

주식은 증거금률이 40%로 레버리지비율이 2.5배이고 선물은 증거금률이 15%로 레버리지비율이 6.7배에 달합니다. 그리고 주가가 10%씩 상승하고 하락하는 경우 주식은 25%씩 손익이 발생하지만 선물은 67%의 손익이 발생합니다.

이때 만약 주가가 확실하게 올라간다고 하면 현물보다는 선물을 사고, 확실하게 떨어진다고 하면 선물을 매도하는 것이 더 큰 이익이 될 것입니다. 바로 이렇게 헤지를 위해 수요와 레버리지를 이용해 매매하려는 수요가 겹치면서 선물매매가 활발하게 이루어지고 있습니다.

04

KOSPI200지수선물 매매

KOSPI200지수선물은
어떻게 매매되나요?

KOSPI200지수선물의 매매

▎ **거래절차** ▎ 선물옵션을 매매하기 위해서는 증권사에서 별도로 선물옵션매매 계좌를 개설해야 합니다. 그리고 이 계좌를 통해서 주문을 하면 됩니다. 선물옵션 등 파생상품 거래는 워낙 위험한 거래이기 때문에 선물옵션매매를 하기 위해서는 사전준비가 필요합니다.

• **사전투자경험** … 신규로 선물옵션 계좌를 개설해서 선물투자를 시작하기 위해서는 사전교육 30시간(금융투자협회 주관 교육)과 모의거래 50시간(한국거래소 주관)을 받아야 합니다. 그리고 옵션거래의 경우는 파생상품 계좌개설 후 1년이 경과해야 매매가 가능합니다.

• **위험감수능력(기본예탁금)** … 선물매매를 하기 위해서는 기본예탁금을 예탁해야 합니다. 1단계 우수고객은 2,000만 원, 2단계 보통고객은 3,000만 원, 그리고 3단계 비우수고객은 5,000만 원이 계좌에 있어야 선물거래가 가능합니다.

378

▨ **거래시간** ▨ 주식시장의 거래시간과 차이가 있습니다. 만기일이 아닌 경우는 09:00~15:45(주식시장보다 15분 늦게 마감)이며, 만기일인 경우는 09:00~15:20(주식시장보다 10분 일찍 마감)입니다.

▨ **매매체결의 원칙** ▨ 매매체결은 주식시장과 같이 경쟁매매의 원칙이 적용됩니다. 특히 선물시장에서는 다음과 같은 경쟁매매원칙이 적용됩니다.

• **가격우선의 원칙** ⋯▸ 매수자 중에서는 높은 가격에 사려고 하는 사람에게, 매도자 중에서는 낮은 가격에 팔려고 하는 사람에게 우선권이 있습니다.
• **시간우선의 원칙** ⋯▸ 가격이 동일하면 먼저 주문한 사람에게 우선권이 있습니다.

▨ **주가지수선물가격** ▨ 주가지수선물은 지수 포인트당 25만 원으로 계산합니다. 즉 선물지수가 200포인트라면, '200포인트×25만 원=5,000만 원'입니다. 그리고 호가 단위(틱)는 0.05포인트 단위로 거래하는데, 이를 돈으로 환산하면 1틱의 가치는 1만 2,500원입니다.

▨ **상장된 주가지수선물** ▨ KOSPI200지수선물은 선물시장에 4개의 결제월이 상장되어 있습니다. 즉 주가지수선물의 거래종목은 결제월에 따라 3월 결제 지수선물, 6월 결제 지수선물, 9월 결제 지수선물, 12월 결제 지수선물, 4종류로 나뉩니다. 간단한 예로 살펴볼까요? 지금이 2020년 1월이라면 현재 선물시장에 상장된 선물은 2020년 3월물, 2020년 6월물, 2020년 9월물, 2020면 12월물입니다.

• **2020년 3월물** ⋯▸ 최근월물로 거래가 가장 활발한 종목입니다.
• **2020년 6월물** ⋯▸ 차근월물로 거래가 거의 되지 않지만 만기가 다가오면 서서히 거래가 늘기 시작합니다.

- 2020년 9월물 ⋯ 차차근월물로 거래가 거의 되지 않습니다.
- 2020년 12월물 ⋯ 원월물로 거래가 거의 되지 않습니다.

▎ **만기일** ▎ 파생상품이 가지고 있는 가장 큰 특징 중 하나는 바로 만기일이 있다는 것입니다. 만기일이 지나고 나면 당시 거래되었던 선물이나 옵션 종목은 사라집니다. 그러므로 만기일은 절대 잊어서는 안 됩니다. 우리나라 주가지수선물 거래 만기일은 만기월인 3, 6, 9, 12월의 두 번째 목요일입니다.

여기서 주의해야 할 것은 두 번째 주의 목요일이 아니라는 것입니다. 만약 어느 만기월의 달력이 다음과 같다면 만기일은 두 번째 목요일인 14일이 됩니다. 그리고 만약 두 번째 목요일이 공휴일인 경우에는 그 전날로 순차적으로 앞당겨집니다.

월	화	수	목	금	토	일
				1	2	3
4	5	6	7	8	9	10
11	12	13	⑭	15	16	17
18	19	20	21	22	23	24
25	26	27	28	29	30	31

▎ **가격제한폭제도** ▎ 선물시장은 주식시장에 비해 레버리지가 높습니다. 즉, 위험이 높다는 뜻이지요. 따라서 주식시장에 비해 더 좁은 가격제한폭 제도를 가지고 있습니다. 현재 주식시장의 가격제한폭은 기준가 대비 상하 30%로 되어 있지만, 선물시장은 기준가 대비 상하 20%로 되어 있습니다.

▎ **매매거래중단제도** ▎ 1987년 10월 19일은 세계 주식시장에서 기억에 남을 날입니다. 바로 블랙먼데이Black Monday이기 때문입니다. 이날 미국의 주가는 뉴욕증권거래소가 문을 열자마자 떨어지기 시작해 순식간에 22%의 낙폭을 기록했습

니다. 당시 다우지수가 3,000포인트 대에서 502포인트까지 떨어졌다고 하니, 눈앞이 캄캄해져서 블랙먼데이라고 부르게 된 것입니다.

이 사건 후 미국의 증권거래위원회SEC; Securities and Exchange Commission에서는 앞으로 이런 일이 발생할 경우를 대비해 대책을 논의했고, 만약 이런 일이 재발하면 주식시장을 중단시키자는 데 합의를 하게 되었습니다. 매매거래중단제도인 서킷브레이커CB는 한마디로 매매를 강제적으로 중단시키는 것입니다. 미국의 경우 CB가 발동되면 그 즉시 주식시장 문을 닫습니다. 그러나 우리나라의 CB는 미국과 약간 다릅니다. 미국은 상하한가 제한폭이 없어 하루 중 20%의 주가하락이 있으면, 시장을 중단시키고 폐장을 합니다. 반면 우리나라는 주식시장의 상하한가 제한폭이 30%로 설정되어 있습니다. 이에 따라 다음 3단계로 CB가 적용됩니다.

1단계: 종합주가지수가 전일 대비 8% 이상 하락하면 20분간 매매중단 후 10분간 단일가매매로 매매재개
2단계: 종합주가지수가 전일 대비 15% 이상 하락하면 20분간 매매중단 후 10분간 단일가매매로 매매재개
3단계: 종합주가지수가 전일 대비 20% 이상 하락하면 당일 매매종료

즉, 하루에 종합주가지수가 20% 이상 하락하면 그날 주식시장은 즉시 문을 닫게 됩니다. 현물시장의 CB는 선물시장에도 동일하게 적용됩니다(과거에 따로 있었던 선물시장 CB규정은 가격제한폭 확대조치와 함께 없어졌습니다).

▌ **증거금제도** ▌ 선물거래의 증거금Margin은 증권사마다 차이가 있을 수 있지만, 일반적으로 15%를 적용하고 있습니다. 증거금과 관련해서는 개시증거금, 유지증거금 등과 같은 몇 가지 용어를 살펴봐야 합니다.

• **개시증거금** ⋯ 선물주문을 낼 때 납부해야 하는 증거금입니다. 전체 약정대금의 15%를 내야 합니다. 만약 200포인트에 1계약 주문을 낸다면 개시증거금은

'200포인트×25만 원×15%=750만 원'이 됩니다. 즉 선물 200포인트짜리 1계약을 사기 위해서는 750만 원의 증거금이 필요합니다.

- **유지증거금** ⋯ 선물계약의 포지션을 유지하기 위해서 필요한 최소한의 증거금을 말합니다. 일반적으로 유지증거금은 10% 선으로 설정합니다. 앞의 예에서 200포인트 1계약을 매수하기 위해서는 750만 원의 개시증거금이 필요했는데, 이때 유지증거금은 500만 원 수준이 됩니다. 증거금 500만 원은 기본적으로 유지가 되어야 한다는 것입니다. 선물의 특징 중 하나는 일일정산을 한다는 것이지요. 만약 선물을 매수한 이후 주가가 올라가면 일일정산을 통해 내 계좌로 이익금이 들어옵니다. 그러나 만약 선물을 매수한 이후 주가가 떨어지면 손해를 보는 만큼 내 계좌에서 매일 돈이 인출됩니다. 계속 돈을 인출당하다가 잔고가 500만 원에 도달하면 유지증거금에 대한 문제가 발생하게 됩니다.

- **마진콜** ⋯ 마진은 증거금을, 콜은 전화를 뜻합니다. 그러므로 마진콜이란 증거금 때문에 전화를 받는 것입니다. 앞서 말했듯이 증거금 잔액이 유지증거금에 도달하게 되면 증권사에서 전화가 옵니다. "고객님 증거금이 모자랍니다. 증거금을 더 내셔야 합니다." 이 전화가 바로 마진콜입니다. 그럼 이때 투자자는 둘 중 하나를 선택해야 하는데, 마진콜에 응하는 경우에는 증거금을 추가로 납부해야 합니다. 이때 중요한 것은 전액 현금으로 개시증거금 수준까지 쌓아야 한다는 것입니다. 마진콜에 응하지 않는 경우에는 증권사가 강제적으로 선물의 포지션을 청산합니다.

증거금과 관련된 내용을 다음 그림을 통해 알아봅시다.

앞의 예와 같이 200포인트 1계약을 매수할 때 개시증거금은 750만 원이고 유지증거금은 500만 원입니다. 이때 유지증거금 500만 원까지는 반드시 현금이 아니어도 됩니다. 주식이나 채권과 같은 대용증권으로 납부해도 되는 것이지요. 그런데 유지증거금과 개시증거금의 차이인 250만 원을 변동증거금이라고 하는

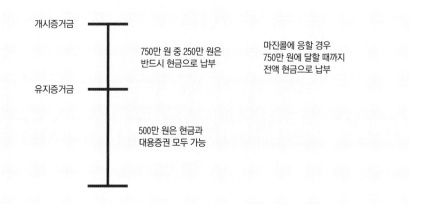

개시증거금

750만 원 중 250만 원은
반드시 현금으로 납부

마진콜에 응할 경우
750만 원에 달할 때까지
전액 현금으로 납부

유지증거금

500만 원은 현금과
대용증권 모두 가능

데, 이 금액은 반드시 현금으로 납부해야 합니다. 그래야 그 돈으로 일일정산을
할 수 있기 때문입니다. 그리고 마진콜에 응할 때는 개시증거금 수준까지 현금으
로 납입합니다.

05

주가지수선물과
프로그램매매법을 알려주세요!

차익거래를 이해합시다

프로그램매매를 이해하기 위해서는 먼저 차익거래(또는 재정거래)에 대해 이해해야 합니다. 차익거래는 기본적으로 1물 1가의 원칙이 성립되어야 합니다. 즉 하나의 물건은 전 세계 어디에서든 똑같은 값으로 나가야 한다는 것입니다. 만약 그렇지 않다면 값이 싼 곳에서 물건을 사서 값이 비싼 곳에 물건을 팔면 아무런 위험부담 없이 그 차이를 이익으로 얻을 수 있다는 게 바로 차익거래의 아이디어입니다.

예를 들어볼까요? 서울과 부산에서 거래되는 같은 종류의 신발이 서울에서는 15만 원이고 부산에서는 10만 원이라고 합시다. 그러면 모두가 부산에서 10만 원에 신발을 사들여 서울에서 15만 원에 팔아 한 켤레당 5만 원의 이익을 얻게 됩니다. 이런 거래가 차익거래지요. 시장에서 차익거래가 활발하게 이루어진다고 생각해보세요. 물건 값이 싼 곳에서는 매수하려는 사람들이 몰려와서 공급량보다 수요량이 많아지니 값이 올라갈 것입니다. 또 물건 값이 비싼 곳에서는 매도

하려는 사람들이 몰려와서 수요량보다 공급량이 많아지니 값이 떨어지겠지요. 그러다 결국에는 양쪽 모두에서 같은 값에 거래됩니다.

이렇듯 차익거래가 나타나면 서로 다른 가격에 거래되던 것이 균형 상태로 접근하게 됩니다. 이를 뒤집어 생각해보면 차익거래는 두 상품의 가격이 균형을 이룰 때까지 진행이 가능하다는 것입니다.

  하지만 차익거래를 하는 경우 반드시 염두에 둬야 하는 것이 **매매비용**입니다. 앞의 예의 경우 매매비용은 부산과 서울을 오가는 차비라고 할 수 있습니다. 차익거래로 인한 수익에서 매매비용을 보상받을 수 있어야 합니다. 부산에서 물건을 사서 서울에 내다 파는데, 한 번에 한 켤레씩만 산다면 여기 들어가는 차비를 보상받지 못하는 경우가 생기는 것이지요.

이와 같은 논리로, 선물가격과 선물의 이론가격 간의 차이에 의해 차익거래가 가능하게 됩니다. 먼저 **선물가격**이라 함은 선물시장에서 현재 형성되는 가격을 말합니다. 이것은 시장에서 수요와 공급에 의해 결정되는 것이니 그냥 시세가 나오는 대로 받아들이면 됩니다. 그런데 **선물의 이론가격**은 조금 더 생각을 해봐야 합니다. 파생상품은 현물거래에서 파생적으로 나온 상품이기 때문에 현물과 이론적인 관계를 유지하고 있다고 봅니다. 즉 모든 파생상품은 이론가격이 있다는 것입니다. 만약 시장이 효율적이라면 이론가격과 실제가격이 일치해야 하는데, 이 둘의 가격이 일치하지 않기 때문에 차익거래의 기회가 생깁니다.

그럼 선물의 이론가격을 어떻게 계산할 수 있을까요?
일반적으로 선물의 이론가격은 보유비용을 토대로 계산합니다. **보유비용**은 현물을 보유함으로 인해 발생하는 모든 비용을 말합니다. 예를 들어 보면 쉽게 생각할 수 있습니다. 홍길동 씨와 전우치 씨 두 사람의 경우를 통해 봅시다.

홍길동의 포지션: 삼성전자 1주를 보유하고 있음.

전우치의 포지션: 만기 1개월짜리 삼성전자 선물 1계약을 매수하여 보유하고 있음.

먼저 홍길동 씨가 중간에 삼성전자를 매도하지 않는다면, 두 사람은 1개월 뒤 똑같이 삼성전자를 보유하게 됩니다. 그런데 선물 만기일에는 홍길동 씨는 여전히 삼성전자를 보유하고 있지만, 전우치 씨는 삼성전자를 보유하고 있지 않게 됩니다. 왜냐하면 선물은 만기일에 미리 정한 가격으로 사고팔 것이기 때문입니다. 이때 현물, 즉 주식을 보유하고 있는 홍길동 씨가 선물의 만기인 1개월 동안 삼성전자를 보유함으로써 발생하는 모든 비용을 보유비용이라고 합니다.

그럼 보유비용에는 어떤 것들이 있을까요? 첫째, 이자비용이 있습니다. 만약 홍길동 씨가 삼성전자 주식을 사는 데 자기 돈을 들이지 않고 은행에서 빌려서 샀다면, 이자만큼의 돈이 더 붙어 있어야 합니다. 자기 돈으로 샀더라도 기회비용이라는 것이 있다는 것을 기억해야 합니다. 이자비용만 있다면 '삼성전자 선물가격＝삼성전자 주식가격＋이자비용'입니다.

그런데 삼성전자는 이익을 워낙 많이 내기 때문에 중간에 배당을 주는 경우도 있습니다. 그러면 배당을 받아서 이자를 낼 수도 있겠지요. 이 때문에 배당까지 감안한다면 '삼성전자 선물가격＝삼성전자 주식가격＋이자비용－중간배당'입니다.

실제로 계산해볼까요? 삼성전자 주가가 5만 원이고 이자율이 2%, 중간배당이 1%라고 한다면 만기가 1개월 남은 삼성전자 선물의 이론가격은 다음과 같습니다.

$$5\text{만 원} + 5\text{만 원} \times (0.02 - 0.01) \times \frac{1}{12} = 5\text{만 }42\text{원}$$

그런데 뭔가 이상하지 않나요? 삼성전자 선물의 이론가격을 구하는데 현물 주식의 가격을 바탕으로 계산되었네요.

그렇습니다. 선물의 시장가격은 선물시장에서 형성되지만 선물의 이론가격은 바로 주식시장에서 형성됩니다. 그렇기 때문에 둘의 가격이 일치하지 않는 경우가 생깁니다. 선물가격은 선물시장에서의 수요와 공급으로 결정되고, 현물가격은 주식시장에서의 수요와 공급으로 결정됩니다. 서로 터가 다르기 때문에 이러한 경우가 발생합니다.

계속해서 살펴봅시다. 삼성전자 선물의 가격이 만약 5만 100원에 형성되어 있다면, '선물 이론가격(5만 42원) ≠ 선물 시장가격(5만 100원)'이 됩니다. 이때 비싼 것을 팔고 싼 것을 사는 것이 바로 차익거래입니다. 선물을 매도하고 선물의 이론가격, 즉 삼성전자 주식을 매수해서 만기까지 가면 현재 가격차이인 58원이 차익거래 이익으로 돌아오는 것입니다. 이런 논리는 주가지수선물시장에서도 그대로 적용됩니다.

HTS에서 선물가격 보기

HTS에서는 선물의 이론가격이 계산되어 공시되고 있습니다. [선물옵션] 메뉴에서 [선물현재가] 메뉴를 클릭한 후 몇 월 결제일의 선물을 볼 것인지 선택하면 됩니다.

[0481] 선물현재가				♪선물옵션이간거래				주 차 프 투 미

101RC000 ▼ Q F 202112 | ◉정보 ○프로그램매매 ○차트

389.95 ▼	3.65	0.93%	57,349	17.39%
건수	매도	09:22:56	매수	건수
45	89	390.20	미결제	278,225
41	99	390.15	증감	+323
55	103	390.10	시가	390.00
37	85	390.05	고가	391.90
29	83	390.00	저가	389.40
389.95	2 ^	389.90	50	21
389.95	1	389.85	79	38
389.95	1	389.80	148	51
389.95	1	389.75	90	36
389.95	3 v	389.70	122	45
2,798	13,110	-3,432	9,678	1,948
		직전	4	

이론가	390.59	이론 BASIS	+0.73
괴리도	-0.64	괴리율	-0.16%
시장 BASIS	+0.09	거래대금	5,603,487
KOSPI200	389.86 ▲	4.93	1.25%
종합주가...	2,977.04 ▼	42.14	1.40%
상한가	425.05	하한가	362.15
CB살한가	0	CB하한가	0
이자율	1.040	기준가	393.60
최종거래일	2021/12/09	잔존만기	66 47
상장최고	441.25	-11.65%	2021/06/25
상장최저	204.50	+90.64%	2020/03/19

◉금액 ○수량   ◉데이터 ○차트 ○추이

투자자	매도	매수	순매수	증감
개인	14,509	12,884	-1,625	-45
외국인	37,097	39,592	+2,496	+59
기관계	4,404	4,070	-335	-12
금융투자	2,957	2,651	-306	-15
보험	49	5	-44	
투신	583	697	+114	
은행	0	0	0	
연기금등	430	371	-59	+10
기타법인	1,036	500	-536	-3

시간대별1	시간대별2	일간	차트	
시간	체결가	체결량	기초자산	Basis
09:22:56	389.95	2	389.86	0.09
09:22:56	389.95	1	389.86	0.09
09:22:56	389.95	1	389.86	0.09
09:22:56	389.95	1	389.86	0.09
09:22:56	389.95	3	389.86	0.09
09:22:56	389.95	10	389.86	0.09
09:22:56	389.95	6	389.86	0.09
09:22:56	389.95	1	389.86	0.09

389.81	389.91	389.72	389.90	389.93	389.86

선물현재가 화면을 보면 현재 KOSPI200지수선물 2021년 12월물의 가격은 왼쪽 상단에 나와 있는 바와 같이 389.95포인트입니다. 그리고 오른쪽을 보면 선물의 이론가격은 390.59포인트입니다. 선물의 이론가격이 선물의 실제가격보다 높으니 어떻게 차익거래가 이루어질까요? 바로 가격이 낮은 선물을 매수하고 가격이 높은 현물지수를 매도하면 되는 겁니다. 그 관계는 이론가 바로 밑에 있는 괴리도를 통해 확인해볼 수 있습니다. 괴리도는 선물가격이 이론가격보다 더 높은 경우는 빨간색, 더 낮은 경우는 파란색으로 표시됩니다.

프로그램매매를 활용하세요

지수선물의 차익거래를 위해 살펴보다 보면 도대체 현물지수를 어떻게 매수한다는 것인지 궁금해집니다. 여기서 다시 한 번 KOSPI200지수의 의미를 상기해볼 필요가 있습니다. KOSPI200지수는 200개 종목으로 구성된 주식 포트폴리오를

말하는 것입니다. 단순히 말하면, KOSPI200지수를 매수한다는 것은 지수를 구성하고 있는 200개 종목을 각각 시가총액 비중대로 모두 매수한다는 것과 같은 의미입니다. 현물을 하나씩 사거나 파는 식으로, 200종목의 주식을 사고팔려고 하면 정말 힘들 것입니다. 주문을 200번은 내야 하기 때문입니다. 그래서 그런 수고를 덜기 위해 고안한 것이 바로 프로그램매매입니다.

프로그램매매는 엔터키를 한 번 치면 200개의 주문이 동시에 이루어질 수 있도록 프로그램을 짜놓은 것입니다. 이렇듯 주가지수선물과 이론가격의 차이로 인해서 선물을 팔고 프로그램을 통해 현물을 매수하는 경우를 **매수차익거래**라고 하고, 선물을 사고 프로그램을 통해 현물을 매도하는 경우를 **매도차익거래**라고 합니다. 즉 차익거래란 선물과 현물을 동시에 반대로 매매하는 것입니다.

현재는 200개 종목 모두 주문을 내지 않더라도 시가총액이 크고 거래가 많은 15개 정도 종목을 이용해 시가총액 비중을 적절히 조절하면, KOSPI200지수와 똑같이 움직이는 포트폴리오를 구성할 수 있습니다. 대부분 15~30개 정도의 종목만으로 차익거래를 하고 있다는 점을 알아두세요.

그렇게 좋은 프로그램을 차익거래에만 사용할 수 있나요?

아닙니다. 기관투자자들은 여러 종목을 한꺼번에 주문해야 하는 경우가 종종 있는데, 이때도 프로그램을 통해 한 번에 주문할 수 있습니다. 이렇게 선물과의 가격차이를 이용하지 않고 주문의 편의를 도모하기 위해 프로그램을 이용하는 것을 **비차익거래**라고 부릅니다.

HTS에서 프로그램매매 살펴보기

앞에 나온 선물현재가 화면을 다시 자세히 들여다봅시다. 괴리도가 빨간색으로

(+)값을 보이면 차익거래를 위한 프로그램매수가 유입될 가능성이 크다는 점을 알아야 합니다. 반대로 괴리도가 파란색으로 (-)값을 보이면 차익거래를 위한 프로그램매도가 나올 가능성이 큽니다.

HTS에서 일자별로 프로그램의 매매가 어떻게 이루어졌는지 살펴봅시다.

▽ 홈 ···› 투자정보 ···› 프로그램매매 ···› 프로그램매매 추이

일자	차익거래			비차익거래			전체			KOSPI200	BASIS
	매도	매수	순매수	매도	매수	순매수	매도	매수	순매수		
2021/10/05	46,848	51,231	+4,384	741,992	828,826	+86,834	788,840	880,058	+91,218	391.39	-0.04
2021/10/01	171,286	93,306	-77,980	,195,864	,128,226	-67,638	,367,150	,221,532	-145,618	394.79	-1.19
2021/09/30	196,484	106,367	-90,116	,243,990	,117,296	-126,694	,440,474	,223,664	-216,810	401.30	0.20
2021/09/29	351,329	292,470	-58,859	,071,395	,635,876	-435,519	,422,724	,928,346	-494,378	400.09	-0.94
2021/09/28	93,162	55,270	-37,892	,617,669	,541,335	-76,334	,710,832	,596,605	-114,227	406.20	-1.30
2021/09/27	83,654	85,548	+1,894	,102,554	,132,056	+29,502	,186,208	,217,604	+31,396	410.97	-0.27
2021/09/24	124,061	122,551	-1,510	,246,245	,135,719	-110,526	,370,306	,258,270	-112,036	409.84	-0.59
2021/09/23	183,584	177,410	-6,174	,742,970	,926,052	+183,082	,926,554	,103,462	+176,908	410.46	-0.91
2021/09/17	182,195	158,272	-23,923	,344,981	,595,606	+250,625	,527,176	,753,878	+226,702	410.99	-0.24
2021/09/16	107,136	97,436	-9,699	,271,006	,297,681	+16,675	,378,142	,395,118	+16,976	409.22	-0.12
2021/09/15	100,900	106,360	+5,459	,327,818	,578,739	+250,921	,428,719	,685,099	+256,380	412.85	0.15
2021/09/14	83,899	169,352	+85,453	,575,462	,009,664	+434,202	,659,361	,179,016	+519,655	412.36	0.24
2021/09/13	130,793	151,275	+20,482	,132,596	,335,366	+202,771	,263,389	,486,642	+223,253	409.70	
2021/09/10	99,523	114,296	+14,773	,794,837	,250,536	-544,301	,894,360	,364,832	-529,529	408.70	-0.50
2021/09/09	209,251	136,084	-73,166	,131,709	,714,120	-417,589	,340,959	,850,204	-490,755	407.28	0.12
2021/09/08	166,110	229,367	+63,257	,911,742	,887,663	-24,080	,077,852	,117,029	+39,177	414.54	-0.04
2021/09/07	132,367	147,234	+14,868	,884,299	,686,116	-198,184	,016,666	,833,350	-183,316	417.80	0.70
2021/09/06	115,619	127,397	+11,778	,800,260	,829,582	+29,323	,915,879	,956,979	+41,100	420.37	-0.22

웩더독(Wag The Dog)이란
개꼬리를 쥐고 흔들면 몸통이 같이 흔들린다는 뜻으로 주식시장을 몸통에, 선물시장을 꼬리에 비유하여 주객이 전도된 시장을 가리킵니다.

화면에서는 프로그램매매 중 차익거래와 비차익거래 모두 최근 3일 동안 매수가 유입되었음을 보여줍니다. 특히 웩더독 장세가 이어지는 경우 프로그램매매와 관련된 정보는 곧바로 시장의 등락에 매우 큰 영향을 미칠 수 있기 때문에 주의를 기울여 봐야 합니다.

프로그램매매 규제제도

주식시장과 선물시장의 관계를 설명하자면, 주식시장은 몸통이고 선물시장은 꼬리에 해당됩니다. 그런데 주식시장의 움직임보다 선물시장의 움직임에 따라 주

식시장이 매우 큰 영향을 받는 왝더독 현상이 일어나는 경우가 많습니다. 선물거래에 결정적으로 영향을 받는 주식시장을 빗댄 왝더독 현상은 바로 프로그램매매로 인해 벌어집니다.

프로그램매매는 차익거래와 KOSPI200지수 구성종목 중 15종목 이상을 대상으로 하는 비차익거래를 포함합니다. 선물시장에서 거래되는 KOSPI200지수에 대한 선물거래 종목 중 전날 거래량이 가장 많은 종목, 즉 일반적으로 최근월물의 가격이 기준가 대비 5% 이상 상승 또는 하락하여 그 상태가 1분간 지속되면, 프로그램매매 호가를 5분간 정지시킨 다음 5분 후 접수순서에 따라 순차적으로 체결시킵니다. 이를 사이드카Side Car 제도라고 합니다. 사이드카 제도도 1일 1회만 발동하며 14시 50분 이후에는 발동하지 않습니다.

06

옵션거래, 콜옵션, 풋옵션

옵션이란
무엇인가요?

권리를 사고파는 옵션거래

선물거래와 달리 손익이 비대칭적으로 발생하는 경우가 있습니다. 바로 옵션의 경우가 그렇습니다. 옵션이란 기초자산을 만기일 또는 그 이전에 미리 정한 가격으로 사거나 팔 수 있는 권리를 말합니다. 선물과는 어떻게 다를까요? 선물은 만기일에 '기초자산'을 매매하지만, 옵션은 사고팔 수 있는 '권리'를 매매한다는 점에서 차이가 있습니다. 여기서 잠시 용어들을 짚어보고 갑시다.

▎ **기초자산** ▎ 기초자산은 선물에서와 마찬가지로 배추나 주식, 채권, 외환과 같이 옵션매매의 대상이 되는 것입니다.

▎ **미리 정한 가격** ▎ 권리를 행사하는 행사가격Exercise Price을 말합니다.

▎ **권리 행사** ▎ 권리 행사란 옵션을 사고파는 것이 아니라 옵션을 이용해서 기초자산을 사고파는 것을 말합니다. 옵션은 만기일 또는 그 이전에 권리를 행사합니

392

다. 만기일에만 권리를 행사할 수 있는 옵션을 유럽식옵션^{European Option}, 만기일 이전에도 권리를 행사할 수 있는 옵션을 미국식옵션^{American Option}이라고 합니다.

▍ **사거나 팔 수 있는 권리** ▍ 살 수 있는 권리를 콜옵션^{Call Option}, 팔 수 있는 권리를 풋옵션^{Put Option}이라고 합니다. 여기서 권리란 행사를 해도 되고 행사를 포기해도 되는 것을 말합니다.

문제는 이렇게 권리를 매매할 때는 항상 권리금을 주고받아야 한다는 것입니다. 즉, 옵션의 매수자는 권리금을 주고 권리를 사는 것이고 옵션의 매도자는 권리금을 받고 권리를 파는 것입니다.

권리금은 프리미엄이라고 합니다. 상가를 매매해본 사람들은 알겠지만 권리금이란 보증금과는 달리 나중에 돌려받지 못할 수도 있는 돈입니다. 예를 들어 장사가 잘되는 가게를 사게 되면 영업이 잘되는 권리를 돈을 주고 삽니다. 이것이 바로 권리금입니다. 장사가 계속 잘되면 내가 다른 사람에게 가게를 넘길 때도 권리금을 챙겨서 받을 수 있지만, 만약 장사가 안 되면 권리금을 제대로 챙겨받지 못하는 경우가 생깁니다. 옵션도 권리금을 모두 손해 볼 수 있는 가능성이 큰 상품입니다. 우리나라에서는 유럽식옵션만 거래되므로 콜옵션과 풋옵션에 대해서만 알고 갑시다.

살 수 있는 권리, 콜옵션

콜옵션은 **행사가격에 기초자산을 살 수 있는 권리**를 말합니다. 다음의 예를 통해 콜옵션의 구조를 살펴봅시다.

일광 씨가 행사가격 1만 원에 A주식을 살 수 있는 콜옵션을 1,000원에 매수했습니다. 만기일이 되어서 ⑴ 주가가 1만 5,000원으로 오른 경우와 ⑵ 주가가 7,000원으로 내린 경우 콜옵션을 가지고 있는 일광 씨의 손익은 어떻게 결정될까요?

⑴ 주가가 1만 5,000원으로 오른 경우

일광 씨는 시장에서 A주식을 사려면 1만 5,000원을 줘야 합니다. 그러나 1,000원을 주고 A주식을 1만 원에 살 수 있는 권리를 샀으므로, 권리를 행사해서 1만 5,000원인 주식을 1만 원에 매수하면 됩니다. 그럴 경우 일광 씨는 현재주가에서 행사가격과 옵션프리미엄을 제한 금액, 즉 '(1만 5,000원 − 1만 원) − 1,000원 = 4,000원'의 이익을 얻게 됩니다.

⑵ 주가가 7,000원으로 내린 경우

일광 씨는 시장에서 A주식을 사려면 7,000원이면 살 수 있습니다. 그런데 만약 권리를 행사하면 1만 원을 줘야 합니다. 이럴 경우는 과감하게 권리를 포기하고 7,000원에 A주식을 사면 됩니다. 그러면 옵션을 사면서 지불했던 권리금 1,000원만 손해를 보면 되는 것입니다.

즉, 주가가 행사가격보다 높으면 권리를 행사합니다. 그리고 주가가 행사가격보다 낮으면 권리를 포기하고 프리미엄을 손해 보면 됩니다. 따라서 콜옵션의 매수자는 주가가 상승하면 권리를 행사해서 이익을 얻고, 반대로 주가가 하락하면 권리를 포기해서 프리미엄으로 손실을 한정할 수 있습니다. 이론적으로 보면 콜옵션 매수자의 이익은 무한대가 되며, 콜옵션 매수자의 최대손실은 그래봐야 프리미엄으로 한정됩니다.

그러면 시장에서 1만 5,000원인 주식을 누가 내게 1만 원에 팔아주나요? 내게 프리미엄을 받고 옵션을 매도한 콜옵션 매도자입니다. 따라서 콜옵션 매도자는 콜옵션을 매수한 사람과 정확히 반대의 포지션을 갖게 됩니다. 즉 콜옵션의 매도자는 콜옵션의 매수자가 권리를 포기하면 그 프리미엄을 최대의 이익으로 합니다. 그러나 콜옵션의 매수자가 권리를 행사하면 콜옵션 매도자는 큰 손실을 보게 됩니다. 콜옵션을 매도하는 사람은 앞으로 주가가 올라가지 않을 거라고 믿는 사람들입니다.

팔 수 있는 권리, 풋옵션

다음은 팔 수 있는 권리인 풋옵션에 대해 살펴봅시다. 풋옵션은 기초자산을 미리 정한 가격인 행사가격에 팔 수 있는 권리를 말합니다. 같은 예로 풋옵션의 구조와 손익을 알아볼 수 있습니다.

일광 씨가 행사가격 A주식을 1주 보유하고 있습니다. 그리고 1만 원에 A주식을 살 수 있는 풋옵션을 1,000원에 매수했습니다. 만기일이 되어 (1) 주가가 1만 5,000원으로 오른 경우와 (2) 주가가 7,000원으로 내린 경우 풋옵션을 가지고 있는 일광 씨의 손익은 어떻게 결정될까요?

(1) 주가가 1만 5,000원으로 오른 경우
일광 씨는 시장에서 주식을 팔면 1만 5,000원을 받을 수 있습니다. 그런데 만약 권리를 행사하면 1만 원에 주식을 팔아야 합니다. 이럴 경우는 과감하게 권리를 포기하고 1만 5,000원에 A주식을 팔면 됩니다. 그러면 옵션을 사면서 지불했던 권리금 1,000원만 손해를 보면 됩니다.

(2) 주가가 7,000원으로 내린 경우
일광 씨가 시장에서 A주식을 팔려면 7,000원에 팔아야 합니다. 그러나 1,000원을 주고 A주식을 1만 원에 팔 수 있는 권리를 가지고 있으므로, 권리를 행사해서 현재 7,000원밖에 하지 않는 A주식을 1만 원에 매도할 수 있습니다. 그럴 경우 일광 씨는 행사가격에서 현재주가와 옵션프리미엄을 제한 금액, 즉 '(1만 원 − 7,000원) − 1,000원 = 2,000원'의 이익을 얻게 됩니다.

즉 주가가 행사가격보다 낮으면 권리를 행사해서 행사가격에 주식을 팔 수 있습니다. 주가가 행사가격보다 높으면 권리를 포기하고 현재 주가에 주식을 팔면 됩니다. 따라서 풋옵션 매수자는 주가가 하락하면 권리 행사로 이익을 얻고, 반대로 주가가 상승하면 권리를 포기해서 프리미엄으로 손실을 한정할 수 있습니다.

이론적으로 보면 풋옵션 매수자의 이익은 행사가격이 되며, 풋옵션 매수자의 최대손실은 기껏해야 프리미엄으로 한정됩니다. 콜옵션과 모두 반대로 생각하면 되는 것이지요.

의문점 역시 콜옵션과 똑같이 제시할 수 있습니다. 시장에서 7,000원인 주식을 누가 내게 1만 원에 사주느냐 하는 것입니다. 바로 내게 프리미엄을 받고 옵션을 매도한 풋옵션 매도자가 사줍니다. 풋옵션 매도자는 풋옵션을 매수한 사람과 정확히 반대의 포지션을 갖게 됩니다. 즉 풋옵션의 매도자는 풋옵션의 매수자가 권리를 포기하면 그 프리미엄을 최대의 이익으로 합니다. 그러나 풋옵션의 매수자가 권리를 행사하면 풋옵션 매도자는 큰 손실을 보게 됩니다. 풋옵션을 매도하는 사람은 앞으로 주가가 하락하지 않을 것이라고 믿는 사람들입니다.

프리미엄의 구분, 내재가치와 시간가치

여기서 몇 가지 기초적인 개념을 살펴봅시다. 우리가 흔히 옵션의 가격, 즉 프리미엄을 말할 때 이는 내재가치와 시간가치의 2가지 부분으로 구분됩니다.

▎ **내재가치** ▎ 내재가치란 행사가치라고도 합니다. 지금 당장 권리를 행사하면 받을 수 있는 금액을 말합니다.

• **콜옵션인 경우** ⋯▸ 주가가 행사가격보다 높은 경우에는 '주가 − 행사가격'이 됩니다. 그러나 주가가 행사가격보다 낮은 경우 내재가치는 0이 됩니다.
• **풋옵션인 경우** ⋯▸ 주가가 행사가격보다 낮은 경우에는 '행사가격 − 주가'가 됩니다. 그러나 주가가 행사가격보다 높은 경우 내재가치는 0이 됩니다.

▎ **시간가치** ▎ 시간가치란 옵션가격과 내재가치의 차이를 말합니다. 만기 이

전에 옵션이 행사될 수 있는 가능성에 대한 가치로 보면 됩니다. 즉 만기가 될 때까지 콜옵션의 경우는 주가가 행사가격보다 올라갈 가능성, 그리고 풋옵션의 경우는 주가가 행사가격보다 내려갈 가능성에 대한 가치를 말하는 것입니다. 이 시간가치는 만기가 되면 0이 되어 사라진다는 점도 기억해야 합니다. 그래서 옵션은 아무 일도 벌어지지 않고 단지 날짜만 흘러가도 가격이 떨어지는 모습을 보이게 됩니다.

HTS에서 옵션 확인하기

옵션의 현재가 화면을 통해서 옵션가격과 내재가치, 그리고 시간가치를 확인해볼까요? [옵션현재가] 화면을 불러와봅시다. 🔍 버튼을 클릭하면 옵션의 종목을 선택할 수 있습니다.

▼ 홈 ⋯ 선물옵션 ⋯ 옵션현재가

앞의 화면은 주가지수 콜옵션의 현재가 화면입니다. ① 이 옵션의 행사가격은 395.0포인트이고, ② 현재 기초자산 가격은 390.61포인트입니다. 그리고 현재 ③ 이 옵션의 가격은 2.86포인트입니다. 그럼 하나씩 계산해서 확인해봅시다.

내재가치는 '현재주가 – 행사가격'이므로 '391.61 – 395.00 = 0.00포인트'
시간가치는 '옵션현재가 – 내재가치'이므로 '2.86 – 0.00 = 2.86포인트'

마찬가지로 풋옵션의 현재가 화면을 통해서 각각의 가격을 살펴봅시다.

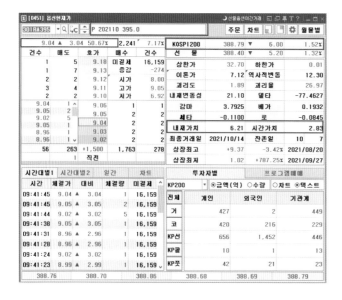

앞의 화면은 주가지수 풋옵션의 현재가 화면입니다. 이 옵션의 ① 행사가격은 395.0포인트이고, ② 현재 기초자산 가격은 388.79포인트입니다. 그리고 현재 ③ 이 옵션의 가격은 9.04포인트입니다.

내재가치는 '행사가격 – 현재주가'이므로 '395.00 – 388.79 = 6.21포인트'
시간가치는 '옵션현재가 – 내재가치'이므로 '9.04 – 6.21 = 2.83포인트'

앞의 콜옵션은 내재가치가 없는 외가격옵션이고, 따라서 옵션의 가치는 모두 시간가치가 됩니다. 다시 말하지만 이 상태로 만기가 되면, 두 경우 모두 시간가치는 0이 되고 내재가치만 남게 된다는 점을 잊어서는 안 됩니다. 특히 사례의 콜옵션은 내재가치가 없으므로 가치가 그냥 0이 되어버립니다.

옵션의 종류를 살펴봅시다

옵션은 부위에 따라 다르게 이름을 붙이고 있습니다. 즉 옵션이 내재가치를 갖는지 여부에 따라 이름을 달리하는데, 이 경우도 현재주가와 행사가격과의 관계를 토대로 따지게 됩니다. 옵션의 부위별 이름을 살펴봅시다.

‖ **내가격옵션** ‖ 내가격옵션 ITM옵션; In the Money Option 은 내재가치가 있는 옵션을 말합니다. 만기에 권리를 행사해야 하는 옵션입니다. 콜옵션의 경우는 주가 〉행사가격이고, 풋옵션의 경우는 행사가격 〉주가인 옵션입니다.

‖ **외가격옵션** ‖ 외가격옵션 OTM옵션; Out of the Money Option 은 내재가치가 없이 시간가치만 존재하는 옵션을 말합니다. 만기에 권리를 포기해야 하는 옵션입니다. 콜옵션의 경우는 주가 〈 행가격이고, 풋옵션의 경우는 행사가격 〈 주가입니다.

‖ **등가격옵션** ‖ 등가격옵션 ATM옵션; At the Money Option 은 특히 주가와 행사가격이 일치하는 옵션을 말합니다. 콜옵션과 풋옵션 모두 주가 = 행사가격인 옵션입니다. 이 옵션은 언제든 내가격 또는 외가격으로 바뀔 수 있어서 대단히 민감합니다. 일반적으로 옵션의 시간가치는 등가격에서 가장 커집니다. 선물거래는 직선의 형태로 손익이 생기지만, 옵션은 권리를 매매하므로 꺾은선의 형태로 손익이 생깁니다. 옵션을 적절히 이용하면 다양한 형태의 손익을 얻을 수 있습니다.

07

옵션거래 방법

옵션은 어떻게
거래되나요?

옵션거래의 방법

개별 주식에 대한 옵션은 현재 거의 거래되지 않으므로 KOSPI200 주가지수 옵션을 중심으로 살펴보도록 하겠습니다.

▐ **계좌개설** ▐ 선물거래와 마찬가지로 옵션거래를 위해서는 선물옵션 매매계좌를 따로 개설하고, 이 계좌를 통해서 주문하면 됩니다. 그러나 선물옵션 등 파생상품 거래가 워낙 위험한 거래이기 때문에 선물옵션 매매를 하기 위해서는 사전준비가 필요합니다.

• **사전투자경험**: 신규로 선물옵션계좌를 개설해서 선물투자를 시작하기 위해서는 사전교육 30시간(금융투자협회 주관 교육)과 모의거래 50시간(한국거래소 주관)을 받아야 합니다. 그리고 옵션거래는 파생상품 계좌개설 후 1년이 경과해야 매매가 가능합니다.
• **위험감수능력(기본예탁금)**: 옵션매매를 하기 위해서는 기본예탁금을 예탁해야

합니다. 1단계 우수고객은 3,000만 원, 2단계 보통고객은 5,000만 원, 그리고 3단계 비우수고객은 1억 원이 계좌에 있어야 옵션거래가 가능합니다.

옵션은 권리이기 때문에 옵션의 매매가 이루어질 때 옵션의 매수자는 매도자에게 권리금, 즉 프리미엄을 주고 삽니다. 반대로 옵션의 매도자는 매수자로부터 권리금을 받고 옵션을 매도합니다. 이를 곰곰이 생각해보면 옵션의 매수자는 돈을 추가로 넣어야 하는 일이 발생하지 않습니다. 콜옵션의 매수자든 풋옵션의 매수자든 이미 프리미엄을 지불하고 옵션을 샀으므로 앞으로는 옵션을 행사할 것인지, 아니면 옵션을 포기할 것인지만 결정하면 되는 것입니다. 그래서 옵션의 매수자에게는 증거금을 요구하지 않습니다.

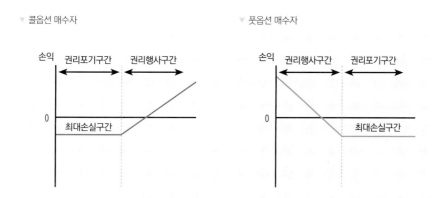

▼ 콜옵션 매수자　　　　　　　　　　　▼ 풋옵션 매수자

그러나 옵션의 매도자는 성격이 조금 다릅니다. 앞의 그림처럼 옵션의 매도자들은 일단 돈을 받기는 했지만, 옵션의 매수자들이 권리를 행사하면 큰 손해에 직면할 수 있습니다. 이때 결제를 하지 않고 달아날 가능성이 있기 때문에 옵션의 매도자들에게는 자신의 포지션에 맞는 증거금을 요구합니다.

결국 옵션의 매매 이후에 발생되는 권리와 의무관계에서 옵션 매수자는 추가적인 의무가 없이 권리만 가지고 있고, 옵션 매도자는 권리가 무사히 행사되도록 하는 의무를 지게 됩니다.

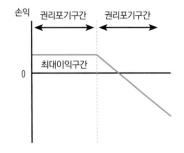

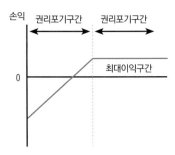

┃ **결제월** ┃ 우리나라에서는 만기일에만 권리를 행사할 수 있는 유럽식옵션만 거래되고 있습니다. 그리고 결제월은 매월 만기가 돌아옵니다. 선물은 3, 6, 9, 12월에 만기가 있고 옵션은 매월 만기가 있는 것입니다.

┃ **만기일** ┃ 만기일은 선물과 마찬가지로 매달 두 번째 목요일입니다. 목요일이 휴일이면 앞으로 당겨서 만기를 맞이합니다.

┃ **거래시간** ┃ 거래시간은 주식시장과 차이가 있지만 선물시장과는 같습니다. 만기일이 아닌 경우는 09:00~15:45(주식시장보다 15분 늦게 마감)이며, 만기일인 경우는 09:00~15:20(주식시장보다 10분 일찍 마감)입니다.

┃ **행사가격** ┃ 옵션을 이해하기 위해서는 행사가격을 제대로 이해해야 합니다. 행사가격은 옵션이 상장될 때 하나만 있는 것은 아닙니다. 기본적으로 최대 33개의 행사가격이 생깁니다. 그러므로 옵션은 동일 만기월에 콜옵션 33종목, 풋옵션 33종목으로 최소한 66개의 종목이 생깁니다.

이를 옵션의 시세표를 통해 살펴봅시다. 화면의 오른쪽 부분에는 2019년 11월 만기의 콜옵션과 풋옵션의 행사가격이 나와 있습니다. 여기서 주목해야 하는 것은 하나의 행사가격이 하나의 종목이 된다는 것입니다. 그리고 행사가격은 2.5포인트 단위로 구분되어 있습니다. 현재 콜옵션과 풋옵션의 행사가격 277.50인 종목이 등가격종목임을 알 수 있습니다.

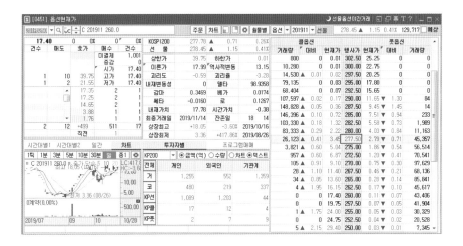

KOSPI200옵션의 가격 ┃ 주가지수옵션도 거래 시 포인트 단위로 거래됩니다. 옵션의 경우도 주가지수선물과 마찬가지로 프리미엄 1포인트당 25만 원입니다. 그리고 가격은 0.01포인트 단위로 거래됩니다. 즉 제일 싼 옵션은 2,500원짜리(0.01×25만 원)입니다.

가격제한폭 ┃ 옵션의 경우 가격제한폭은 없습니다. 다만 기초자산에서 상하 30%의 가격제한폭이 있다는 것은 기억해두세요. 그리고 옵션도 주식시장에서 서킷브레이커가 발동되면 자동적으로 매매가 중단됩니다.

08

주식워런트증권 ELW

ELW가
무엇인가요?

최근 주식시장에서 새롭게 떠오르는 상품이 있습니다. 이른바 ELW입니다. ELW Equity Linked Warrant 는 우리말로 주식워런트증권입니다. 주식 또는 주가지수를 기초자산으로 미리 정해진 가격(행사가격)에 사거나(콜) 팔(풋) 수 있는 권리(옵션)를 나타내는 유가증권을 말합니다. 거래소에서 요구하는 일정 요건을 갖춰 상장시킴으로서 일반투자자도 실시간으로 매매가 가능하도록 한 것을 상장 ELW라 부릅니다.

ELW의 특징

ELW는 옵션(권리)이란 점에서 기존의 상장지수 및 개별 주식 옵션과 동일한 경제적 효과를 지닙니다. 다만 ELW는 특정 증권사에서 발행하여 상장한 유가증권이기 때문에 옵션거래에 수반되는 증거금예탁 등의 복잡한 절차가 없습니다. 또한 ELW 주당 발행가격이 1,000원 전후에서 결정되는 것이 보통이라, 소액투자자도 주식매매처럼 투자에 참여할 수 있고 분산투자도 쉽게 할 수 있다는 점이 다릅니다.

상장 ELW의 또 다른 중요한 특징은 유동성공급자^{LP; Liquidity Provider}가 존재한다는 것입니다. LP는 관련 규정에 따라 해당 ELW에 대한 매수 또는 매도호가를 제시함으로써 가격대를 형성하여 투자자의 거래가 원활하도록 도와주는 역할을 합니다. 실제로 LP는 ELW 가격을 결정하는 요소들을 합리적으로 추정하여 적정가를 계산하고, 이를 기준으로 매수/매도호가를 제시하려고 노력합니다.

ELW는 통상적으로 증권사가 발행합니다. 발행목적은 자금 조달이 아니라, 투자자들이 포트폴리오를 관리하는 데 효과적인 수단을 제공하기 위해서입니다. ELW는 채권과 마찬가지로 발행자와 투자자 간의 계약으로 이루어집니다.

  그리고 ELW의 기초자산으로 KOSPI200과 같은 지수도 있지만, 개별 주식을 기초로 하기 때문에 개별 종목 주식옵션과도 비교해볼 필요가 있습니다.

▼ ELW와 주식옵션의 차이

비교항목	ELW	주식옵션
발행주체	증권거래법상 장외파생상품으로 영업인가를 받은 증권사	불특정 다수의 투자자
거래시장	현물시장	옵션시장
대상종목	- 주식: KOSPI200 구성종목 중 시가총액, 거래대금을 감안하여 분기별로 선정된 종목, 스타지수를 구성하는 종목 중 전월 말일 기준 시가총액 상위 5개의 종목 - 주가지수 : KOSPI200, 스타지수, 니케이225, 항생지수	10개 종목
만기	단/장기 (3개월~3년)	단기(주로 6개월 이하)
유동성 제공	LP가 의무적으로 매수 및 매도 호가를 제시하여 유동성 공급	시장수급에 의존
매매 및 결제방식	주식거래와 동일하며, 가격변동에 따른 추가 납입 없음	옵션거래와 동일하며, 거래와 동시에 증거금 유지
신용위험	발행회사가 결제이행 보증	결제기관이 결제이행 보증

여기서 주목해야 할 특징이 있습니다. ELW는 주식옵션과는 다르게 주식계좌에서 매매가 가능하고, 기초자산의 범위가 훨씬 넓으며, 만기가 상대적으로 길다는

것입니다. 또한 처음의 상장가격도 1,000원 내외에서 이루어지기 때문에 소액 투자가 가능합니다. 그러나 주식옵션의 경우 매도와 매수가 모두 가능한 반면, ELW는 투자자가 매도포지션에 있을 수 없다는 차이점도 있습니다.

ELW 종목 선택 시 주의할 점

ELW는 매우 많은 종목들이 상장되어 있는데, 그 종목 중에는 거래가 거의 이루어지지 않는 종목도 있습니다. 따라서 종목을 선택할 때 주의할 점들을 알아둬야 합니다.

거래량을 확인하세요 ELW는 거래량이 충분하지 않아 즉각적인 매매가 어려울 수 있습니다. ELW 전체 거래대금은 수조 원 수준이지만 종목별로 차별화가 심해, 종목 간 유동성에 큰 차이가 발생합니다. 따라서 해당 종목의 거래량이 충분한지 꼭 따져봐야 합니다.

ELW 종목의 만기일을 확인하세요 만기가 임박한 외가격 ELW 종목에 투자하는 것은 매우 위험합니다. 자칫 원금 전액 손실로 이어질 수 있기 때문입니다. 만기일 1개월 전부터는 LP의 유동성공급 행위가 제한되므로 ELW의 실질적인 만기는 만기일 1개월 전이라고 봐야 합니다.

LP의 선택에 주의하세요 ELW가 단기간 내에 눈부신 성장을 하였음에도 불구하고 일부 종목들은 기초자산과 ELW 간에 주가 괴리율이 발생합니다. 일부 LP들이 비합리적인 호가에 의해 형성되는 경우가 대부분이기 때문입니다. 따라서 유능한 LP는 가격의 효율성을 높여주는 역할을 합니다.

09

ETF가
무엇인가요?

일반인들도 종합주가지수나 업종지수 또는 여러 종목으로 구성된 포트폴리오를 사고팔 수 있는 길을 열어준 상품이 있습니다. 바로 ETF Exchange Traded Fund, 즉 상장 지수펀드입니다. 예를 들어 개인투자자가 종합주가지수를 매매하기 위해서는 종합주가지수를 구성하고 있는 종목들을 각각의 시가총액 비중만큼 모두 보유하고 있어야 합니다. 그러나 이는 불가능한 일입니다. 종합주가지수를 구성하고 있는 종목의 수가 900여 개에 이르러서 웬만한 자금으로는 상상도 할 수 없는 일이기 때문입니다. 그러나 ETF가 있으면 별 어려움 없이 이를 이용하여 지수를 거래할 수 있습니다.

ETF의 특징

ETF는 종합주가지수를 주식처럼 거래할 수 있도록 기존의 추가형 인덱스펀드를 변형시켜 거래소에 상장한 상품입니다. KOSPI200지수에 투자하는 것과 동일한 수익률이 창출될 수 있도록 설계되어 거래소에서 10주 단위로 KOSPI200지수를 사는 것과 비슷한 효과를 볼 수 있습니다. 또한 KOSPI200 선물에 대응하는

KOSPI200 현물주식으로서의 ETF로 현물 및 선물을 연계한 다양한 투자전략을 세우는 것이 가능해집니다. 즉, 주식 1주로 200종목에 분산투자하는 효과를 만들어낼 수 있습니다.

ETF의 장점과 단점

ETF는 많은 장점이 있습니다. 우선, 거래소에 상장되어 장중에 매매되는 인덱스 펀드의 단점을 보완합니다. 인덱스 투자자는 오후 3시 이전에 펀드 가입을 하면 당일 종가가 반영된 기준가로 가입됩니다. 따라서 장중에 자신이 원하는 가격 수준에서 가입을 할 수가 없지요. 또한 3시 이전 환매 시 신청 다음 날 종가로 환매됩니다. 즉, 하루 동안 가격이 변하는 위험부담을 져야 한다는 것입니다.

두 번째로 ETF는 보수가 매우 저렴하다는 장점이 있습니다. 적립식 펀드의 보수는 대개 2%가 훨씬 넘습니다. 반면에 ETF 보수는 연 0.5% 수준이며 10년이면 단순하게 15% 이상 수익률 상승효과가 있습니다. 여기에 장내매매 시 증권거래세(매도 시 0.3%)가 면제되기 때문에 투자자의 비용절감효과도 발생합니다.

마지막으로 ETF는 간편한 적립식 투자입니다. 적립식 투자를 원한다면 매월 특정일에 원하는 수량만큼만 매수하면 됩니다. 일반적으로 1.5% 내외의 인덱스 펀드 보수를 내지 않고도 자신이 직접 인덱스펀드 수익률을 창출할 수 있습니다.

그러나 이런 ETF도 결정적인 단점이 있습니다. 바로 몇몇 종목을 제외하면 거래가 극히 부진하다는 것입니다. 이 때문에 마음대로 사고 마음대로 팔 수 없는 상황이 발생할 수도 있습니다. 따라서 본인이 투자하려고 하는 종목의 거래량을 확인하는 과정이 꼭 필요합니다.

 그렇다면 ETF는 어떤 투자자가 투자하면 좋을까요?

• 종목 선정에 어려움을 느끼는 투자자

- 분산투자를 목적으로 하는 투자자
- 지수 수익률에 연동하여 수익을 얻고자 하는 투자자
- 업종지수, 주가지수선물 및 ETF 간의 일시적인 가격차이에서 발생하는 차익 거래 기회를 확보하고자 하는 투자자
- 유통시장을 활용하여 초과수익을 추구하고자 하는 투자자

ETF의 종류를 살펴봅시다

ETF상품은 운용사별, 기초자산별로 대단히 많은 종목이 상장되어 있습니다. 그 중 지수 관련 종목과 섹터별 종목들을 몇 가지 소개하고자 합니다. 상장된 ETF 의 종목현황을 보기 위해서는 HTS에서 ETF/ETN … ETF전체시세를 클릭하면 보실 수 있습니다.

지수관련 종목

- KOSPI200지수: KOSPI200지수를 기초자산으로 하는 종목은 다음 목록에 있는 것들이 대표적입니다.

KODEX(삼성자산운용), KOSEF(우리자산운용), TIGER(미래에셋자산운용), KINDEX(한국투자신탁운용) 등은 운용사의 이름입니다. KODEX200 등과 같은 종목들은 KOSPI200지수를 추종하는 종목들로 KOSPI200지수와 비슷한 움직임을 보이는 종목들입니다.

그런데 KODEX레버리지 등 레버리지가 뒤에 붙어 있는 종목은 반드시 그렇지는 않지만, 대체로 KOSPI200지수의 2배를 움직이는 종목으로 보시면 됩니다. 즉, 상승 시에는 KOSPI200지수의 2배가 상승하고 하락 시에는 2배가 하락하는 구조입니다. 따라서 만약 주가상승이 확실해 보일 때는 KODEX200보다는 KODEX레버리지가 더 큰 수익을 줄 겁니다.

• F-KOSPI200 : F-KOSPI200은 KOSPI200 선물을 기초로 하는 상품입니다. 특히 이때 주의 깊게 봐야 하는 상품은 바로 인버스ETF입니다. 인버스ETF는 KOSPI200지수와 반대로 움직이는 상품을 말합니다. 즉, 주가가 올라가면 가격이 떨어지고, 반대로 주가가 하락하면 가격이 상승하는 상품을 말합니다. 따라서 인버스 ETF는 주가가 하락할 것으로 예상될 때 매수하면 수익을 낼 수 있는 상품입니다.

[0270] ETF전체시세

추적지수 F-KOSPI200 | INAV대비 전체 | 운용사 전체 | 유형 전체 | 보유기간과세 전체 | 유의사항 | 조회 | 다음

• 비과세 해외개인만 '비과세해외ETF' 종목 거래시, 세제혜택을 받을 수 있습니다.

종목명	종가	대비	대비(%)	거래량	INAV	추적오차율	괴리율	과표기준	배당전기준	전일배당금	추적지수명	배수	추적지수
KODEX 인버스	4,170 ▲	90	+2.21	25,272,252	4,172.61	0.18	-0.06	10,912.66	0	0	F-KOSPI200	-1.0x	1,931.71
TIGER 인버스	4,620 ▲	105	+2.33	610,244	4,619.99	0.19		11,171.85	0	0	F-KOSPI200	-1.0x	1,931.71
KINDEX 인버스	5,095 ▲	115	+2.31	59,872	5,107.05	0.37	-0.24	11,047.24	0	0	F-KOSPI200	-1.0x	1,931.71
KBSTAR 200선물레	20,460 ▼	1,030	-4.79	21,588	20,492.91	0.98	-0.16	10,327.30	0	0	F-KOSPI200	2.0x	1,931.71
KBSTAR 200선물인	5,385 ▲	125	+2.38	18,630	5,390.08	0.20	-0.09	10,121.25	0	0	F-KOSPI200	-1.0x	1,931.71
KBSTAR 200선물인	2,355 ▲	105	+4.67	430,522	2,359.19	0.60	-0.18	10,146.56	0	0	F-KOSPI200	-2.0x	1,931.71
KODEX 200선물인	2,355 ▲	100	+4.43	45,774,874	2,360.45	0.37	-0.23	10,092.58	0	0	F-KOSPI200	-2.0x	1,931.71
TIGER 200선물인	2,450 ▲	115	+4.93	7,085,317	2,453.68	0.53	-0.15	10,220.81	0	0	F-KOSPI200	-2.0x	1,931.71
ARIRANG 200선물	40,700 ▼	2,050	-4.80	11,564	40,741.28	1.09	-0.10	21,247.35	0	0	F-KOSPI200	2.0x	1,931.71
ARIRANG 200선물인	4,720 ▲	210	+4.66	126,726	4,729.53	0.40	-0.20	20,471.15	0	0	F-KOSPI200	-2.0x	1,931.71
KOSEF 200선물인	2,335 ▲	105	+4.71	123,462	2,346.40	1.90	-0.49	10,072.16	0	0	F-KOSPI200	-2.0x	1,931.71
KOSEF 200선물인	5,395 ▲	120	+2.27	5,620	5,398.78	0.15	-0.07	10,129.05	0	0	F-KOSPI200	-1.0x	1,931.71
KOSEF 200선물레	20,215 ▼	1,000	-4.71	98,550	20,735.76	0.31	-0.10	10,136.51	0	0	F-KOSPI200	2.0x	1,931.71
TIGER 200선물레	16,925 ▼	835	-4.70	144,806	16,940.06	0.70	-0.09	10,397.63	0	0	F-KOSPI200	2.0x	1,931.71
HANARO 200선물레	24,575 ▼	1,220	-4.73	2,959	24,588.92	0.69	-0.06	15,387.01	0	0	F-KOSPI200	2.0x	1,931.71
HANARO 200선물인	9,580 ▲	195	+2.08	15,303	9,602.88	0.15	-0.24	15,206.37	0	0	F-KOSPI200	-1.0x	1,931.71

섹터 관련 ETF 섹터 관련 ETF는 업종 ETF로 보면 되는데, 예를 들어 반도체 관련 ETF상품은 다음과 같습니다.

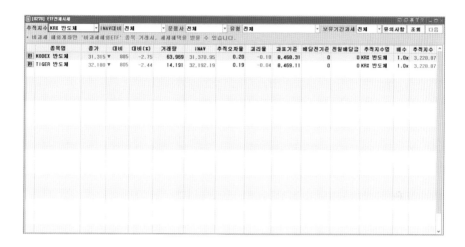

기타 ETF 기타 ETF는 기초자산이 한국거래소의 업종구분을 따르지 않고, 개별 기관에서 발표하는 지수를 추종하는 ETF를 말합니다. 일부 테마 등에 특화된 종목들이 대거 상장될 수 있어, 그 지수의 성격과 구성종목을 면밀히 살펴보는 것이 필요합니다.

앞의 목록에서 보는 바와 같이 차이나H, 일본TOPIX1, 삼성그룹, 블루칩, 고배당, 라틴35, 5대그룹주, 국고채 3년, 국채3년, 차이나항생 등 다양한 형태의 ETF가 상장되어 있습니다. 종목 선정에 어려움을 겪는 투자자들에게 비교적 편안하게 종목을 선정할 수 있는 기회를 주는 것이 바로 ETF투자의 매력입니다.

테마 ETF 특정 테마에 따라 펀드를 구성하는 것으로 그 종류가 다양합니다. 삼성그룹 ETF는 삼성그룹 소속 종목들을 편입시킨 상품이고 5대 그룹주 ETF는 삼성, 현대차, SK, LG, 포스코 5대 그룹 계열사 중 주요 종목을 편입한 상품입니다. 업종별 시가총액 1, 2위 종목으로 구성된 블루칩 ETF나 배당수익률이 높은 종목들을 선택한 고배당 ETF도 있습니다.

HTS에서 ETF 종목 확인하기

HTS에서 현재 상장되어 있는 모든 ETF 종목의 현황을 볼 수 있습니다. 여기에서는 ETF의 종목명과 가격, 거래량, NAV_{순자산가치}, 그리고 추적지수명과 추적지수의 현재가 등을 확인할 수 있습니다. 또한 각각의 ETF에는 어떤 종목들이 포

▼ 홈 ⋯▸ 주식 ⋯▸ ETF/ETN ⋯▸ ETF전체시세

	종목명	종가	대비	대비(%)	거래량	NAV	추적오차율	괴리율	과표기준	배당전기준	전일배당금	추적지수명	배수	추적지수
권	iKon 100	19,425 ▲	10	+0.05	1	19,418.74	0.01		19,671.46	0	0	KOSPI100	1.0x	1,936.97
권	KODEX 200	26,050 ▲	135	+0.52	4,186,653	26,043.60	0.01	0.02	7,801.02	0	0	KOSPI200	1.0x	260.39
권	KOSEF 200	26,065 ▲	150	+0.58	56,492	26,055.62	0.01	0.06	7,799.38	0	0	KOSPI200	1.0x	260.39
권	KODEX 반도체	20,275 ▲	355	+1.78	514	20,262.05	-0.01	-0.03	8,568.82	0	0	KRX 반도체	1.0x	2,026.90
권	KODEX 은행	7,170 ▲	75	+1.06	23,249	7,159.78		-1.53	9,536.40	0	0	KRX 은행	1.0x	727.10
권	KODEX 자동차	17,220 ▲	140	+0.82	9,374	17,215.41	0.01	-1.47	7,334.79	0	0	KRX 자동차	1.0x	1,747.26
권	TIGER KRX100	41,650 ▲	10	+0.02	10	41,711.12	0.01	-0.07	25,731.36	0	0	KRX 100	1.0x	4,173.97
권	TIGER 은행	7,305 ▲	80	+1.11	20,113	7,282.52		0.16	9,462.89	0	0	KRX 은행	1.0x	727.10
권	TIGER 반도체	20,330 ▲	390	+1.96	191	20,299.12	-0.01	0.15	8,522.23	0	0	KRX 반도체	1.0x	2,026.90
권	TIGER 가치주	16,005 ▲	0	0	26	15,995.74			14,065.04	0	0	MKF 순수가치	1.0x	
권	TIGER 미드캡	9,360 ▲	50	+0.54	1	9,362.24			10,482.13	0	0	MKF 중형 가	1.0x	
권	TREX 중소형가치	8,600 ▲	30	+0.58	56	8,612.88			7,964.03	0	0	MKF 중소형	1.0x	
권	TIGER 미디어통신	9,395 ▼	240	-2.49	1,180	9,385.94		0.19	10,272.97	0	0	KRX 미디어통	1.0x	936.86
권	KODEX China H	23,385 ▲	340	+1.48	34,377	23,056.33			29,006.67	0	0	HSCEI (Hang	1.0x	
권	KOSEF KRX100	4,200 ▲	10	+0.24	15	4,186.24		0.29	3,297.89	0	0	KRX 100	1.0x	4,173.97
권	KODEX Japan	11,160 ▲	120	+1.09	926	11,054.02			14,176.96	0	0	TOPIX100	1.0x	
권	TIGER 200	26,020 ▲	95	+0.37	1,463,384	26,044.14		0.02	22,374.77	0	0	KOSPI200	1.0x	260.39
권	KODEX 삼성그룹	5,955 ▲	40	+0.68	350,452	5,952.08			4,874.74	0	0	MKF 삼성그룹	1.0x	
권	KODEX 조선	8,645 ▼	50	-0.58	6,361	8,628.33		-2.52	28,925.80	0	0	KRX 조선	1.0x	885.13
권	KODEX 증권	8,425 ▼	80	-0.94	80,959	8,444.45		0.09	11,003.15	0	0	KRX 증권	1.0x	843.67
권	KOSEF 블루칩	7,615 ▼	15	-0.20	3,122	7,597.53			4,431.68	0	0	MKF 블루칩	1.0x	
권	KOSEF 고배당	7,375 ▼	20	-0.27	19,123	7,390.79			7,034.07	0	0	MKF 웰스 고	1.0x	

412

함되어 있는지도 알 수 있습니다. 투자자들이 가장 많이 거래하는 KODEX200, KOSEF블루칩 등의 구성종목을 살펴보세요.

▼ KOSEF블루칩의 구성종목

앞에서 설명한 것은 ETF현재가 화면을 통해서도 확인이 가능합니다. 여기서 도

움말을 클릭하면 ETF와 관련된 용어들도 모두 확인할 수 있습니다.

ETF를 주문하려면 주문창을 열어서 매매하려는 종목을 검색하면 됩니다.

앞에서 설명한 바와 같이 ETF는 여러 종목으로 구성된 지수를 비교적 적은 돈으로 투자할 수 있는 유용한 도구입니다. 종목 선택에 어려움을 느끼는 투자자나 우량 종목을 사고 싶지만 돈이 많지 않은 투자자들이 적절히 이용하면 좋은 투자 수단이 될 수 있습니다.

01 일광 씨는 앞으로 주가가 떨어질 것 같다는 생각이 자꾸만 듭니다. 그러다가 주가가 떨어질 때도 수익을 낼 수 있는 방법이 바로 선물과 옵션 투자라는 것을 알게 되었습니다. 그렇다면 일광 씨는 자신이 예상한 주가하락 상황에서 수익을 올리기 위해 어떤 포지션을 구축해야 할까요?

Answer 선물매도 포지션과 풋옵션매수 포지션을 구축하면 됩니다. 두 포지션은 모두 주가가 하락할 때 이익을 볼 수 있는 포지션입니다.

02 쾌남 씨는 프로그램매매가 시장의 종합주가지수를 올리기도 하고 내리기도 한다는 것을 알았습니다. 그래서 프로그램매매로 순매수가 나타날 것인지 순매도가 나타날 것인지를 미리 알 수 있으면, 시장의 방향을 이해하는 데 많은 도움이 될 것이란 결론을 내렸습니다. 쾌남 씨는 어떤 지표를 이용하면 될까요?

Answer 선물현재가 화면에서 시장베이시스와 괴리도를 보면 됩니다.

ⓘ [0401] 선물현재가					♪선물옵션시간거래 ◧ ⊡ 輝 T ? _ □ ×
101RC000	▾ Q F 202112		🗒 🖊 ⚙	⦿정보 ○프로그램매매 ○차트	주 차 투 미

건수	매도	10:38:23	매수	건수
41	83	385.50	미결제	282,784
34	65	385.45	증감	+4,882
40	113	385.40	시가	390.00
44	80	385.35	고가	391.90
39	70	385.30	저가	384.65
385.25 9 ^		385.25	17	8
385.25 1		385.20	68	31
385.25 1		385.15	75	31
385.25 1		385.10	74	34
385.25 1 ∨		385.05	88	41
3,425	15,542	-5,538	10,004	1,907
		1 직전		

385.25 ▼ 8.35 2.12% 171,909 52.12%

이론가	386.14	이론 BASIS	+0.72
괴리도	-0.89	괴리율	-0.23%
시장 BASIS	-0.17	거래대금	16,695,117
KOSPI200	385.42 ▼	9.37	2.37%
종합주가...	2,943.25 ▼	75.93	2.51%
상한가	425.05	하한가	362.15
CB상한가	0	CB하한가	0
이자율	1.040	기준가	393.60
최종거래일	2021/12/09	잔존만기	66 47
상장최고	441.25	-11.65%	2021/06/25
상장최저	204.50	+90.64%	2020/03/19

시간대별1	시간대별2	일간		차트
시간	체결가	체결량	기초자산	Basis
10:38:23	385.25	9	385.42	0.17
10:38:23	385.25	1	385.42	0.17
10:38:23	385.25	1	385.42	0.17
10:38:22	385.25	1	385.42	0.17
10:38:22	385.25	1	385.40	0.15
10:38:22	385.25	1	385.40	0.15
10:38:22	385.25	20	385.40	0.15
10:38:22	385.25	1	385.40	0.15 ∨

⦿금액 ○수량   ⦿데이터 ○차트 ○추이

투자자	매도	매수	순매수	증감
개인	34,550	35,908	+1,358	-17
외국인	121,436	118,211	-3,224	+5
기관계	10,219	12,025	+1,806	+13
금융투자	6,282	8,394	+2,112	+13
보험	49	82	+33	
투신	1,928	1,545	-383	+1
은행	0	29	+29	
연기금등	953	1,091	+138	
기타법인	2,224	2,285	+61	

385.21   385.41   385.44   385.49   385.40   385.42

시장베이시스란 '선물가격 – 현물가격'이고, 괴리도는 '선물가격 – 이론가격'입니다. 0보다 크면 프로그램매수가 유입될 가능성이 크고 0보다 작으면 프로그램매도가 나올 가능성이 커집니다.

03 구슬 씨는 최근 주식투자를 해서 수익을 조금 얻었습니다. 앞으로 주가가 조금 더 올라갈 것이라는 예상도 합니다. 그런데 고민이 있다면 지금 올리고 있는 수익은 그냥 확보를 했으면 하는 것입니다. 그러기 위해서는 주식을 팔아야 하지만, 주가가 올라갈 생각을 하면 쉽게 팔 수도 없는 상황입니다. 일광 씨는 구슬 씨의 이런 고민을 어떻게 풀어줄 수 있을까요?

Answer　풋옵션이나 풋ELW를 매입하면 됩니다. 풋옵션은 주가가 떨어지면 이익이 발생하지만, 주가가 올라가더라도 프리미엄만 손해를 보면 됩니다. 따라서 주식을 가지고 있는 경우 풋옵션이나 풋ELW를 매입하면 주가가 떨어지더라도 지금까지 본 이익을 보호할 수 있습니다. 또 주가가 올라가면 그에 대한 이익도 향유할 수 있습니다. 따라서 주식투자를 하는 사람들은 늘 풋옵션을 이용해서 자신의 포지션을 관리할 필요가 있답니다.

04 일광 씨는 ELW에 대해서 알고 싶어 적은 돈을 가지고 투자해보기로 했습니다. 그런데 ELW에 먼저 투자를 한 선배로부터 조언을 들었는데, ELW에 투자하기 위해서는 LP, 즉 유동성공급자에 대해 잘 알아야 한다는 것이었습니다. LP가 ELW의 매수와 매도호가를 제출하기 때문이라는데요. 일단 LP가 누구이고, 또 발행된 종목에서 LP가 어느 정도 ELW를 보유하고 있는지 확인하는 방법이 알고 싶어졌습니다. 일광 씨는 과연 LP정보를 어디서 구할 수 있을까요?

Answer　ELW현재가 화면에서 확인이 가능합니다. ELW현재가 화면에서는 LP가 보유하고 있는 수량이 어느 정도인지, LP가 어느 회사인지 등을 확인할 수 있습니다.

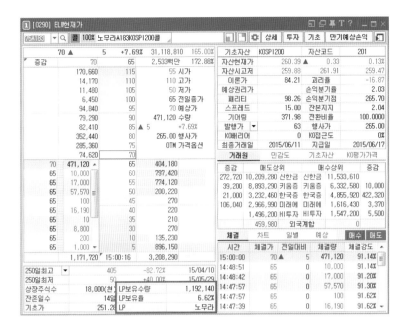

05 쾌남 씨는 다음 달에 회사에서 보너스가 100만 원 정도 지급될 것이란 정보를 미리 입수했습니다. 이번에 받는 보너스는 주식투자에 사용하기로 마음을 먹었습니다. 그런데 주식시장이 너무 좋아서 보너스가 나오고 나면 주가가 이미 많이 상승해 있을 것 같아 마음이 조급해졌습니다. 그래서 일광 씨에게 어떻게 하면 좋을지 의견을 들어보기로 했습니다. 일광 씨는 쾌남 씨에게 어떤 조언을 해주면 좋을까요?

Answer 콜옵션 또는 콜ELW를 매입하라고 조언해주면 좋습니다. 일반적으로 주가가 상승할 때 이익을 얻기 위해서는 선물을 매수하든가 그렇지 않으면 콜옵션을 매입하면 됩니다. 그러나 지금 쾌남 씨는 100만 원 정도만 투자가 가능합니다. 100만 원으로는 선물매입을 하지 못합니다. 왜냐하면 선물투자를 하기 위해서는 기본예탁금 1,500만 원이 필요하기 때문입니다. 그러나 옵션의 경우 옵션매수 전용계좌를 이용해서 매입을 하면 됩니다. 또 콜ELW는 주식계좌로 매매가 가능합니다. 따라서 콜옵션이나 콜ELW를 매입하면 지금부터 주가가 상승하더라도 그 수익을 고스란히 올릴 수 있습니다.

주식 매도시점을 결정하는 원칙 10가지

—

주가가 상승한 이후 대량거래가 수반되는 경우

기술적으로 주가가 상당히 상승한 이후 고점 부근에서 대량의 거래량이 수반되는 것은 상승 초기에 매수했던 세력들이 매도하는 징후로 볼 수 있습니다. 만약 대량의 거래가 수반된 이후 거래량이 지속적으로 증가하지 못하고 줄어든다면, 이는 대표적인 상투의 모습입니다. 이런 경우에는 주식을 매도해야 합니다.

숨겨진 전환주식들이 쏟아지는 경우

전환사채의 주식전환, 또는 신주인수권의 행사로 인해 신주가 상장되면 기업의 주당가치가 훼손됩니다. 이 경우는 각종 주가배수들이 일시에 높아지는 경향이 있습니다. 특히 신주가 추가로 상장됨으로써 유통물량이 늘어나서 주가 움직임의 탄력이 떨어지는 경우가 많습니다. 따라서 전환사채의 주식전환이나 신주인수권의 행사로 인해 주식이 대규모로 시장에 풀리는 경우는 매도 신호로 볼 수 있습니다.

지나치게 터무니없는 PER 수준을 기록하는 경우

시장은 가끔 비이성적인 요인에 의해 움직입니다. 일반적으로 시중에 유동성이 넘쳐나 돈의 힘으로 주가를 끌어올리는 유동성 장세에서는 주가를 판단하는 것이 매우 힘들지요. 특히 주도주의 경우 주가가 매우 많이 오른 결과 비상식적인 수준의 PER를 기록하는 경우가 있습니다. 이때 시장에서는 향후 기업실적이 좋아질 것이기 때문에 현재 높아진 PER 수준은 부담스럽지 않다는 평가가 많이 나옵니다. 그러나 그런 시점이 조심해야 하는 시점입니다. 예를 들어 평균적으로 10배 수준에 머물던 PER가 30배, 40배 같이 터무니없는 수준을 기록한다면 시장에서 지나치게 과열양상으로 진행되고 있는 것으로 판단해야 합니다. 그런 주식은 먼저 매도하고 빠져나오는 것이 상책입니다.

기업의 광고가 늘어나는 경우

수익성이 좋은 기업은 매출이 지속적으로 늘어나는 경우도 있지만, 비용 통제가 잘 이루어지기 때문에 순이익이 증가하는 경우도 있습니다. 이런 점에서 본다면 광고가 많이 늘어난다는 것은 2가지 측면에서 조심해야 하는 징조입니다. 첫 번째는 매출이 부진하기 때문에 광고를 통해서 매출을 늘리려는 것이라고 판단할 수 있습니다. 두 번째는 광고가 늘어나는 것은 비용이 증가하는 것이므로, 결국 기업의 수익성에 문제가 있는 것으로 판단할 수 있습니다. 광고를 갑자기 시작한다든지, 광고 횟수가 갑자기 증가하는 것은 좋은 점보다는 나쁜 점이 더 많다는 것으로 인식하고 매도기회로 삼는 것이 좋습니다.

실적이 좋지 않은 기업이 이름을 자주 바꾸는 경우

기업은 소비자들에게 좋은 이미지를 주어야 합니다. 그 이미지가 소비자들에게 호의적으로 각인되기 위해서는 많은 시간이 필요하지요. 그러나 기업이 소비자들에게 나쁜 이미지를 주었다면, 이는 치명적인 결함이 됩니다. 대체로 그런 기업들은 사명을 바꾸는 경우가 많습니다. 특히 주식시장에서 대주주들이 횡령을 해서 주가가 폭락했다든지 부정한 수단으로 주가조작을 했다든지 하는 경우, 사명을 바꾸려는 욕구가 더욱 강해집니다. 코스닥시장의 경우 일 년에도 몇 차례나 사명을 바꾸는 기업들이 있습니다. 그런 기업들의 주가는 형편없는 수준을 기록하는 경우가 많지요. 사명을 바꾸는 경우 기업 이미지 통합작업을 위해 비용이 추가로 발생하기도 합니다. 따라서 특별한 이유 없이 사명 변경을 자주 하는 기업은 피해야 합니다.

시너지가 없는 기업인수를 시도하는 경우

기업의 경영자들은 더 큰 규모의 기업집단을 거느리기를 원합니다. 왜냐하면 기업의 규모가 커질수록 자신이 마음대로 쓸 수 있는 돈, 즉 판공비 등이 늘어나기 때문입니다. 따라서 특별한 시너지 효과가 없음에도 불구하고 물리적으로 기업을 인수합병한다면, 기업의 경쟁력이 현저하게 훼손되는 경우가 많습니다. 이를 사업다악화라고 부릅니다. 결국 회사의 현금자산을 생산성이 없는 사업에 투입한 결과로, 기업 전체의 효율과 수익성이 떨어지는 대표적인 사례가 됩니다. 이런 기업은 반드시 매도해야 합니다.

한 회사에 납품하는 기업으로, 납품받는 기업의 영업환경이 나빠지는 경우

포트폴리오는 위험을 줄여주는 매우 중요한 방법입니다. 또한 기업이 제품을 납품할 때도 납품처를 다변화함으로써 다가올 위험에 대비할 수 있어야 합니다. 그러나 납품을 받는 회사가 오직 하나인 경우, 그 회사의 영업환경이 나빠지면 납품을 하는 회사는 더불어 경영이 어려워질 수 있습니다. 이런 회사는 조심해야 합니다. 그리고 만약 납품을 하는 회사의 실적이 좋다면 납품을 받는 회사는 납품단가를 내리기 위해 온갖 압력을 행사할 것입니다. 따라서 다변화된 납품처가 형성되지 않는다면 위험이 높은 기업으로 판단해서 피해야 합니다.

기업의 재고가 빠른 속도로 늘어나는 경우

기업의 실적은 제품생산 ⋯ 재고유지 ⋯ 매출의 사이클을 통해 이루어집니다. 그런데 기업의 재고가 빠르게 증가한다는 것은 매출이 제대로 이루어지고 있지 않다는 징조입니다. 물건을 제대로 팔지 못하는 기업은 기업으로서의 존재가치가 훼손되는 것이나 다름없습니다. 따라서 재고가 빠르게 증가하면 분명 회사의 영업에 문제가 생긴 것으로 판단해서 실적이 발표되기 전이라도 매도해야 합니다.

제품가격 할인행사를 하지 않던 기업이 할인행사를 하는 경우

소비자들은 기업이 제품가격 할인행사를 하면 모두 그날을 기다립니다. 그런데 제품가격을 할인하는 것은 결국 매출액 자체가 줄어드는 것과 같습니다. 비용은 그대로이면서 제품가격이 떨어진다면, 이는 수익성이 훼손되는 것으로 봐야 합니다. 특히 속된 말로 땡처리를 하는 기업은 그만큼 현금사정이 좋지 않다는 것으로 판단해야 합니다. 과거 패션의류를 취급했던 많은 기업들이 할인행사를 한 이후 거의 도산했다는 점을 떠올려보세요. 제품 할인행사를 하지 않던 기업이 갑자기 할인행사를 한다면 경영상 어려움이 있다고 판단할 수 있는 것입니다.

최고경영자가 스톡옵션을 행사한 경우

기업의 내부자, 특히 경영자들은 자기회사의 기업가치에 비해 주가가 과대평가되었는지 아니면 과소평가되었는지를 알고 있습니다. 만약 그것을 모른다면 그 경영자는 자격이 없는 사람으로 봐도 무방하지요. 그리고 경영자는 자신의 이익과 주주의 이익이 부딪히는 경우, 주주의 이익보다는 자신의 이익을 먼저 챙기려고 하는 경향이 있습니다. 이런 점에서 본다면 기업의 최고경영자가 스톡옵션을 행사하는 것은 자기회사의 주가가 상당히 과대평가되었다고 스스로 판단하고 있는 것으로 봐야 합니다. 이런 행동은 경영자가 시장에 보내는 하나의 신호라고 할 수 있습니다. 따라서 이런 기업은 일단 의심을 가지고 접근해야 하며, 매도대상으로 두어야 합니다.

찾아보기

기타